인적성검사

2024

전국신협
공동채용
대비

최신
기출유형
모의고사

5회

고시넷 대기업

지역신협 인적성검사
최신 기출유형 모의고사

Credit Union Aptitude Test

(주)고시넷

정오표 및 학습 질의 안내

고시넷은 오류 없는 책을 만들기 위해 최선을 다합니다. 그러나 편집에서 미처 잡지 못한 실수가
뒤늦게 나오는 경우가 있습니다. 고시넷은 이런 잘못을 바로잡기 위해 정오표를 실시간으로 제공
합니다. 감사하는 마음으로 끝까지 책임을 다하겠습니다.

WWW.GOSINET.CO.KR

모바일폰에서 QR코드로 실시간 정오표를 확인할 수 있습니다.

학습 질의 안내

학습과 교재선택 관련 문의를 받습니다. 적절한 교재선택에 관한 조언이나 고시넷 교재 학습 중 의
문 사항은 아래 주소로 메일을 주시면 성실히 답변드리겠습니다.

이메일주소
qna@gosinet.co.kr

스마트폰에서 검색
고시넷

차례

신용협동조합(지역신협) 필기시험 정복

- 구성과 활용
- 신용협동조합 알아두기
- 모집공고 및 채용 절차
- 신용협동조합 기출 유형 분석

파트1 신용협동조합(지역신협) 적성검사 기출유형모의고사

1회 기출유형문제 ———————————————————————— 16

2회 기출유형문제 ———————————————————————— 50

3회 기출유형문제 ———————————————————————— 86

4회 기출유형문제 ———————————————————————— 120

5회 기출유형문제 ———————————————————————— 154

파트2 인성검사

01 인성검사의 이해————————————————————————192
02 인성검사 연습——————————————————————————199

 파트3 면접가이드

01 면접의 이해———————————————————————————212
02 구조화 면접 기법—————————————————————————214
03 면접 최신 기출 주제————————————————————————219

책 속의 책_정답과 해설

파트1 신용협동조합(지역신협) 적성검사 기출유형모의고사

1회 기출유형문제——————————————————————————2
2회 기출유형문제——————————————————————————14
3회 기출유형문제——————————————————————————26
4회 기출유형문제——————————————————————————37
5회 기출유형문제——————————————————————————49

구성과 활용

1

신용협동조합 소개 & 채용 절차

신협의 이념, 미션, 인재상 등을 수록하였으며 최근
채용 절차 등을 쉽고 빠르게 확인할 수 있도록 구성
하였습니다.

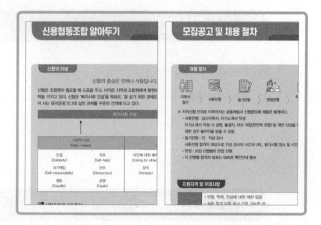

2

신용협동조합 기출 유형 분석

신용협동조합 공동채용에서 출제된 최근 기출문제
의 유형을 분석하여 최신 출제 경향을 한눈에 파악
할 수 있도록 하였습니다.

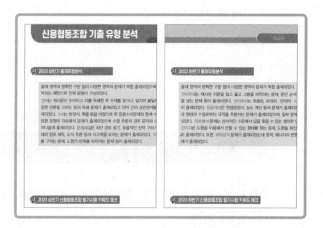

3

기출유형문제로 실전 연습 & 실력 UP!!

총 5회의 적성검사 기출유형문제로 자신의 실력을
점검하고 완벽한 실전 준비가 가능하도록 구성하였
습니다.

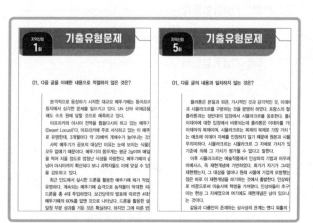

4

인성검사 & 면접으로 마무리까지 OK!!!

최근 채용 시험에서 점점 중시되고 있는 인성검사와 면접 질문들을 수록하여 마무리까지 완벽하게 대비할 수 있도록 하였습니다.

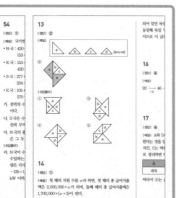

5

상세한 해설과 오답풀이가 수록된 정답과 해설

기출유형문제의 상세한 해설을 수록하였고 오답풀이 및 보충 사항들을 수록하여 문제풀이 과정에서의 학습 효과가 극대화될 수 있도록 구성하였습니다.

신용협동조합 알아두기

신협의 이념

신협의 중심은 언제나 사람입니다.

신협은 조합원이 필요할 때 도움을 주고, 이익은 지역과 조합원에게 환원하는, 조합과 조합원 중심의 경영철학을 가지고 있다. 신협은 '복지사회 건설'을 목표로, '잘 살기 위한 경제운동', '사회를 밝힐 교육운동', '더불어 사는 윤리운동'의 3대 실천 과제를 꾸준히 전개해 오고 있다.

복지사회 건설

기본적 가치 (Basic values)		윤리적 가치 (Ethical values)	
단결 (Solidarity)	자조 (Self-help)	타인에 대한 배려 (Caring for others)	공개 (Openness)
자기책임 (Self-responsibility)	민주 (Democracy)	정직 (Honesty)	사회적 책임 (Social responsibility)
평등 (Equality)	공평 (Equity)		

■ 신협운동의 3대 정신

- 자조(自助)
- 자립(自立)
- 협동(協同)

■ 신협운동의 실천 과제

- 잘 살기 위한 경제운동
- 사회를 밝힐 교육운동
- 더불어 사는 윤리운동

미션

1. 협동조합 정체성 강화
   - 자발적 의사로 공동체 정신에 따라 민주적으로 설립·운영. 이윤추구 보다는 조합원의 공동복지를 추구
   - 국내 토종자본으로 운영되는 국민 속의 조직으로서 협동조합 본연의 역할에 충실
   - 이웃과의 연대를 통해 협동조합 정체성을 확보하고 복지사회 건설의 초석이 됨

2. 국민과 지역사회와 함께
   - 지역주민의 참여와 관심으로 운영되며 지역사회와 함께 성장함으로써 지속가능한 경영을 유지
   - 사회적·금융적 취약계층에게 금융 및 복지서비스를 제공하여 정부의 복지기능을 보완하고 국민에게 풍요로운 삶과 경제활력을 제공하여 사회통합과 국민경제 발전에 기여

3. 일인이 아닌 만인의 행복을 위하여
   - 지역의 다수 구성원이 함께 만든 비영리단체로서, 신협이 얻은 수익을 조합원은 물론, 국민이 함께 누릴 수 있도록 경영

인재상

몰입하는 인재
매사에 집중과 몰입을 통해 속도감 있게 업무처리하여 조직에 활력을 불어 넣는 인재

협동하는 인재
협동조합으로서의 정체성을 가지고 서민 금융 공급과 사회적 역할을 확대하여 지역사회에 도움이 되는 인재

글로벌한 인재
국제금융협동조합인 신협의 국제적인 네트워크 협력 및 교류 확대를 이끌어 갈 글로벌 감각을 지닌 인재

신뢰받는 인재
항상 투명하고 정직한 자세로 신협의 사회적 선명성과 대외신인도를 제고시킬 인재

변화하는 인재
톡톡 튀는 아이디어를 제시하여 급변하는 금융환경에 능동적으로 대응하는 인재

모집공고 및 채용 절차

채용 절차

지원서
접수 〉 서류전형 〉 필기전형 〉 면접전형 〉 최종합격자
발표

※ 지역신협 단위로 이루어지는 공동채용과 신협중앙회 채용은 별개이다.
- 서류전형 : 입사지원서, 자기소개서 작성
  자기소개서 작성 시 성명, 출생지, 부모 직업(친인척 포함) 등 개인 신상을 직·간접적으로 파악할 수 있도록 기재한 경우 불이익을 받을 수 있음
- 필기전형 : 인·적성 검사
  서류전형 합격자 대상으로 인성 검사의 시간과 URL, 필기시험 장소 및 시간 안내
- 면접 : 모집 신협별로 면접 진행
- 각 전형별 합격자 발표는 SMS로 확인안내 통보

지원자격 및 우대사항

지원자격	• 연령, 학력, 전공에 대한 제한 없음 • 최종 합격 이후 즉시 근무 가능한 자 • 남자의 경우 병역필 또는 면제자 • 모집 신협의 인사규정상 결격사유에 해당하지 않은 자 • 모집 신협에 대한 중복 입사지원은 불가능 함
우대사항	• 모집 신협 소재 지역인재 우대 　→ 지역인재 : 입사지원일 현재 본인, 부, 모 중 1인의 주민등록상 주소지가 채용공고 신협 소재 지역에 주소를 두고 있는 자(입사지원서 입력 시 반드시 신주소를 기재함) • 보훈대상자, 장애인고용촉진 및 직업재활법에 의한 장애인 : 관계법령에 의거하여 우대함

지원서 접수

- 온라인 접수, 타 양식 및 이메일 접수는 불가함
- 신협중앙회 주관 「대학생 신협 체험」 「인턴십 프로그램」 참가자는 지원서에 참가 여부 체크
  → 서류전형 면제(단 서류전형 면제는 1회에 한하며 과거 서류면제 혜택을 받은 지원자의 경우 미기재. 중복 기재하여 지원하는 경우 불이익이 있을 수 있음)

지원자 유의사항

• 신협중앙회는 단위 신협을 지원 및 지도하는 기관으로서 모집 신협 신입직원 채용에 대한 필기시험 합격자 선정까지만 대행함
• 면접 및 최종 합격자, 근무조건 등은 모집 신협에서 결정하여 근로계약을 체결함
• 졸업증명서 등 입시 관련 제출서류는 면접 대상자에 한해 모집 신협 내규에 의거하여 개별 제출함
• 최종 합격하지 못한 지원자가 채용서류 반환 청구를 하려는 경우 최종 합격자 발표 이후 14일부터 180일 이내에 채용서류 반환청구서(「채용절차의 공정화에 관한 법률 시행 규칙」[별지 제3호] 서식)를 작성하여 지원 신협에 제출 요구

필기전형

• 인성 검사의 경우 온라인을 통해 시행하며, 적성 검사의 경우 각 지역별 고사장에서 응시
• 적성 검사의 경우, 오답에 대한 감점 없음, 수정펜 및 수정테이프 사용 불가함, 종료 약 15분 전부터 감독관이 남은 시간 공지
• 적성 검사 출제 영역의 명확한 구분 없이, 다양한 영역의 문제가 복합 출제
  – 2023년 상반기의 경우 55문항(언어, 수리, 지각, 문제 해결 등), 60분으로 출제
  – 2022년 하반기의 경우 70문항(언어이해, 언어추리, 응용계산, 자료해석, 수열추리, 도형추리, 공간지각, 과학상식 등), 60분으로 출제
• 대체로 평이한 난이도로 출제되었으나 시간은 다소 부족하게 느껴질 수 있음

면접전형

• 각 모집 신협별로 진행하며, 1차 혹은 2차에 걸쳐 질의응답 형식으로 진행

신용협동조합 기출 유형 분석

2023 상반기 출제유형분석

출제 영역의 명확한 구분 없이 다양한 영역의 문제가 복합 출제되었으며 특정한 문제 유형이 일정 주기로 반복되는 패턴으로 전체 문항이 구성되었다.

언어는 제시문이 주어지고 이를 독해한 후 주제를 찾거나, 일치와 불일치 등을 판단하는 문제, 글에 대한 적절한 반론을 고르는 등의 독해 문제가 출제되었고 단어 간의 상관관계를 바탕으로 어휘를 고르는 문제가 출제되었다. 수리는 방정식, 확률 등을 바탕으로 한 응용수리문제와 함께 수열 추론, 도표 · 꺾은선 그래프 등 다양한 유형의 자료해석 문제가 출제되었으며 수열 추론의 경우 문자와 숫자를 혼합한 형식을 포함하며 다소 까다롭게 출제되었다. 문제해결은 최단 경로 찾기, 효율적인 전략 구하기, 참 · 거짓 판단, 금액 계산 등의 문제와 암호 해독, 도식 추론 등의 사고력을 요하는 문제가 출제되었다. 지각은 지문에서 숫자, 문자 등의 개수를 구하는 문제, 도형의 변화를 파악하는 문제 등이 출제되었다.

2023 상반기 신용협동조합 필기시험 키워드 체크

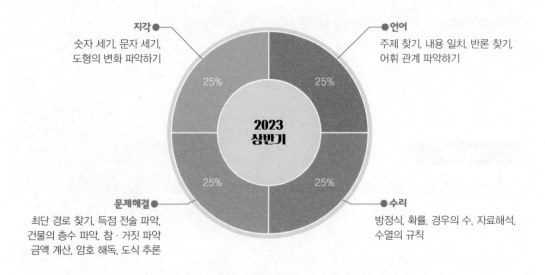

2022 하반기 출제유형분석

출제 영역의 명확한 구분 없이 다양한 영역의 문제가 복합 출제되었다.

언어이해는 제시된 지문을 읽고 옳고 그름을 파악하는 문제, 문단 순서를 맞추는 문제, 빈칸에 적절한 내용을 넣는 문제 등이 출제되었다. 언어추리는 맞춤법, 유의어 · 반의어 · 다의어 파악 문제, 음운 이해 문제 등이 출제되었다. 응용계산은 연립방정식, 농도 계산 등의 문제가 출제되었다. 수열추리는 다양한 형태의 규칙과 형태의 수열로부터 규칙을 추론하는 문제가 출제되었으며, 일부 문제의 경우 규칙 파악이 까다롭게 출제되었다. 자료해석 문제는 상식적인 수준에서 답을 찾을 수 있는 평이한 난이도로 출제되었다. 도형추리 및 공간지각은 도형을 이용해서 만들 수 있는 형태를 찾는 문제, 도형을 회전시키는 문제, 도형을 겹치는 문제 등이 출제되었다. 또한 과학상식 문제가 출제되었는데 중력, 에너지의 변환, 기체 · 액체 · 고체 등과 관련된 문제가 출제되었다.

2022 하반기 신용협동조합 필기시험 키워드 체크

과학상식
중력, 에너지의 변환, 기체 · 액체 · 고체

언어이해 · 언어추리
중심내용 · 세부내용 파악하기,
문단 순서 맞추기, 빈칸에 적절한
내용 파악하기, 유의어, 반의어,
다의어, 음운, 속담 이해하기

도형추리 · 공간지각
도형의 회전, 도형의 겹치기,
조각 맞추기

자료해석

2022 하반기

10%
30%
15%
15%
30%

응용계산 · 수열추리
연립방정식, 시간 계산, 농도 계산,
수열의 빈칸 채우기,
3×3수열의 규칙 파악

고시넷 신용협동조합(지역신협) 최신기출유형모의고사

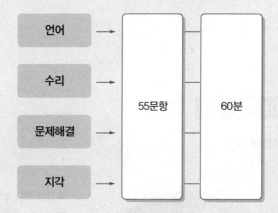

출제 영역 · 문항 수 · 시험 시간

언어 →
수리 →
문제해결 →
지각 →

55문항

60분

신용협동조합(지역신협) 인적성검사

적성검사
파트 1 기출유형모의고사

1회 기출유형문제

2회 기출유형문제

3회 기출유형문제

4회 기출유형문제

5회 기출유형문제

01. 다음 글을 이해한 내용으로 적절하지 않은 것은?

본격적으로 등장하기 시작한 대규모 메뚜기떼는 동아프리카와 중동을 넘어 인도 및 중국 등지에서 심각한 문제를 일으키고 있다. UN 산하 국제금융기관인 세계은행은 피해 규모만 해도 수조 원에 달할 것으로 예측하고 있다.

아프리카와 아시아 전역을 휩쓸다시피 하고 있는 메뚜기들의 정식 명칭은 '사막 메뚜기 (Desert Locust)'다. 아프리카에 주로 서식하고 있는 이 메뚜기는 번식력이 대단히 강한 것으로 유명한데, 3개월마다 약 20배씩 개체수가 늘어나는 것으로 알려져 있다.

사막 메뚜기가 공포의 대상인 이유는 눈에 보이는 식물은 모두 갉아먹어 인간의 식량을 모두 없애기 때문이다. 메뚜기의 몸무게는 평균 2g이며 매일 자신의 몸무게에 해당하는 식물을 먹어 치울 정도로 엄청난 식성을 자랑한다. 메뚜기떼의 습격으로 인한 피해가 아프리카를 넘어 아시아까지 확산되다 보니 과학자들도 이에 맞설 수 있는 방법을 찾기 위해 다양한 방안을 검토하고 있다.

최근 인도에서 실시한 드론을 활용한 메뚜기떼 제거 작업은 가장 효과적인 방제 작업으로 유명하다. 계속되는 메뚜기떼 습격으로 농작물이 막대한 피해를 입게 되자 살충제를 뿌리는 드론을 총 4대 투입하였다. 보건당국의 발표에 따르면 4대의 드론으로 일정 지역을 점령한 메뚜기떼의 60%를 없앤 것으로 나타났다. 드론을 활용한 살충제 공중 살포 방법으로 인도가 일정 부분 성과를 거둔 것은 확실하다. 하지만 그에 따른 반론도 만만치 않게 제기되고 있는 상황이다. 그중 하나가 메뚜기의 식품화나 사료화가 어려워졌다는 점이다.

알려져 있다시피 메뚜기는 몸의 60% 정도가 단백질로 이뤄져 있어서 고단백 식품이나 사료로 만들 수 있다. 과거 우리 조상들도 논에서 잡은 메뚜기를 굽거나 튀겨 간식으로 애용했는데, 단백질 공급이 어려웠던 당시에 메뚜기는 훌륭한 단백질 공급원이었다. 그러나 살충제의 대량 살포로 이처럼 메뚜기를 식품이나 사료로 만들 수 있는 기회가 사라져 버렸다. 유엔 식량농업기구(FAO)도 살충제로 인해 죽은 메뚜기의 몸속에는 독성이 잔류해 있을 수 있기 때문에 어떤 경우에도 먹어서는 안 된다고 경고하고 있다.

① 메뚜기떼로 인해 아프리카와 아시아에서 식량 피해가 발생하고 있다.
② 메뚜기는 자신의 몸무게에 해당하는 식량을 먹어치울 수 있다.
③ 메뚜기떼 방제를 위해 중국에서 드론을 활용한 메뚜기 방제 작업을 시작하였다.
④ 드론을 활용한 메뚜기 방제 작업으로 인해 메뚜기의 사료화가 어려워졌다.
⑤ 살충제로 죽은 메뚜기의 몸속에는 살충제 성분이 잔류해 있을 가능성이 크다.

02. 다음 수열의 규칙에 따라 '?'에 들어갈 알맞은 숫자는?

| 70 140 35 280 (?) 560 |

① 17.5 ② 18 ③ 18.5

④ 20 ⑤ 21.2

03. 한 건물에 근무하는 A ~ F 6명의 취미와 근무지를 조사한 내용이 다음과 같을 때, 항상 참인 것은?

- 사무실은 1 ~ 6층에 하나씩 있고 직원 A ~ F는 모두 다른 층에서 근무한다.
- 각 층에서 일하는 직원의 취미는 모두 다르며 1층은 독서, 2층은 테니스, 3층은 영화 감상, 4층은 등산, 5층은 미술관 방문, 6층은 게임이다.
- D는 취미가 영화 감상인 직원보다 아래층에 근무한다.
- 미술관 방문이 취미인 직원은 A이다.
- C는 등산이 취미인 직원보다 위층에 근무한다.
- B와 D의 취미는 모두 운동에 해당한다.

① C는 A의 아래층에서 근무한다.
② C의 사무실에서 가장 먼 곳은 F의 사무실이다.
③ D는 E보다 낮은 층에서 근무한다.
④ B는 F보다 높은 층에서 근무한다.
⑤ F가 3층에서 근무한다면 E는 6층에서 근무할 것이다.

04. 다음 글에서 합성어를 포함하여, '기술'이라는 글자는 몇 번 나타나는가?

> 하지만 기술 혁신을 통한 생산성 향상 시도가 곧바로 수익성 증가로 이어지는 것은 아니다. 기술 혁신 과정에서 비용이 급격히 증가하거나 생각지도 못한 위험이 수반되는 경우가 종종 있기 때문이다. 만약 필킹턴 사 경영진이 플로트 공정의 총개발비를 사전에 알았더라면 기술 혁신을 시도하지 못했을 것이라는 필킹턴 경(卿)의 회고는 이를 잘 보여 준다. 필킹턴 사는 플로트 공정의 즉각적인 활용에도 불구하고 그동안의 엄청난 투자 때문에 무려 12년 동안 손익 분기점에 도달하지 못했다고 한다.
>
> 이와 같이 기술 혁신의 과정은 과다한 비용 지출이나 실패의 위험이 도사리고 있는 험난한 길이기도 하다. 그렇지만 그러한 위험을 감수하면서 기술 혁신에 도전했던 기업가와 기술자의 노력 덕분에 산업의 생산성은 지속적으로 향상되었고, 지금 우리는 그 혜택을 누리고 있다. 우리가 기술 혁신의 역사를 돌아보고 그 의미를 되짚는 이유는, 그러한 위험 요인들을 예측하고 적절히 통제할 수 있는 능력을 갖춘 자만이 앞으로 다가올 기술 혁신을 주도할 수 있으리라는 믿음 때문이다.

① 5개   ② 6개   ③ 7개

④ 8개   ⑤ 9개

05. 다음 중 제시된 문장의 밑줄 친 부분과 같은 의미로 사용된 것은?

> 여행을 가면 지금 하는 걱정들이 모두 <u>씻은</u> 듯이 사라질 거야.

① 그 선수는 그동안의 부진을 <u>씻어</u> 내는 듯 연신 유효타를 날렸다.

② 상처를 깨끗하게 <u>씻어</u> 내지 않아서인지 이미 상태가 심각했다.

③ 속세와의 인연을 <u>씻고</u> 산으로 들어가 자연인이 되었다.

④ 단골 치킨집 사장님이 사실 범죄 조직에서 손을 <u>씻고</u> 가게를 차린 거래.

⑤ 네가 받아간 게 얼만데 입을 <u>씻고</u> 모른 체하려던 건 아니겠지?

06. ○○카페에서 개업 이벤트를 하는데 가로세로 5칸의 총 25칸짜리로 구성되어 있는 박스 안에 무료 음료 쿠폰 5개를 서로 다른 칸에 하나씩 넣어 두고, 한 사람당 칸을 고를 기회를 3번씩 준다고 한다. 2번 만에 쿠폰이 있는 칸을 고를 확률은? (단, 소수점 첫째 자리에서 반올림한다)

① 9%　　　　　　　② 11%　　　　　　　③ 14%

④ 16%　　　　　　　⑤ 17%

07. 다음 도형 변화의 규칙을 찾아 '?'에 들어갈 도형을 고르면?

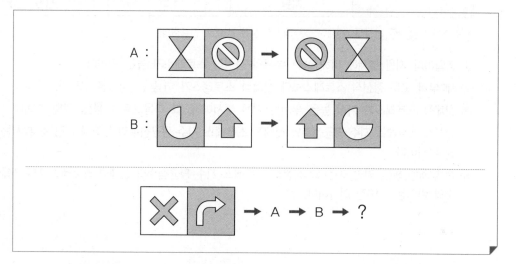

①　　　　②　　　　③　

④　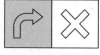　　　⑤

08. ○○기업 인사팀에서는 부서별로 직원들의 정신적 및 신체적 스트레스 지수를 조사하여 다음과 같은 결과를 얻었다. 이에 대한 이해로 적절하지 않은 것은?

⟨부서별 정신적 · 신체적 스트레스 지수⟩

(단위 : 명, 점)

구분	부서	인원	평균점수
정신적 스트레스	생산	100	1.83
	영업	200	1.79
	지원	100	1.79
신체적 스트레스	생산	100	1.95
	영업	200	1.89
	지원	100	2.05

※ 점수가 높을수록 정신적 · 신체적 스트레스가 높은 것으로 간주한다.

① 영업이나 지원 부서에 비해 생산 부서의 정신적 스트레스가 높은 편이다.

② 세 부서 모두 정신적 스트레스보다 신체적 스트레스가 더 높은 경향을 보인다.

③ 신체적 스트레스가 가장 높은 부서는 지원 부서이며, 그 다음으로는 생산, 영업 순이다.

④ 정신적 스트레스 지수 평균점수와 신체적 스트레스 지수 평균점수의 차이가 가장 큰 부서는 지원 부서이다.

⑤ 전 부서원(생산, 영업, 지원)의 정신적 스트레스 지수 평균점수와 신체적 스트레스 지수 평균점수의 차이는 0.16점 이상이다.

1회 기출유형

2회 기출유형

3회 기출유형

4회 기출유형

5회 기출유형

인성검사

면접가이드

09. 다음 글의 주제로 가장 적절한 것은?

> 정보 사회라고 하는 오늘날, 우리는 실제적 필요와 지식 정보의 획득을 위해서 독서하는 경우가 많다. 사실은 일정한 목적의식이나 문제의식을 안고 달려드는 독서일수록 능률적인 것이다. 르네상스 시대의 능소능대한 인물이었던 괴테는 그림에 열중하기도 했다. 그는 의아해하는 주위 사람들에게 그림의 대상이 되는 집이나 새를 더 관찰하기 위해서 그림을 그리는 것이라고 대답했다고 전해진다. 그림을 그리겠다는 목적의식을 가지고 집이나 꽃을 관찰하면 평소보다 분명하고 세세하게 그 대상이 떠오를 것이다. 마찬가지로 일정한 주제의식이나 문제의식을 가지고 독서를 할 때, 보다 창조적이고 주체적인 독서 행위가 성립된다.

① 특정 목적이나 문제의식을 가진 독자일수록 효율적인 독서를 할 수 있다.

② 독서의 목적은 독자들이 무엇을 필요로 하느냐에 따라 달라진다.

③ 독자들은 각자 필요한 지식 정보를 획득하기 위해 다양한 책을 읽는다.

④ 독자들이 그림을 그린다면 주체적인 독서를 하는 데에 도움이 될 것이다.

⑤ 창조적이고 주체적으로 독서를 하다보면 독서의 목적이 더 뚜렷해진다.

10. 다음 문자열은 일정한 규칙에 따라 나열되어 있다. 다음 중 나머지 문자열과 동일한 규칙이 적용되지 않은 문자열은?

① BDGL   ② KMOS   ③ GILQ

④ MORW   ⑤ OQTY

11. 인공지능과 사람의 대결에 대한 〈조건〉을 바탕으로 〈보기〉에서 옳은 내용을 모두 고른 것은?

| 조건 |

- 인공지능 컴퓨터와 대결할 때마다 사람은 A, B, C 전략 중 하나를 선택할 수 있다.
- 대결에서 무승부는 일어나지 않는다.
- 각각의 전략별 사용횟수에 따른 사람의 승리 확률은 다음과 같다.

〈전략별 사용횟수에 따른 사람의 승률〉

(단위 : %)

전략종류 \ 전략별 사용횟수	1회	2회	3회	4회
A 전략	60	50	40	0
B 전략	70	30	20	0
C 전략	90	40	10	0

| 보기 |

ㄱ. 사람이 총 3번의 대결을 하면서 각 대결에서 승리할 확률이 가장 높은 전략부터 순서대로 선택한다면 3가지 전략을 각각 1회씩 사용해야 한다.

ㄴ. 사람이 총 5번의 대결을 하면서 각 대결에서 승리할 확률이 가장 높은 전략을 순서대로 선택한다면 5번째 대결에서는 B 전략을 사용해야 한다.

ㄷ. 사람이 1개의 전략만을 사용하여 총 3번의 대결을 하면서 3번 모두 승리할 확률을 높이려면 A 전략을 선택해야 한다.

ㄹ. 사람이 1개의 전략만을 사용하여 총 2번의 대결을 하면서 2번 모두 패배할 확률을 가장 낮추려면 A 전략을 선택해야 한다.

① ㄱ, ㄴ　　　　　② ㄱ, ㄷ　　　　　③ ㄴ, ㄹ
④ ㄱ, ㄷ, ㄹ　　　　⑤ ㄴ, ㄷ, ㄹ

12. 다음의 ○○지방자치단체의 결혼이민자에 관한 자료를 통해 알 수 있는 것은? (단, 모든 계산은 소수점 아래 첫째 자리에서 반올림한다)

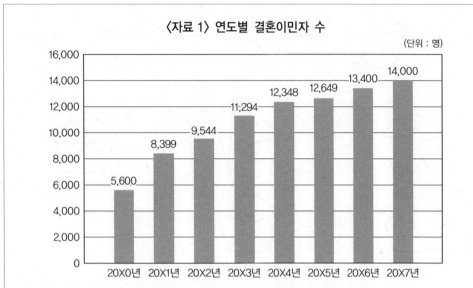

〈자료 1〉 연도별 결혼이민자 수

(단위 : 명)

※ 결혼이민자 : 체류외국인 중 대한민국 국민의 배우자 체류자격을 가진 외국인

〈자료 2〉 20X7년 국적별 결혼이민자 수

(단위 : 명)

국적	베트남	중국 (한국계)	중국	필리핀	일본	캄보디아	태국	기타
결혼 이민자 수	3,920	3,360	2,800	1,260	560	420	280	1,400

※ 기타 : 200명 미만인 16개 국적의 결혼이민자 수의 합계

① 20X7년 결혼이민자 수는 20X2년 대비 약 147% 증가하였다.

② 20X0년 대비 20X1년의 결혼이민자 수 증가율은 약 55%이다.

③ 기타에 해당하는 국적 중 결혼이민자 수가 87명 이하인 국적이 존재한다.

④ 20X7년 필리핀 국적의 결혼이민자 수는 해당 연도 전체 결혼이민자의 28%에 해당한다.

⑤ 20X7년 중국(한국계)과 중국 국적의 결혼이민자 수의 합은 전년도 전체 결혼이민자 수 대비 과반 수를 차지한다.

13. 다음 도형들의 규칙을 찾아 '?'에 알맞은 도형을 고르면?

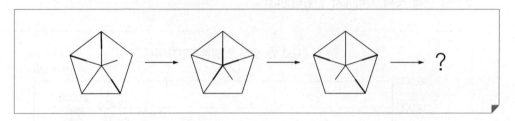

① 　　② 　　③

④ 　　⑤

14. 경쟁사인 A 통신사와 B 통신사의 인터넷 요금이 다음과 같다. 두 통신사 중 어느 통신사를 선택해도 요금이 같아지려면 인터넷을 한 달에 몇 분 사용해야 하는가?

〈 각 통신사의 인터넷 요금 〉

구분	기본요금	사용요금
A 통신사	10,000원/월	10원/분
B 통신사	5,000원/월	20원/분

※ 인터넷 요금은 '기본요금＋사용요금'으로 계산한다.

① 300분　　　　② 350분　　　　③ 400분
④ 450분　　　　⑤ 500분

15. 다음 글의 주장에 대한 반박으로 가장 적절한 것은?

> 칭찬은 아이의 행동이나 감정을 격려해 주고 지지해 주는 것이다. 그래서 앞으로의 생활에서 더욱 긍정적인 방향으로 행동을 유도할 수 있는 중요한 동기를 부여한다. 그러나 부모가 칭찬을 한다고 해서 아이들이 그것을 모두 칭찬이라고 받아들이지는 않는다. 자신의 행동과 감정에 대한 충분한 공감과 지지가 뒷받침될 때 비로소 정말로 자신이 인정받고 칭찬받는다고 느낄 수 있다.
>
> 올바른 칭찬은 결과보다는 과정을 칭찬하는 것이 결과가 매우 만족스럽고 대견해서 이를 칭찬해 주는 것은 당연하지만, 부모는 자녀가 결과를 내기 위해 과정에 더욱 많은 노력을 기울였다는 것을 기억해야 한다. 결과만을 칭찬하다 보면 아이는 과정보다 결과가 더 중요하다고 암묵적으로 강요받게 되어 노력하는 과정보다는 잘했는가 못했는가 혹은 성공인가 실패인가에 초점을 두게 된다. 결국 잘하지 못하면, 그리고 성공하지 못하면 의기소침해지거나 심한 경우 편법을 써서라도 원하는 결과를 얻으려고 한다. 그렇기 때문에 부모는 아이가 잘하지 못했거나 실패한 경우라도 아이의 '노력'을 칭찬해야 하고, 성공한 경우에도 자신의 노력을 잊지 않도록 과정을 칭찬해야 한다.

① 칭찬은 자녀의 행동을 수정하거나 강화하는 데 유용하게 쓰여야 한다.
② 남들에 비해 자녀가 잘하는 부분을 강조하며 칭찬하는 것이 올바른 칭찬이다.
③ 과정을 칭찬하는 데에만 집중하면 되레 결과를 소홀히 할 수 있다.
④ 칭찬을 최대한 구체적으로 해주는 것이 가장 중요하다.
⑤ 무조건적인 칭찬이 때로는 도움이 된다.

16. 다음 수열의 규칙에 따라 '?'에 들어갈 알맞은 숫자는?

-4	11	-9	6	-12	3	(?)	2

① -11 ② -13 ③ 5
④ 7 ⑤ 8

17. 사원 A, B, C, D, E는 5개월간 순환근무를 하며 수습기간을 거친 후 정식으로 발령을 받게 된다. 다음의 〈조건〉을 토대로 B와 C가 각각 마지막으로 근무하는 지점은?

| 조건 |

- 신입사원 5명이 순환근무하는 지점은 1, 2, 3, 4, 5 총 5개 지점이고 각 지점에서 한 달씩 근무한다.
- 지금은 5개월의 수습기간 중 세 번째 기간이다.
- 현재 근무하는 지점은 A-3지점, B-4지점, C-2지점, D-1지점, E-5지점이다.
- A가 아직 근무하지 않은 지점은 4지점과 5지점이다.
- C는 지난달에 1지점에서 근무했고 다음 달에는 3지점에서 근무한다.
- B가 마지막으로 근무하는 지점은 A가 첫 번째로 근무한 지점이다.
- 지금까지 4지점에서 근무한 사람은 B, C, E이다.

① B-1지점, C-5지점 ② B-1지점, C-4지점 ③ B-2지점, C-5지점

④ B-2지점, C-4지점 ⑤ B-3지점, C-4지점

18. 다음 글에서 합성어를 포함하여, '통계'라는 글자는 몇 번 나타나는가?

◎ 통계청 고시 제2015-315호

「통계법」 제18조 제3항 및 같은 법 시행령 제26조 제4항의 규정에 의하여 다음과 같이 통계작성의 변경승인을 고시합니다.

2020년 05월 18일

통계청장

1. 통계의 명칭 : 인터넷이용실태조사
2. 통계작성기관의 명칭 : 미래창조과학부
3. 통계작성승인번호(작성승인일) : 제12017호(2003. 02. 25.)
4. 통계작성의 변경 연월일 : 2020. 05. 18.
5. 통계작성의 변경 내용과 사유 :

구분	변경 전	변경 후	변경사유
부가조사	없음.	부가조사(디지털 경제생활부문) 추가 *자세한 내용은 첨부1 참조	인터넷 금융 · 쇼핑 등 경제생활 부문에 대해서 심도 깊은 통계가 필요함.

본조사 조사항목	총 62문항 (가구 6, 가구원 56)	총 76문항 (가구 6, 가구원 70)	모바일 · 인터넷 실태 조사 통합, 디지털 경제생활 부문 부가조사 실시에 따라 항목조정 및 본조사의 결과활용도 제고를 위해 문항을 수정함.

〈첨부1〉 인터넷이용실태조사(디지털 경제생활 부문) 세부내역
    1. 통계의 명칭 : 인터넷이용실태조사(디지털 경제생활 부문)
    2. 통계작성목적 : 핀테크, O2O 서비스, P2P중고거래 등 인터넷 금융 · 쇼핑 관련 최신 이
       슈 · 서비스의 이용행태를 파악하여 시의성 있는 ICT 정책 시사점 도출 및 관련 업계의
       비즈니스 전략수립 등에 활용되는 통계생산
    3. 통계작성대상 : 국내 만12세 이상 59세 이하의 인터넷 이용자
    4. 통계작성주기 : 1년
    5. 통계작성의 방법 : 조사통계

① 14　　　　② 15　　　　③ 16
④ 17　　　　⑤ 18

19. 다음 두 단어 쌍이 같은 관계가 되도록 빈칸에 알맞은 단어를 고르면?

> 넉넉하다 : 푼푼하다 = 말끔하다 : (　　　　)

① 고상하다　　　　② 숭고하다　　　　③ 상스럽다
④ 단정하다　　　　⑤ 또렷하다

20. 승용차 100대를 수용할 수 있는 주차장이 있는데, 오후가 되면 4분마다 1대꼴로 차가 나가며, 3분마다 2대꼴로 차가 들어온다. 오후 2시 정각에 1대가 나가고 2대가 들어와 78대가 되었다고 하면, 이 주차장이 만차가 되는 시각은 언제인가?

① 오후 2시 45분　　　　② 오후 2시 48분　　　　③ 오후 2시 50분
④ 오후 2시 51분　　　　⑤ 오후 2시 55분

21. 다음 도형의 변화 규칙을 찾아 '?'에 들어갈 도형을 고르면?

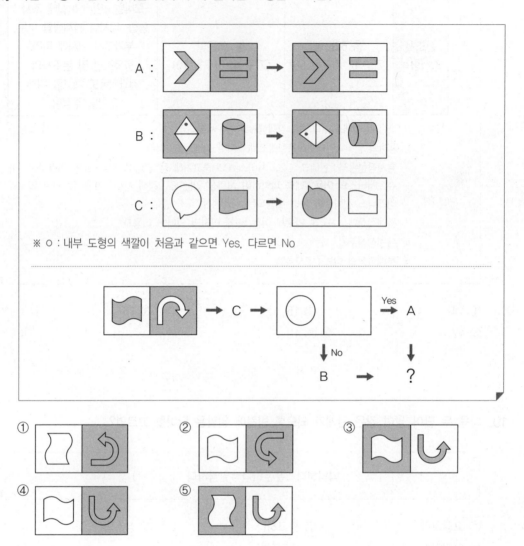

22. 다음 자료에 대한 분석으로 옳지 않은 것은?

〈부품소재 산업동향〉

(단위 : 조 원)

구분	2017년	2018년	2019년	2020년	2021년	2022년	2023년
생산	584	642	658	660	650	638	658
내수	491	545	( )	( )	538	532	( )

※ 내수＝생산－수출＋수입

〈부품소재 무역통계〉

(단위 : 조 원)

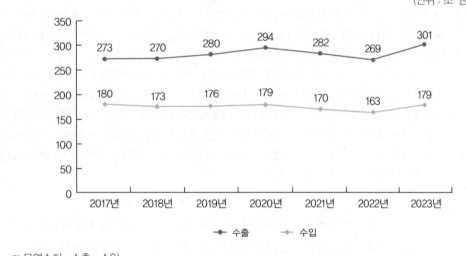

※ 무역수지＝수출－수입

① 조사기간 중 부품소재 생산 규모가 전년 대비 가장 큰 비율로 증가한 해는 2018년이다.

② 조사기간 중 2021년 부품소재 생산, 수출, 수입 규모는 모두 전년 대비 하락하였다.

③ 조사기간 중 부품소재 생산 규모는 2018년 이후 600조 원을 상회한다.

④ 조사기간 중 부품소재 무역수지 규모가 가장 큰 해는 2023년이다.

⑤ 조사기간 중 부품소재 무역수지는 꾸준히 증가하였다.

23. 다음 중 ㉠과 ㉡에 대한 설명으로 옳지 않은 것은?

우리 헌법 제1조 제2항에서는 '대한민국의 주권은 국민에게 있고, 모든 권력은 국민으로부터 나온다'라고 규정하고 있다. 이 규정은 국가의 모든 권력의 행사가 주권자인 국민의 뜻에 따라 이루어져야 한다는 의미로 해석할 수 있다. 따라서 국회의원이 지역구 주민의 뜻에 따라 입법해야 한다고 생각하는 사람이 있다면, 이 조항을 그러한 생각의 근거로 삼으면 될 것이다. 이 주장과 같이 대표자가 자신의 권한을 국민의 뜻에 따라 행사해야 하는 대표 방식을 ㉠명령적 위임 방식이라 한다. 명령적 위임 방식에서는 민주주의의 본래 의미가 충실하게 실현될 수 있으나, 현실적으로 표출된 국민의 뜻이 국가 전체의 이익과 다를 경우 바람직하지 않은 결과가 초래될 수 있다.

한편 우리 헌법에서는 '입법권은 국회에 속한다(제40조)', '국회의원은 국가 이익을 우선하여 양심에 따라 직무를 행한다(제46조 제2항)'라고 규정하고 있다. 이 규정은 입법권이 국회에 속하는 이상 입법은 국회의원의 생각에 따라야 한다는 뜻이다. 이 규정의 목적은 국회의원 각자가 현실적으로 표출된 국민의 뜻보다는 국가 이익을 고려하도록 하는 데 있다. 이에 따르면 국회의원은 소속 정당의 지시에도 반드시 따를 필요는 없다. 이와 같이 대표자가 소신에 따라 자유롭게 결정할 수 있도록 하는 대표 방식을 ㉡자유 위임 방식이라고 부른다. 자유 위임 방식에서 구체적인 국가 의사 결정은 대표자에게 맡기고, 국민은 대표자 선출권을 통해 간접적으로 대표자를 통제한다. 국회의원의 모든 권한은 국민이 갖는 이 대표자 선출권에 근거하기 때문에 자유 위임 방식은 헌법 제1조 제2항에도 모순되지 않으며, 우리나라는 기본적으로 이 방식의 입장을 취하고 있다.

① ㉠과 ㉡은 입법 활동에서 누구의 의사가 우선시되어야 하는가에 따라 구분된다.
② ㉠이 헌법 제1조 제2항을 따르는 것과 달리 ㉡은 모든 권력이 국민으로부터 나온다는 입장에 반대한다.
③ ㉠은 국민이 국회의원의 입법 활동을 직접적으로 통제할 수 있다는 입장을 취한다.
④ 국회의원이 자신의 소신에 따라 의사를 결정할 수 있다면 ㉡과 같은 입장을 취하는 것이다.
⑤ 국회의원의 소신을 중시하는 ㉡이더라도 국민의 의견은 간과되지 않는다.

24. 다음 문자열은 일정한 규칙에 따라 나열되어 있다. 다음 중 나머지 문자열과 동일한 규칙이 적용되지 않은 문자열은?

① 가가나가   ② AABA   ③ 도도노도
④ HHIH   ⑤ 류류르류

25. 남 부장은 회사에서 출발하여 협력업체 A ~ E 5곳을 모두 방문하고자 한다. 다음 약도를 참고할 때, 최단 거리로 방문할 수 있는 경로로 올바른 것은? (단, 모든 협력업체 방문 후 회사로 복귀하지 않으며, 회사를 통과하는 경로는 사용하지 않는다)

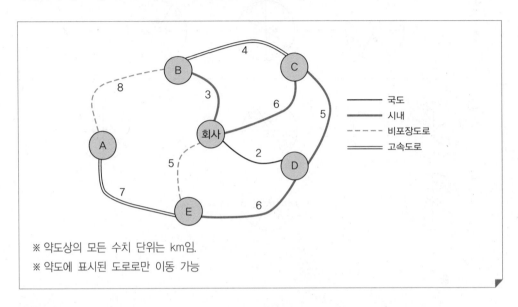

※ 약도상의 모든 수치 단위는 km임.
※ 약도에 표시된 도로로만 이동 가능

① 회사-B-A-E-D-C   ② 회사-D-E-A-B-C

③ 회사-C-D-E-A-B   ④ 회사-B-C-D-E-A

⑤ 회사-D-C-B-A-E

26. 다음 2019 ~ 2023년 동안 근로소득세, 법인세 실효세율 추이를 비교한 표에 대한 설명으로 옳지 않은 것은?

〈근로소득세, 법인세 실효세율 추이 비교〉

(단위 : %)

구분	2019년	2020년	2021년	2022년	2023년
근로소득세	10.59	10.77	11.00	11.14	11.30
법인세	19.59	16.56	16.65	16.80	15.99

① 근로소득세 실효세율의 증감이 가장 낮은 해는 2022년이다.

② 2020년 대비 2022년 법인세 실효세율의 증가율은 약 1.45%이다.

③ 2023년 법인세의 실효세율은 근로소득세 실효세율의 약 1.42배이다.

④ 근로소득세의 실효세율은 2019년부터 2023년까지 매년 증가하는 추세를 보인다.

⑤ 2021년 대비 2022년 세금 실효세율의 증감률은 법인세가 근로소득세보다 높았다.

27. 다음 도형들의 규칙을 찾아 '?'에 알맞은 도형을 고르면?

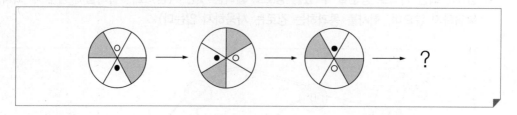

①   ②   ③

④   ⑤

28. 지영이와 지훈이는 160mm인 연필을 한 자루씩 가지고 있다. 얼마 후 연필의 길이를 재보니 지영이는 $\frac{7}{8}$ 만큼 사용하였고, 지훈이는 $\frac{5}{8}$ 만큼 사용하였음을 알게 되었다. 이때 남아 있는 연필의 길이를 합하면 몇 cm인가?

① 5cm ② 8cm ③ 11cm
④ 14cm ⑤ 16cm

29. 다음 글의 중심내용으로 적절한 것은?

우리의 생각과 판단은 언어에 의해 결정되는가 아니면 경험에 의해 결정되는가? 즉 언어결정론이 옳은가 아니면 경험결정론이 옳은가? 언어결정론자들은 우리의 생각과 판단이 언어를 반영하고 있고 실제로 언어에 의해 결정된다고 주장한다. 눈에 관한 에스키모인들의 언어를 생각해 보자. 언어결정론자들의 주장에 따르면 에스키모인들은 눈에 관한 다양한 언어 표현들을 갖고 있어서 눈이 올 때 우리가 미처 파악하지 못한 미묘한 차이점들을 찾아낼 수 있다. 또한, 언어결정론자들은 '노랗다', '샛노랗다', '누르스름하다' 등 노랑에 대한 다양한 우리말 표현들이 있어서 노란색들의 미묘한 차이가 구분되고 그 덕분에 색에 관한 우리의 인지 능력이 다른 언어 사용자들보다 뛰어나다고 본다. 이렇듯 언어결정론자들은 사용하는 언어에 의해서 우리의 사고 능력이 결정된다고 말한다.

하지만 정말 그럴까? 모든 색은 명도와 채도에 따라 구성된 스펙트럼 속에 놓이고, 각각의 색은 여러 언어로 표현될 수 있다. 이러한 사실에 비추어 보면 우리말이 다른 언어에 비해 보다 풍부한 색 표현을 갖고 있다고 볼 수 없다. 나아가 더 풍부한 표현을 가진 언어를 사용함에도 불구하고 인지 능력이 뛰어나지 못한 경우들도 발견할 수 있다. 따라서 우리의 생각과 판단은 언어가 아닌 경험에 의해 결정된다고 보는 것이 옳으며 언어결정론자들의 주장과 달리, 다양한 언어적 표현은 다양한 경험에서 비롯된 것이라고 보는 것이 더 적절할 것이다.

① 우리말은 다른 언어들에 비해 색깔 사이의 미묘한 느낌을 잘 표현할 수 있다.
② 인간의 인지 능력은 언어 표현이 풍부해질수록 발달하는 경향을 보인다.
③ 언어와 경험 외에도 우리의 생각과 판단을 결정할 수 있는 다른 요인들이 많이 있다.
④ 언어가 존재하지 않는다면 인간은 다양한 생각과 올바른 판단을 할 수가 없다.
⑤ 언어결정론자들의 의견과 달리 인간의 사고는 다양한 경험에 의해 영향을 받는다.

30. 다음 수열의 규칙에 따라 '?'에 들어갈 알맞은 숫자는?

$$\frac{2}{7} \quad \frac{1}{7} \quad \frac{2}{21} \quad \frac{1}{14} \quad \frac{2}{35} \quad \frac{1}{21} \quad (?) \quad \frac{1}{28}$$

① $\frac{1}{29}$ ② $\frac{1}{31}$ ③ $\frac{2}{37}$

④ $\frac{2}{49}$ ⑤ $\frac{7}{50}$

31. 팀장 회의를 위해 준비된 다음 좌석 배치도와 〈조건〉을 참고할 때, 항상 참인 의견을 제시한 사람은?

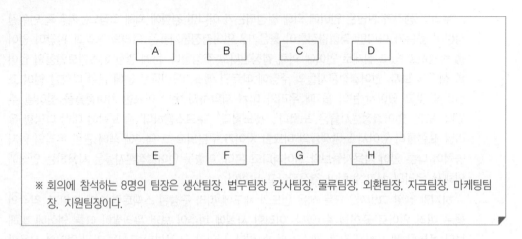

※ 회의에 참석하는 8명의 팀장은 생산팀장, 법무팀장, 감사팀장, 물류팀장, 외환팀장, 자금팀장, 마케팅팀장, 지원팀장이다.

| 조건 |

(가) 자금팀장과 감사팀장은 가장 멀리 떨어져 위치한다.
(나) 물류팀장은 외환팀장과 마주보고 있다.
(다) 지원팀장은 감사팀장, 물류팀장과 각각 떨어진 거리가 같다.
(라) 마케팅팀장은 A 자리에 위치하며 생산팀장, 법무팀장, 감사팀장, 물류팀장은 모두 같은 라인에 위치한다.

① 영규 : 마케팅팀장과 지원팀장 사이에는 한 자리가 있군.
② 서윤 : 감사팀장과 법무팀장 사이에는 두 자리가 있네.
③ 성현 : 외환팀장은 생산팀장, 법무팀장과 각각 떨어진 거리가 같구나.
④ 재선 : 생산팀장의 건너편에는 지원팀장이 위치하네.
⑤ 동욱 : 마케팅팀장과 생산팀장은 가장 멀리 떨어져 위치하는군.

www.gosinet.co.kr gosinet

1회 기출유형
2회 기출유형
3회 기출유형
4회 기출유형
5회 기출유형
인성검사
면접가이드

32. 다음 〈보기〉에서 왼쪽에 제시된 숫자의 개수는?

| 보기 |

6

1851344795148764782674814271042274688149536368517218268
2651254163705292068797239311288153813858152324674315783

① 8개   ② 9개   ③ 10개
④ 11개   ⑤ 13개

33. 밑줄 친 단어 중 다음 단어와 의미가 유사한 것은?

선양

① 선생님은 우리들의 학습 의욕을 <u>고취</u>시킬 수 있는 방법을 고민하셨다.
② 신제품이 출시되면 적절한 마케팅으로 <u>선전</u>해야 한다.
③ 관중들의 큰 함성 덕분에 선수들의 사기가 <u>고무</u>되었다.
④ 경제를 <u>발전</u>시킬 수 있는 방안에 대해 생각하고 있다.
⑤ 엄마의 지나친 <u>독려</u>가 오히려 부담스러웠지만 무사히 시험을 마쳤다.

34. 육면체 주사위를 두 번 던졌을 때 나온 주사위 눈의 합이 5의 배수가 되는 경우는 모두 몇 가지인가?

① 3가지   ② 4가지   ③ 5가지
④ 6가지   ⑤ 7가지

35. 다음 그림에서 각 기호들은 일정한 규칙에 따라 도형을 변화시킨다. 규칙에 따라 '?'에 들어갈 알맞은 도형은?

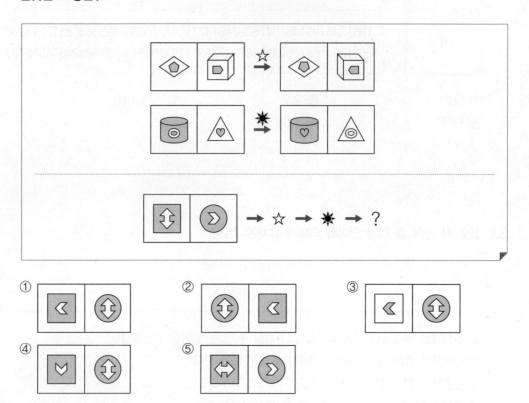

① ② ③

④ ⑤

36. 다음 자료는 202X년 A, B기업의 2 ~ 3분기 매출액 증감지수를 나타낸 것이다. A, B 기업의 202X년 1분기 매출액이 각각 200억 원, 150억 원일 때, 이에 대한 설명으로 옳지 않은 것은?

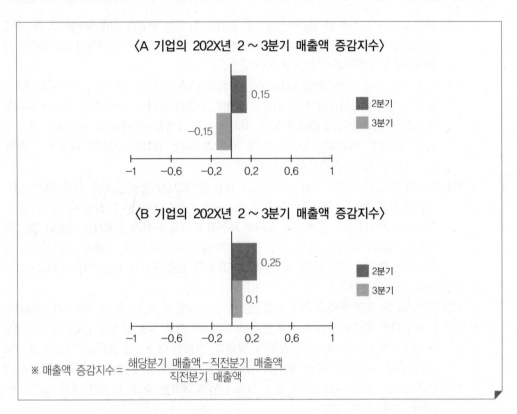

① A 기업의 202X년 3분기 매출액은 200억 원 미만이다.
② B 기업의 202X년 3분기 매출액은 A 기업의 202X년 3분기 매출액보다 많다.
③ 두 기업의 3분기 매출액 합계는 2분기 매출액 합계보다 작다.
④ A 기업의 202X년 매출액이 800억 원을 초과하려면 4분기 매출액은 3분기 대비 10% 이상 증가해야 한다.
⑤ 202X년 1 ~ 3분기 매출액의 총합은 A 기업이 B 기업보다 크다.

37. 다음 (가) ~ (라)를 논리적 순서에 맞게 나열한 것은?

> (가) 창조 도시는 창조적 인재들이 창의성을 발휘할 수 있는 환경을 갖춘 도시이다. 즉, 창조 도시는 인재들을 위한 문화 및 거주 환경의 창조성이 풍부하며, 혁신적이고도 유연한 경제시스템을 구비하고 있는 도시이다.
>
> (나) 창조 계층을 중시하는 관점에서는 개인의 창의력으로 부가가치를 창출하는 창조 계층이 모여서 인재 네트워크인 창조 자본을 형성하고 이를 통해 도시는 경제적 부를 축적할 수 있는 자생력을 갖게 된다고 본다. 따라서 창조 계층을 끌어들이고 유지하는 것이 도시의 경쟁력을 제고하는 관건이 된다. 창조 계층에는 과학자, 기술자, 예술가, 건축가, 프로그래머, 영화 제작자 등이 포함된다.
>
> (다) 그러나 창조성의 근본 동력을 무엇으로 보든 한 도시가 창조 도시로 성장하려면 창조 산업과 창조 계층을 유인하는 창조 환경이 먼저 마련되어야 한다. 창조 도시에 대한 논의를 주도한 랜드리는 창조성이 도시의 유전자 코드로 바뀌기 위해서는 다음과 같은 환경적 요소들이 필요하다고 보았다. 개인의 자질, 의지와 리더십, 다양한 재능을 가진 사람들과의 접근성, 조직 문화, 지역 정체성, 도시의 공공 공간과 시설, 역동적 네트워크의 구축 등이 그것이다.
>
> (라) 창조 도시의 주된 동력을 창조 산업으로 볼 것인가 창조 계층으로 볼 것인가에 대해서는 견해가 다소 엇갈리고 있다. 창조 도시의 주된 동력으로 창조 산업을 중시하는 관점에서는 창조 산업이 도시에 인적, 사회적, 문화적, 경제적 다양성을 불어넣음으로써 도시의 재구조화를 가져오고 나아가 부가가치와 고용을 창출한다고 주장한다. 창의적 기술과 재능을 소득과 고용의 원천으로 삼는 창조 산업의 예로는 광고, 디자인, 출판, 공연예술, 컴퓨터 게임 등이 있다.

① (가)-(나)-(다)-(라) ② (가)-(라)-(나)-(다) ③ (라)-(나)-(가)-(다)

④ (라)-(나)-(다)-(가) ⑤ (라)-(가)-(나)-(다)

38. 다음 문자들의 일정한 규칙에 따라 '?'에 들어갈 알맞은 문자를 고르면?

① S   ② Q   ③ U
④ V   ⑤ Y

39. 장소 후보 A ~ E 중 다음 〈평가 기준〉에 따라 산출한 총점이 가장 높은 장소를 대여하려고 할 때, 대여하게 될 곳은?

〈세미나 장소 정보〉

구분	이동거리	수용 가능인원	대관료	평점	빔 프로젝터 사용가능 여부
A	2.5km	400명	70만 원	★★	○
B	3km	500명	65만 원	★★★	○
C	2km	350명	95만 원	★★★★	○
D	4.5km	700명	75만 원	★★★	×
E	4km	600명	105만 원	★★★★★	×

〈평가 기준〉
• 이동거리, 수용 가능인원, 대관료에는 각 장소마다 1 ~ 5점을 부여한다.
• 이동거리는 짧은 순, 수용 가능인원은 많은 순, 대관료는 낮은 순으로 5점부터 1점까지 부여한다.
• 평점은 별의 개수만큼 점수를 부여한다.
• 빔 프로젝터 사용이 가능한 경우 가점 1점을 부여한다.

① A   ② B   ③ C
④ D   ⑤ E

40. 다음은 소나무재선충병 발생지역에 관한 자료이다. 제주의 고사한 소나무 수는 거제의 고사한 소나무 수의 약 몇 배인가? (단, 소수점 아래 둘째 자리에서 반올림한다)

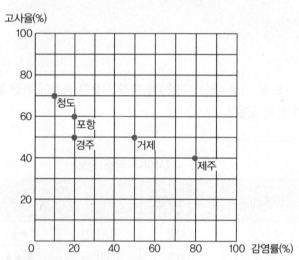

〈소나무재선충병 발생지역별 소나무 수〉

(단위 : 천 그루)

구분	거제	경주	제주	청도	포항
소나무 수	1,590	2,981	1,201	279	2,312

〈소나무재선충병 발생지역별 감염률 및 고사율〉

$$감염률(\%) = \frac{발생지역의\ 감염된\ 소나무\ 수}{발생지역의\ 소나무\ 수} \times 100$$

$$고사율(\%) = \frac{발생지역의\ 고사한\ 소나무\ 수}{발생지역의\ 감염된\ 소나무\ 수} \times 100$$

① 0.5배   ② 1.0배   ③ 1.5배

④ 2.0배   ⑤ 2.5배

41. 다음 도형들의 규칙을 찾아 '?'에 알맞은 도형을 고르면?

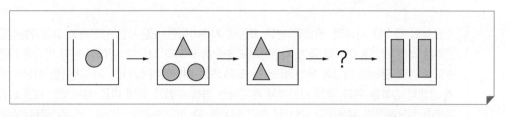

①

②

③

④

⑤

42. 김 과장은 사내 퀴즈대회에서 60점을 획득했다. 전체 20문제를 풀며 문제를 맞히면 5점씩 획득하고 틀리면 5점씩 감점할 때 김 과장이 맞힌 문제는 몇 개인가?

① 5개   ② 7개   ③ 12개

④ 15개   ⑤ 16개

43. 다음 글의 제목으로 적절한 것은?

오늘의 급속한 사회적, 직업적 변화 가운데 지속가능한 노동시장 경쟁력과 고용가능성을 갖추는 것은 개인뿐 아니라 국가 차원에서도 중요하게 자리 잡았다. 현대적 환경 변화에 따른 주도적 경력 관리의 책임이 우선적으로는 조직 또는 개인에게 있지만, 지속가능한 성장과 국가 경쟁력 강화를 위해 국가 차원에서 체계적인 정책 수립과 이에 따른 세부적인 지원 방향 마련이 필요해졌기 때문이다. 거시적 측면에서 볼 때 과학기술의 진보뿐 아니라 경제성장의 둔화, 인구의 고령화, 노동시장의 유연화, 일자리 부조화 등 주요 변화에 따라 개인과 조직 간 심리적 계약의 내용과 형태도 바뀌고 있으며 전 생애 과정을 통한 경력개발의 필요성도 더욱 강조되고 있다. 이는 고용서비스 대상 또는 개인의 특성과 상황에 따라 더욱 다양하게 요구되는 실정이다. 청소년의 경우 4차 산업혁명에 따른 생애 전 영역에서의 변화와 미래직업세계 변화에 대비할 수 있는 기본적인 태도와 자질, 미래역량을 함양할 수 있는 정책적 지원이 요구되고 있으며 청년의 경우에는 진로취업역량 강화를 위한 더욱 구체적이고 체계적인 정책 지원이 요구되고 있다. 또한 지속가능한 경력개발과 고용가능성 함양을 위해서는 과거 실직자 대상의 취업지원 서비스에서 한 걸음 더 나아가 재직자 대상의 직업능력 향상 및 생애 경력설계 지원이 필요하다. 급속한 고령화의 진전과 노동시장의 불안정성, 베이비부머의 일자리 퇴직과 재취업 등으로 공공 고용서비스 영역에서 퇴직을 전후로 한중·장년 근로자 대상의 정책과 적극적인 지원 방안 마련 또한 절실히 요구되고 있다.

① 거시적 관점에서의 노동시장 변화의 이해
② 지속가능 성장을 위한 노동시장의 유연화
③ 생애경력개발을 위한 정책 지원의 필요성
④ 4차 산업혁명으로 인한 고용시장의 변화와 전망
⑤ 생산가능인구 감소 시대의 경제성장과 노동시장

44. 다음 수열의 규칙에 따라 '?'에 들어갈 알맞은 숫자는?

| 11 | 33 | 36 | 12 | 48 | (?) | 13 | 65 | 70 | 14 |

① 52　　　　　　② 60　　　　　　③ 62
④ 68　　　　　　⑤ 70

45. ○○사에서 신규 펀드를 만들려고 한다. 펀드의 성과 예상치가 A ~ D와 같을 때, 반드시 거짓인 것은?

> 신규 펀드에 포함할 자산군은 국내 주식, 원자재, 부동산이다. 각 자산군은 서로 상관관계가 낮으며, 투자 실패의 원인은 단 한 가지이다.
>
> ---
>
> A : 국내 주식, 원자재, 부동산에 투자했을 때, 손실의 위험성이 높다.
> B : 국내 주식에 투자하지 않고, 원자재와 부동산에 투자했을 때, 손실의 위험성이 높다.
> C : 국내 주식과 원자재에 투자하지 않고, 부동산에 투자했을 때, 손실의 위험성이 낮다.
> D : 국내 주식과 원자재에 투자하고, 부동산에 투자하지 않았을 때, 손실의 위험성이 높다.

① A, B만을 고려한다면 펀드 손실의 주원인이 무엇인지 알 수 없다.
② A, C만을 고려한다면 펀드 손실의 주원인은 국내 주식 투자와 원자재 투자에 있을 것이다.
③ B, C만을 고려한다면 펀드 손실의 주원인은 원자재 투자일 것이다.
④ B, D만을 고려한다면 원자재 투자는 펀드 손실의 주원인이 아니다.
⑤ C, D만을 고려한다면 원자재 투자가 실패 위험성을 크게 하는 원인일 수 있다.

46. A와 B를 비교할 때 서로 다른 부분의 개수는?

> A : 사회와 격리된 인간을 상상할 수 없듯이 언어와 격리된 인간도 상상하기 어렵다. 인간이 사회적인 그물망으로 엮여 있는 동물이고 그 사회적 그물망을 연결시켜 주는 역할을 하는 것이 언어이기 때문이다. 이는 사회를 떠난 인간이 존재할 수 없듯이 사회와 유리된 언어가 존재할 수 없다는 것을 의미하는 동시에, 사회가 달라지면 언어 사용 양상도 달라진다는 것을 의미한다.
> B : 사회와 격리된 인간을 상싱할 수 없듯이 언어와 격리된 인간도 상상하기 어렵다. 인간이 사회적인 그믈망으로 엮여 있는 동물이고 그 사회적 그물망을 연결시켜 주는 역할을 하는 것이 언어이기 때문이다. 이는 사회를 떠난 인간이 존재할 수 없듯이 사회와 우리된 언어가 존재할 수 없다는 것을 의미하는 동시에, 사회가 달라지면 언어 사용 양상도 달라진다는 것을 의미한다.

① 1개 　　　 ② 2개 　　　 ③ 3개 　　　 ④ 4개 　　　 ⑤ 5개

47. 다음 중 띄어쓰기가 올바르지 않은 것은?

① 몇 번 정도 해보니까 알겠다.

② 과수원에는 사과, 귤, 배 들이 있다.

③ 나는 아무래도 포기하는 게 좋을거 같다.

④ 포유동물에는 고래, 캥거루, 사자 등이 있다.

⑤ 보란 듯이 성공해서 부모님의 은혜에 보답하겠다.

48. 한 권의 책을 복사하는 데 A 복사기는 12분, B 복사기는 8분이 걸린다. 이 책을 처음 2분 동안은 A 복사기만으로 복사하고, 그 후부터 A, B 두 대의 복사기로 동시에 복사한다면 이 책을 모두 복사하는 데 걸리는 시간은?

① 4분   ② 5분   ③ 6분

④ 7분   ⑤ 10분

49. 다음 〈조건 1〉과 〈조건 2〉의 규칙을 문제에 적용할 때 최종적으로 도출되는 도형을 고르면?

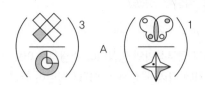

①

②

③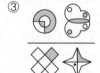

④

⑤

50. 다음 20XX년 국내 주요 도시의 전출·입 인구 자료에 대한 해석으로 적절하지 않은 것은?

〈국내 5개 도시 전출·입 인구 자료〉

(단위 : 명)

전출 \ 전입	서울	부산	대구	인천	광주	계
서울	190,065	183	1,029	50,822	95	242,194
부산	3,225	81,566	75	4,550	152	89,568
대구	2,895	622	69,255	202	122	73,096
인천	8,622	326	192	19,820	256	29,216
광주	3,022	118	82	268	36,562	40,052
계	207,829	82,815	70,633	75,662	37,187	474,126

① 대구에서 부산으로 전입해 온 사람의 수는 622명이다.

② 같은 도시로 전출 간 사람의 수가 3번째로 적은 곳은 대구이다.

③ 국내 5개 도시에서 서울로 전입한 전체 인구 중 다른 도시 사람의 수는 약 10% 이상을 차지한다.

④ 인천으로 전입해 온 사람의 수는 75,662명이다.

⑤ 광주에서 전출을 제일 많이 간 다른 도시는 서울이다.

51. 다음 글에 대한 이해로 적절한 것은?

성과지향성은 조직이 업무성과의 향상이나 수월성을 어느 정도 강조하고 이에 대해 얼마나 적극적으로 보상하는가에 따라 규정된다. 성과지향성이 높은 조직은 개인의 성취를 중시하고 개인의 성취에 따라 보상이나 지위가 달라져야 함을 인정한다. 따라서 조직구성원은 자신에게 주어진 일을 어떻게, 얼마나 잘 수행하였는가에 근거하여 평가를 받는다. 또한 성과지향성이 높은 조직은 지속적인 자기개발이나 성과의 향상을 요구하고 거기에 가치를 부여한다. 이에 반해 성과지향성이 낮은 조직은 객관적인 성취보다는 개인의 사회적 배경을 포함한 귀속적 요인이나 연공서열에 따른 평가와 그에 기초한 보상이 이루어지는 경향이 있다. 같은 맥락에서 성과지향성이 낮은 조직은 사회 또는 가족관계를 중시하며 소속감을 강조한다. 성과지향이 낮은 조직의 경우, 성과평가에 충성심이나 협동심 등 주관적인 요소가 작용할 여지가 많다. 결과적으로 성과지향성이 낮은 조직은 업무에 대한 평가에 '무엇'을 하였는가보다는 '누가' 하였는가가 더 중요하다.

이렇게 볼 때 성과지향적 조직에서는 관리자에 대한 평가가 그 관리자가 얼마나 업무를 잘 수행하는가의 객관적인 요소에 따라 달라지기 때문에 성별과 같은 사회적 배경이 작용할 여지가 그만큼 적어질 것이다. 이는 관리자의 성에 따른 성 고정관념적 평가의 여지가 적어진다는 것을 의미하기도 한다. 실제로 62개국을 대상으로 한 경험적 연구는 높은 성과지향성이 양성평등에 긍정적인 영향요인임을 밝힌 바 있다. 또한 성과지향성은 객관적인 과업이나 성취를 강조하는 시장지향적인 합리문화와 그 특성의 일부를 공유한다. 합리문화는 개인주의적 정형성과 일정한 관련이 있다. 물론 합리문화의 개인주의적 성향이 지나칠 경우, 응집력과 팀워크를 약화시키는 부정적 측면이 없지 않지만 개인의 성과와 성취를 강조한다는 점에서 여성 구성원의 평가에는 긍정적일 것이다. 여성관리자는 권력의 원천 중 전문적 권력(expert power)을 통해 조직에서 겪는 어려움을 극복하려고 한다. 이는 전문적 권력이 주관적 편견이나 관행에 따른 평가의 여지가 상대적으로 적기 때문이다. 결국 여성관리자는 전문적 권력을 통해 '무엇'을 할 수 있는가를 보여 줌으로써 '누구'인가의 영향력을 상쇄하려는 시도를 하는 것이라고 볼 수 있다.

① 가족적 조직문화는 여성관리자에 대한 인식에 긍정적으로 작용할 것이다.
② 성과지향적 조직문화는 구성원의 성별에 따른 차별을 더욱 강화할 것이다.
③ 성과지향적 조직문화는 여성관리자에 대한 인식에 긍정적으로 작용할 것이다.
④ 성과지향성이 낮은 조직에서는 조직구성원 간의 성차별 가능성이 낮을 것이다.
⑤ 성과지향성이 낮은 조직에서 여성관리자의 전문적 권력이 발휘될 가능성은 높아질 것이다.

52. 다음 표의 배열 규칙에 따라 '?'에 들어갈 알맞은 것을 고르면?

10	P	5	G	9	M
6	D	2	C	(?)	E

① 2   ② 4   ③ 5

④ 8   ⑤ 10

53. 다음 〈조건〉에 따라 당번제로 사무실 공용 가습기 관리를 한다고 할 때, 11월 29일부터 12월 3일까지 당번을 맡을 사람은 누구인가?

| 조건 |

- 팀내 공용 가습기 가동 시작일은 매년 11월 첫째 주 월요일이다.
- 당번제에 따라 정해진 당번이 월요일부터 금요일까지 5일간 가습기를 관리한다.
- 당번 순서는 이름 가나다 순으로 한다.
- 당번을 맡은 주에 개인 휴가가 예정되어 있다면, 다음 당번과 당번 맡는 주의 순서를 맞바꾼다(단, 휴가가 두 주에 걸쳐 있는 경우, 다다음 당번과 순서를 맞바꾼다).
- 인턴은 당번에서 제외된다.

〈달력〉

11월

일	월	화	수	목	금	토
	1	2	3	4	5	6
7	8	9	10	11	12	13
14	15	16	17	18	19	20
21	22	23	24	25	26	27
28	29	30				

12월

일	월	화	수	목	금	토
			1	2	3	4
5	6	7	8	9	10	11
12	13	14	15	16	17	18
19	20	21	22	23	24	25
26	27	28	29	30	31	

〈팀원 현황〉

이름	김○○	이○○	박○○	최○○	송○○
직급	부장	과장	과장	대리	인턴
휴가예정일	–	11/19, 11/22	–	–	11/15

① 김 부장   ② 이 과장   ③ 박 과장   ④ 최 대리   ⑤ 송 인턴

54. 다음 자료를 적절하게 분석한 사람은?

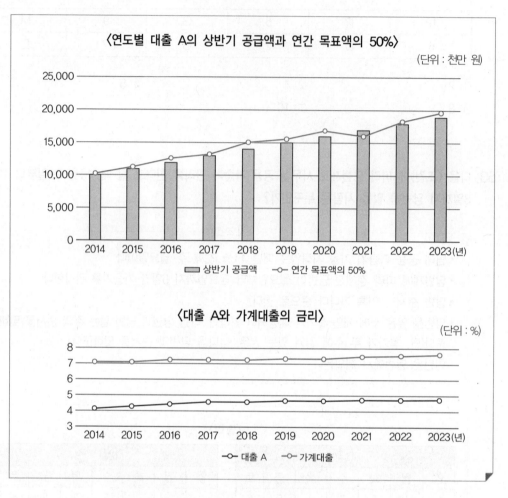

〈연도별 대출 A의 상반기 공급액과 연간 목표액의 50%〉

(단위 : 천만 원)

〈대출 A와 가계대출의 금리〉

(단위 : %)

① 지민 : 대출 A는 2021년에 처음으로 연간 목표액을 초과 달성했어.

② 민영 : 2023년 대출 A의 상반기 공급액은 2015년의 연간 목표액보다 더 높아.

③ 호연 : 2018년 대출 A의 연 목표 대출이자수익은 1,500천만 원 이상이었어.

④ 수빈 : 대출 A의 금리는 가계대출 금리와 매년 2%p 이상의 차이를 계속 유지하고 있어.

⑤ 진아 : 2019년에 대출 A 대신 가계대출로 70천만 원을 대출한 채무자가 부담해야 했던 이자 지출의 차이는 2.8천만 원 이상이었어.

55. 다음 (가)~(다)는 물질의 세 가지 상태를 나타낸 그림이다. 이를 압력과 온도에 따른 부피의 변화가 큰 순서대로 나열한 것은?

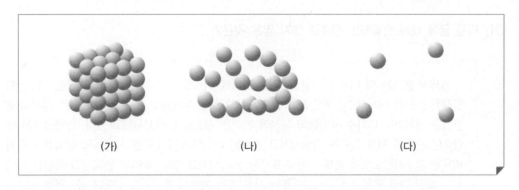

(가)   (나)   (다)

① (가)-(나)-(다)   ② (나)-(다)-(가)   ③ (다)-(가)-(나)

④ (다)-(나)-(가)   ⑤ 모두 같음

01. 다음 글에 대해 반박하는 진술로 옳지 않은 것은?

경제적 불의는 더 이상 방치할 수 없는 상태에 이르렀다. 도시 빈민가의 빈곤은 최소한의 인간적 삶조차 원칙적으로 박탈하고 있으며, 경제력을 독점하고 있는 소수 계층은 각계에 영향력을 행사하여 대다수 국민들의 의사에 반하는 결정들을 관철시키고 있다. 만연한 사치와 향락은 근면과 저축 의욕을 감퇴시키고 손쉬운 투기와 불로소득은 기업들의 창의력과 투자 의욕을 감소시킴으로써 경제 성장의 토대를 와해시키고 있다. 부익부 빈익빈의 극심한 양극화는 국민 간의 균열을 심화시킴으로써 사회 안정 기반이 동요되고 있으며 공공연한 비윤리적 축적은 공동체의 기본 규범인 윤리 전반을 문란하게 하여 우리와 우리 자손들의 소중한 삶의 터전인 이 땅을 약육강식의 살벌한 세상으로 만들고 있다.

부동산 투기, 정경유착, 불로소득과 탈세를 공인하는 차명계좌의 허용, 극심한 소득차, 불공정한 노사관계, 농촌과 중소기업의 피폐 및 이 모든 것들의 결과인 부와 소득의 불공정한 분배, 그리고 재벌로의 경제적 집중, 사치와 향락, 환경 오염 등 이 사회에 범람하고 있는 경제적 불의를 척결하고 경제정의를 실천함은 이 시대 우리 사회의 역사적 과제이다.

이의 실천 없이는 경제 성장도 산업 평화도 민주복지사회의 건설도 한갓 꿈에 불과하다. 이 중에서도 부동산 문제의 해결은 가장 시급한 우리의 당면 과제이다. 인위적으로 생산될 수 없는 귀중한 국토는 국민들의 복지 증진을 위하여 생산과 생활에만 사용되어야 함에도 불구하고 소수의 재산 증식 수단으로 악용되고 있다. 토지 소유의 극심한 편중과 투기화, 그로 인한 지가의 폭등은 국민생활의 근거인 주택의 원활한 공급을 곤란하게 하고 있을 뿐만 아니라 물가 폭등 및 노사 분규의 격화, 거대한 투기 소득의 발생 등을 초래함으로써 현재 이 사회가 당면하고 있는 대부분의 경제적·사회적 불안과 부정의의 가장 중요한 원인으로 작용하고 있다.

정부 정책에 대한 국민들의 자유로운 선택권이 보장되며 경제적으로 시장 경제의 효율성과 역동성을 살리면서 깨끗하고 유능한 정부의 적절한 개입으로 분배의 편중, 독과점 및 공해 등 시장 경제의 결함을 해결하는 민주복지사회를 실현하여야 한다. 그리고 이것이 자유와 평등, 정의와 평화의 공동체로서 우리가 지향할 목표이다.

① 뚜렷하고 구체적인 정책을 제시하지 않고 해결책을 에둘러 말하고 있다.
② 경제·사회적 불안과 부정의의 가장 큰 원인이 부동산 문제라고만은 할 수 없다.
③ 경제력을 독점하고 있는 소수 계층이 경제적 불의를 일으키고 있다.
④ 수많은 경제적 불의 문제들은 나라가 발전하고 성장하는 데에 필수불가결한 단계이다.
⑤ 소수 전문가들의 의사결정이 필요한 경우도 있으며 이는 더 효율적일 수 있다.

02. 다음 수열에서 일정한 규칙을 찾아 '?'에 들어갈 알맞은 숫자를 고르면?

| 7 | 10 | 12 | 16 | 17 | 22 | (?) |

① 22   ② 24   ③ 27

④ 28   ⑤ 30

03. 사원 8명이 '농촌 일손 돕기' 행사에 참여하기 위해 고속버스를 타고 봉사활동 장소로 이동하고 있다. 다음 조건을 바탕으로 할 때, C 사원과 짝을 이루어 앉은 사람은?

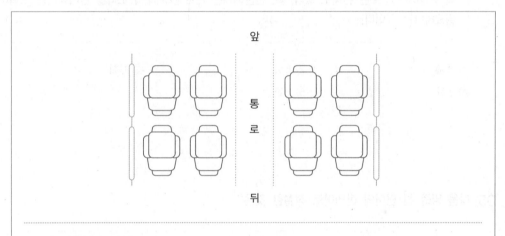

- 참여 인원은 남자 사원 갑, 을, 병, 정과 여자 사원 A, B, C, D이다.
- 남자 사원과 여자 사원은 짝을 이뤄 앉았다.
- A, C, 을은 창가에 앉았다.
- 갑과 정은 뒷좌석에 앉았다.
- B는 A의 뒷좌석에 앉았다.
- 병은 통로 쪽에 앉았다.
- D는 정의 앞좌석에 앉았다.

① 갑   ② 을   ③ 병

④ 정   ⑤ 알 수 없음

04. 다음 글에서 숫자 '20'은 몇 번 나타나는가?

다양한 세대론을 규정짓는 신조어는 대부분 언론에 의해 만들어졌다. 신조어가 언론에서 지속적으로 생겨나는 이유에 대해 문화평론가인 경희대학교 영미문화전공 이택광 교수는 20대를 상대화함으로써 기성세대가 자기 세대의 정체성을 더욱 선명하게 부각시킬 수 있기 때문이라고 하면서, '우리 때는 이러지 않았다'는 식으로 발화함으로써 도덕적 우위를 점할 수 있는 이점이 있기 때문이라고 말했다. 또한 20대를 특징짓는 시도를 '20대에 대한 이데올로기적 포섭 전략'으로 보고 자신의 규정에 해당되지 못하는 20대를 정상적 범주가 아닌 것으로 생각하게 만드는 역할을 하기도 한다고 밝혔다.

20대 세대론이 지속되는 이유를 '언론의 정치적 필요'로 보는 시각도 있다. 즉, 언론사의 세대론을 20대에 대해 자기들끼리 갑론을박한 다음 마지못해 그들의 가치관을 들어주는 척하는 것과 비슷하다는 것이다. 다른 관점으로는 세태를 규정하는 일을 맡아야 하는 것이 언론의 숙명이라고 보는 견해도 있다. 즉, 언론에서는 새로운 세대의 모습을 짚어내려는 노력이 필요하다는 것이다.

① 4회   ② 5회   ③ 6회
④ 7회   ⑤ 8회

05. 다음 밑줄 친 단어의 반의어로 적절한 것은?

윤결은 역적을 비호한 안명세의 <u>곡필(曲筆)</u>을 '사건에 따라 정직하게 쓴 것이다'라며 공공연히 애석하다는 말을 발설하였으니, 그 죄가 명세와 다름이 없는데…

① 자필(自筆)   ② 대서(代書)   ③ 수필(隨筆)
④ 직필(直筆)   ⑤ 육필(肉筆)

06. A 팀과 B 팀이 축구경기를 하고 있다. A 팀이 골을 넣을 확률이 70%, B 팀이 골을 넣을 확률이 40%일 때, 이 두 팀이 승부차기까지 갈 확률은? (단, 한 팀이 두 골을 먼저 넣는 경우, 남은 시간과 상관없이 시합을 종료한다)

① 0.45　　　　　② 0.46　　　　　③ 0.47
④ 0.48　　　　　⑤ 0.49

07. 다음 도형의 변화 규칙에 따라 '?'에 들어갈 알맞은 도형을 고르면?

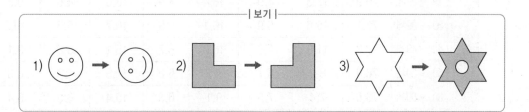

| 보기 |

1) ☺ → (변형된 얼굴)　2) (L자 도형) → (뒤집힌 L자 도형)　3) ☆(흰 별) → (회색 별)

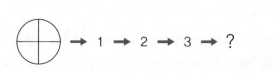

(원) → 1 → 2 → 3 → ?

①　②　③

④　⑤

08. 다음 자료에 대한 해석으로 옳지 않은 것은?

〈정치참여 유형별 참여도〉

(단위 : %)

구분		주변인과 대화	온라인상 의견피력	정부/언론 의견제시	서명운동 참여	탄원서 제출	시위/집회 참여	공무원에 민원전달	불매운동 참여
연도별	2020년	53.9	15.0	9.5	21.2	8.8	9.2	11.3	12.6
	2021년	58.8	14.7	8.8	17.5	7.9	7.6	9.1	9.2
	2022년	69.3	13.3	6.7	14.9	5.6	6.9	6.1	10.3
	2023년	74.1	12.2	6.4	14.5	5.8	14.4	5.6	8.0
성별	남자	76.2	12.9	6.4	14.1	6.0	15.2	5.8	8.0
	여자	72.1	11.4	6.4	14.9	5.7	13.7	5.4	9.0
연령대별	19 ~ 29세	70.9	17.3	6.9	18.4	4.9	18.0	4.6	9.5
	30 ~ 39세	77.1	15.6	5.9	18.1	5.9	16.7	5.3	10.6
	40 ~ 49세	72.3	11.9	6.6	16.0	6.7	15.1	6.8	9.1
	50 ~ 59세	76.9	8.2	5.7	9.9	5.0	11.3	4.7	6.6
	60 ~ 69세	73.5	7.4	7.5	9.1	6.8	10.4	6.8	6.4

※ 성별, 연령대별 수치는 2023년도 자료에 해당

※ 유형별 중복 응답 허용

① 2023년 과반수의 정치참여 유형에서 여자보다 남자의 참여율이 더 높다.

② 2023년 모든 연령대에 걸쳐서 '공무원에 민원전달' 유형의 참여도가 가장 높았다.

③ 2023년 '공무원에 민원전달' 유형의 정치 참여도는 2020년보다 5%p 이상 감소하였다.

④ 2023년 정치참여 유형 중 '서명운동 참여', '시위/집회 참여', '온라인상 의견피력'은 연령대가 낮을수록 참여도가 높은 것으로 나타났다.

⑤ 2023년 정치참여 유형 중 가장 참여도가 높은 것은 '주변인과 대화'이며, 그다음은 '서명운동 참여', '시위/집회 참여' 순으로 나타났다.

09. 다음 글을 통해 알 수 있는 내용으로 적절한 것은?

> 식수오염의 방지를 위해서 빠른 시간 내 식수의 분변오염 여부를 밝히고 오염의 정도를 확인하기 위한 목적으로 지표생물의 개념을 도입하였다. 병원성 세균, 바이러스, 원생동물, 기생체 소낭 등과 같은 병원체를 직접 검출하는 것은 비싸고 시간이 많이 걸릴 뿐 아니라 숙달된 기술을 요구하지만 지표생물을 이용하면 이러한 문제를 해결할 수 있다.
>
> 식수가 분변으로 오염되어 있다면 분변에 있는 병원체 수와 비례하여 존재하는 비병원성 세균을 지표생물로 이용한다. 이에 대표적인 것이 대장균이다. 대장균은 그 기원이 전부 동물의 배설물에 의한 것이므로 시료에서 대장균의 균체 수가 일정 기준보다 많이 검출되면 그 시료에는 인체에 유해할 만큼의 병원체도 존재한다고 추정할 수 있다. 그러나 온혈동물에게서 배설되는 비슷한 종류의 다른 세균들을 배제하고 대장균만을 측정하는 것은 어렵다. 그렇기 때문에 대장균이 속해 있는 비슷한 세균군을 모두 검사하여 분변오염 여부를 판단하고 이 세균군을 총대장균군이라고 한다.
>
> 총대장균군에 포함된 세균이 모두 온혈동물의 분변에서 기원한 것은 아니지만 온혈동물의 배설물을 통해서도 많은 수가 방출되고 그 수는 병원체의 수에 비례한다. 염소 소독과 같은 수질정화 과정에서도 병원체와 유사한 저항성을 가지므로 식수, 오락 및 휴양 용수의 수질 결정에 좋은 지표이다. 지표생물로 사용하는 또 다른 것은 분변성 연쇄상구균군이다. 이는 대장균을 포함하지는 않지만 사람과 온혈동물의 장에 흔히 서식하므로 물의 분변오염 여부를 판정하는 데 이용된다. 이들은 잔류성이 높고 장 밖에서는 증식하지 않기 때문에 시료에서도 그 수가 일정하게 유지되어 좋은 상수소독 처리지표로 활용된다.

① 온혈동물의 분변에서 기원되는 균은 모두 지표생물이 될 수 있다.

② 수질정화 과정에서 총대장균군은 병원체보다 높은 생존율을 보인다.

③ 채취된 시료 속의 총대장균군의 세균 수와 병원체 수는 비례하여 존재한다.

④ 지표생물을 검출하는 것은 병원체를 직접 검출하는 것보다 숙달된 기술을 필요로 한다.

⑤ 분변성 연쇄상구균군은 시료 채취 후 시간이 지남에 따라 시료 안에서 증식하여 정확한 오염지표로 사용하기 어렵다.

10. 다음 문자들의 배열 규칙을 찾아 '?'에 들어갈 알맞은 문자를 왼쪽부터 순서대로 나열한 것은?

가	1	Z
다	3	X
라	4	W
(?)	2	(?)

① 나, B   ② 나, Y   ③ 마, B
④ 마, Y   ⑤ 나, V

11. A ~ E는 각각 독일어, 스페인어, 일본어, 중국어 중 1개 이상의 언어를 구사할 수 있다. 다음 진술들을 토대로 E가 구사할 수 있는 언어를 모두 고른 것은?

A : 내가 구사할 수 있는 언어는 C와 겹치지 않아.
B : 나는 D가 구사할 수 있는 언어와 독일어를 제외한 언어를 구사할 수 있어.
C : 나는 스페인어를 제외하고 나머지 언어를 구사할 수 있어.
D : 3개 언어를 구사할 수 있는 C와 달리 내가 구사할 수 있는 언어는 A와 동일해.
E : 나는 B와 C를 비교했을 때, C만 구사할 수 있는 언어만 구사할 수 있어.

① 독일어   ② 스페인어   ③ 독일어, 스페인어
④ 일본어, 중국어   ⑤ 독일어, 일본어, 중국어

12. 다음 사원 60명의 출·퇴근 방식에 관한 조사 자료를 통해 알 수 있는 내용은? (단, 주어진 자료의 내용만을 고려하며, 대중교통 수단은 한 가지만 이용하는 것으로 가정한다)

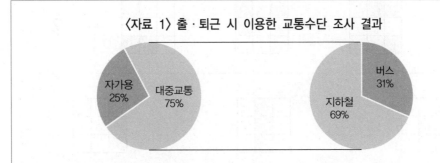

〈자료 1〉 출·퇴근 시 이용한 교통수단 조사 결과

〈자료 2〉 전체 사원의 출·퇴근 시 환승 횟수 조사 결과

환승 횟수	없음	1번	2번	3번
비율	42%	27%	23%	8%

※ 모든 계산은 소수점 아래 첫째 자리에서 반올림한 값이다.
※ 자가용 이용자는 환승 횟수 '없음'으로 응답하였다.

① 자가용을 이용하는 사원은 25명이다.
② 버스를 이용하는 사원은 12명이다.
③ 환승 횟수가 3번 이상인 사원은 6명이다.
④ 대중교통을 이용하는 사원 중 한 번도 환승을 하지 않는 사원은 15명이다.
⑤ 대중교통을 이용하는 사원 중 환승 횟수가 한 번 이상인 사원은 전체 사원의 58%이다.

13. 다음 도형들의 규칙을 찾아 '?'에 알맞은 도형을 고르면?

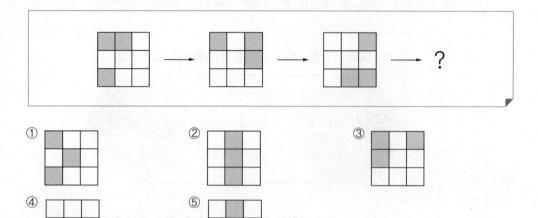

① ② ③

④ ⑤

14. 길이가 160m인 길의 양 끝에 나무가 서 있다. 이 나무의 사이에 동일한 간격으로 9개의 깃발을 세울 때 간격은 몇 m가 되는가?

① 14m ② 15m ③ 16m

④ 17m ⑤ 18m

15. 다음 글을 통해 알 수 있는 사실이 아닌 것은?

> 금융안전망은 금융기관이 지급불능에 처했을 경우 그 영향이 타 금융기관에 파생되지 않도록 단절시킴으로써 금융위기의 발생을 조기에 차단하는 것을 목적으로 한다. 프리드먼과 슈와르츠에 따르면 이러한 금융위기의 단계는 크게 (1) '경제 환경의 악화', (2) '소수 부실금융기관의 발생', (3) '금융기관에 대한 일반의 신뢰도 상실과 모든 금융기관에 대한 뱅크런(고객들의 무차별적 예금 인출 사태)' 세 단계로 구분할 수 있다. 따라서 금융안전망체계도 지급불능기관의 발생을 사전적으로 억제하는 데 초점을 두고 금융위기 발생경로의 첫 번째 단계에서 두 번째 단계로의 진행을 억제하는 사전적 조치인 '규제 감독기능'과 그럼에도 금융기관의 부실 발생 시 금융위기로 연결되는 것을 차단하는, 즉 두 번째 단계에서 세 번째 단계로의 진전을 억제하는 사후적 조치의 수단인 '최종대부자기능'과 '예금자보호기능' 세 가지 수단이 주축을 이루게 된다.
>
> 사전적 조치는 '건전성 규제'와 '경쟁제한 규제'로 구분할 수 있는데, '건전성 규제'는 건전한 경영환경 조성을 목적으로 한다. 금융기관의 경영자가 금융기관의 파산가능성을 낮추는 행동을 취하도록 금융기관의 자산이나 부채의 선택에 법적·행정적 제약을 가하는 것이며, 유동성비율 규제, 자기자본 규제 등이 대표적인 수단이다. 이에 반해 '경쟁제한 규제'는 금융기관의 경쟁을 제한함으로써 경영파탄의 가능성을 낮추는 조치를 말한다. 대표적인 예로는 진입 및 업무분야 규제, 금리, 수수료에 대한 규제가 있다. 한편 사후적 조치는 개별금융기관이 경영파탄에 처한 경우, 이러한 상황이 금융시스템 전반에 퍼지는 것을 방지하기 위한 조치이다. 사후적 조치에는 일시적인 유동성 부족에 따른 건전금융기관의 파산을 방지하기 위한 '최종대부자기능'과 건전성 악화 등에 따라 발생되는 예금자들의 뱅크런을 예방하기 위한 '예금자보호기능'이 있다.

① 금융안전망의 목적은 금융위기 발생을 조기에 차단하는 것이다.

② 건전성 규제와 경쟁제한 규제는 금융위기의 첫 번째 단계에서 두 번째 단계로의 진행을 억제하기 위한 제도이다.

③ 사후적 조치에는 최종대부자기능과 예금자보호기능 등이 있다.

④ 금융위기가 세 번째 단계로 심화되면 은행에 돈을 맡겨 두었던 예금주들이 한꺼번에 돈을 찾아가는 대규모 예금 인출 사태가 일어날 수 있다.

⑤ 경쟁제한 규제는 최근 금융자유화와 국제화의 진전 등의 영향으로 점점 더 그 실효성이 강화되고 있다.

16. 다음 수열에서 일정한 규칙을 찾아 '?'에 들어갈 알맞은 숫자를 고르면?

| (?) | 9.5 | 19.5 | 39.5 | 79.5 |

① 2.5 ② 4.5 ③ 5.5
④ 6.5 ⑤ 7

17. ○○기업은 6개의 시에 지점을 하나씩 가지고 있는데, 이웃한 시의 지점끼리 선으로 이어 위에서 내려다보면 정육각형의 모습이 된다. 본사는 각 지점에 새 지점장 가 ~ 바를 보내는 인사발령을 하려고 한다. 다음 〈조건〉을 바탕으로 할 때, A시를 기준으로 발령된 지점장의 순서를 시계방향으로 바르게 나열한 것은?

| 조건 |

- 시 배치는 A시를 기준으로 시계방향으로 A시 – B시 – C시 – D시 – E시 – F시 순이다.
- A시에는 가 지점장이 근무한다.
- 나 지점장은 마 지점장과 마주 보는 시에서 근무한다.
- 다 지점장은 가 지점장과 나 지점장 사이에서 근무한다.
- F시에는 마 지점장이 근무한다.
- 라 지점장은 마 지점장과 가장 가까운 곳에서 근무한다.

① 가 – 다 – 라 – 바 – 나 – 마   ② 가 – 다 – 나 – 바 – 라 – 마
③ 가 – 라 – 다 – 나 – 바 – 마   ④ 가 – 다 – 나 – 라 – 바 – 마
⑤ 가 – 나 – 바 – 라 – 다 – 마

18. A와 B를 비교할 때 서로 다른 부분의 개수는?

> A : 속도는 기술 혁명이 인간에게 선사한 엑스터시(ecstasy)의 형태이다. 오토바이 운전자와는 달리, 뛰어가는 사람은 언제나 자신의 육체 속에 있으며, 뛰면서 생기는 미묘한 신체적 변화와 가쁜 호흡을 생각할 수밖에 없다. 뛰고 있을 때 그는 자신의 체중, 자신의 나이를 느끼며 그 어느 때보다도 더 자신과 자기 인생의 시간을 의식한다. 인간이 기계에 속도의 능력을 위임하고 나자 모든 게 변한다. 이때부터 그의 고유한 육체는 관심 밖에 있게 되고 그는 비신체적 속도, 비물질적 속도, 순수한 속도, 속도 그 자체, 속도 엑스터시에 몰입한다. 기묘한 결합테크닉의 싸늘한 몰개인성과 엑스터시 불꽃. 어찌하여 느림의 즐거움은 사라져 버렸는가?
>
> B : 속도는 기술 혁명이 인간에게 선사한 엑스터시(ecstasy)의 형태이다. 오토바이 운전자와는 달리, 뛰어가는 사람은 언제나 자신의 육체 속에 있으며, 뛰면서 생기는 미묘한 신체적 변화와 가쁜 호흡을 생각할 수밖에 없다. 뛰고 있을 때 그는 자신의 체중, 자신의 나이를 느끼며 그 어느 때보다도 더 자신과 자신 인생의 시간을 의식한다. 인간이 기계에 속도의 능력을 위엄하고 나자 모든 게 변한다. 이때부터 그의 고유한 육체는 관심 밖에 있게 되고 그는 비신체적 속도, 비물질적 속도, 순수한 속도, 속도 그 자체, 속도 엑스티시에 몰입한다. 기묘한 결합테크닉의 싸늘한 몰개인성과 엑스터시 불꽃. 어찌하여 느림의 즐거움은 사라져 버렸는가?

① 1개 ② 2개 ③ 3개
④ 4개 ⑤ 5개

19. 다음 글의 문맥상 빈칸에 들어갈 사자성어로 적절한 것은?

> 한때 바둑계에서 전 세계적으로 위명을 떨쳤던 이창호 기사는 포석보다 마무리, 즉 끝내기부터 통달했다. 그의 바둑은 화려하지 않고 싸움에 능하지 않았다. 그렇지만 세계적인 기사들을 번번이 무너뜨렸다. 끝내기에서 압도했기 때문이다. 진정한 고수는 마무리의 의미를 깨친 자일 것이다. 진정 고수가 되고자 한다면 '(   )이/가 되지 마라', '유종의 미를 거두라'라는 말을 깊이 새기면서 마무리의 진정한 의미를 가슴에 새겨야 할 것이다.

① 계란유골(鷄卵有骨) ② 오비이락(烏飛梨落) ③ 유유상종(類類相從)
④ 용두사미(龍頭蛇尾) ⑤ 내우외환(內憂外患)

20. Q 세균은 상온에서 6분에 1번씩 한 마리가 두 마리로 자체 분열한다. Q 세균 한 마리를 상온에 두었을 때, 1시간 후의 Q 세균의 수는 42분 후의 Q 세균의 수보다 몇 마리가 더 많겠는가?

① 896마리 ② 960마리 ③ 992마리
④ 1,008마리 ⑤ 1,206마리

21. 다음 제시된 규칙을 따를 때 '?'에 들어갈 알맞은 도형을 고르면?

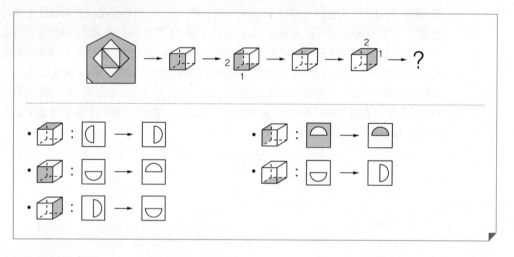

① ② ③
④ ⑤

22. 다음은 2019 ~ 2023년 동안 일어난 시도별 자연재해 피해현황을 금액으로 환산한 자료이다. 이에 대한 설명으로 옳지 않은 것은?

〈시도별 자연재해 피해현황〉

(단위 : 천 원)

구분	2019년	2020년	2021년	2022년	2023년
합계	172,137,010	180,018,668	31,862,144	288,361,815	187,302,271
서울	896,379	36,600	–	220,468	44,613
부산	9,798	95,121,716	14,141	38,408,631	1,803,408
대구	–	–	–	611,845	–
인천	270,383	201,743	407,486	176,236	2,549,600
광주	1,966	82	–	66,978	2,400
대전	3,591	–	–	369,841	1,200
울산	73,527	6,993,968	1,259,655	61,945,196	–
세종	2,763	–	–	–	32,360
경기	86,713,516	204,502	3,505,145	3,639,221	2,880,502
강원	79,037,030	12,244,001	6,853,814	19,736,824	7,122,028
충북	1,761,335	600	3,804,560	2,446,571	57,717,484
충남	470,197	13,620,114	1,829,288	3,623,386	24,481,916
전북	342,405	884,209	5,001,156	6,663,943	71,761
전남	467,087	11,171,280	542,333	11,958,267	148,416
경북	364,919	6,611,319	8,569,991	41,808,226	86,649,762
경남	1,398,754	32,607,679	69,418	71,129,742	3,474,948
제주	323,360	320,855	5,157	25,556,440	321,873

① 2021년에는 경북이, 2022년에는 경남이 가장 피해가 크다.

② 2023년 충북의 피해 금액은 그 해 전체 피해 금액 중 약 31%를 차지한다.

③ 2019년 가장 큰 피해지역과 두 번째로 큰 피해지역의 피해액은 7,676,486천 원 차이이다.

④ 부산은 5년간 피해액의 증가와 감소를 매년 반복하였다.

⑤ 2020년 가장 피해가 큰 도시의 2021년 피해는 전체 도시 중 9번째로 크다.

23. 다음 글의 주제로 적절한 것은?

원시공동체의 수렵채취 활동은 그 집단이 소비해 낼 수 있는 만큼의 식품을 얻는 선에서 그친다. 당장 생존에 필요한 만큼만 채취할 뿐 결코 자연을 과다하게 훼손하지 않는 행태는 포악한 맹수나 원시 인류나 서로 다를 바 없었다. 이미 포식한 뒤에는 더 사냥하더라도 당장 먹을 수 없고, 나중에 먹으려고 남기면 곧 부패하므로 욕심을 부릴 까닭이 없었기 때문이다. 또 각자 가진 것이라고는 하루 분 식품 정도로 강탈해도 얻는 것이 별로 없으니 목숨을 걸고 다툴 일도 없었다. 더 탐해도 이익이 없으므로 욕심내지 않기 때문에 원시공동체의 사람이나 맹수는 마치 스스로 탐욕을 절제하는 것처럼 보인다.

신석기시대에 이르면 인류는 수렵채취 중심의 생활에서 탈피하여 목축과 농사를 주업으로 삼기 시작한다. 목축과 농사의 생산물인 가축과 곡물은 저장 가능한 내구적 생산물이다. 당장 먹는 데 필요한 것보다 더 많이 거두어도 남는 것은 저장해 두었다가 뒷날 쓸 수 있다. 따라서 본격적인 잉여의 축적도 이 시기부터 일어나기 시작하였다. 그리고 축적이 늘어나면서 약탈로부터 얻는 이익도 커지기 시작했다. 많이 생산하고 비축하려면 그만큼 힘을 더 많이 들여야 한다. 그런데 그 주인만 제압해 버리면 토지와 비축물을 간단히 빼앗을 수 있다. 내 힘만 충분하면 토지를 빼앗고 원래의 주인을 노예로 부리면서 장기간 착취할 수도 있으니 가장 수익성 높은 '생산' 활동은 약탈과 전쟁이다. 이렇게 순수하고 인간미 넘치던 원시 인류도 드디어 탐욕으로 오염되었고 강한 자는 거리낌 없이 약한 자의 것을 빼앗기 시작하였다.

① 잉여의 축적과 약탈의 시작　　　　② 인류에게 내재된 탐욕의 기원
③ 목축과 농사의 인류학적 가치　　　④ 사적 소유의 필요성
⑤ 약탈 방법의 다양성과 진화

24. 다음 표의 배열 규칙에 따라 '?'에 들어갈 알맞은 것을 고르면?

5	2	7	9	16	25
ㅂ	ㄹ	(?)	ㅁ	ㅅ	ㄷ

① ㅁ　　　　　　　② ㅇ　　　　　　　③ ㅊ
④ ㅍ　　　　　　　⑤ ㅎ

25. 성진이는 숙소에서 출발하여 최저비용으로 모든 여행지를 둘러보고 숙소로 돌아오려고 한다. 다음 자료를 바탕으로 할 때, 성진이가 교통비로 사용할 금액은 얼마인가? (단, 한 번 지나간 길은 다시 지나가지 않는다)

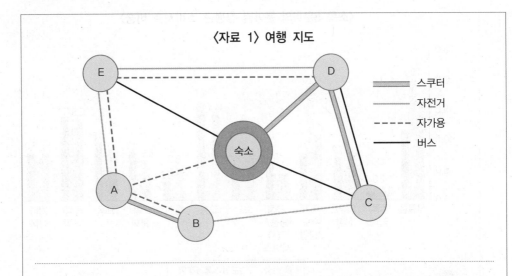

〈자료 1〉 여행 지도

▰▰	스쿠터
──	자전거
----	자가용
──	버스

〈자료 2〉 여행지 간 거리

(단위 : km)

구분	숙소	A	B	C	D
A	60				
B		30			
C	90		60		
D	60			45	
E	90	120			150

〈자료 3〉 이동수단별 속력 및 시간당 경비

구분	속력	시간당 경비
스쿠터	30km/h	2,000원
자전거	15km/h	무료
자가용	60km/h	4,000원
버스	45km/h	3,000원

① 9,000원   ② 10,000원   ③ 12,000원

④ 16,000원   ⑤ 17,000원

26. 다음은 우리나라 가구 소득 5분위의 분야별 월평균 소비지출 비중을 나타낸 자료이다. 이에 대한 설명으로 옳지 않은 것은?

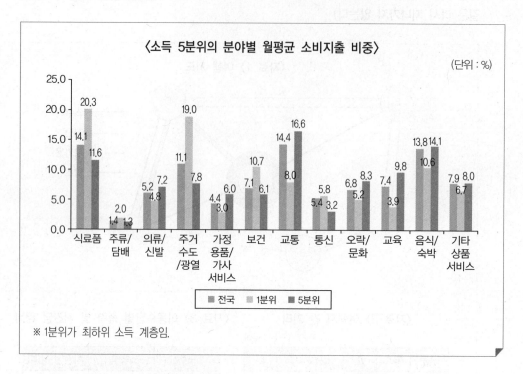

〈소득 5분위의 분야별 월평균 소비지출 비중〉

※ 1분위가 최하위 소득 계층임.

① 5분위 가구>전국 평균>1분위 가구의 순으로 지출 비중이 큰 항목은 총 5가지이다.

② 1분위 가구는 식료품, 5분위 가구는 교통비 지출 비중이 가장 크다.

③ 1분위 가구는 식료품, 주거, 보건 등 생활에 필수적인 분야의 소비지출 비중이 전국 평균보다 크다.

④ 소득 상위 계층은 소득 하위 계층보다 가정용품, 교통, 교육 분야에서 2배 이상의 지출 비중을 보이고 있다.

⑤ 소득 분위와 상관없이 소비지출 비중이 가장 작은 항목은 주류/담배이다.

27. 다음을 보고 그 규칙을 찾아 '?'에 들어갈 알맞은 도형을 고르면?

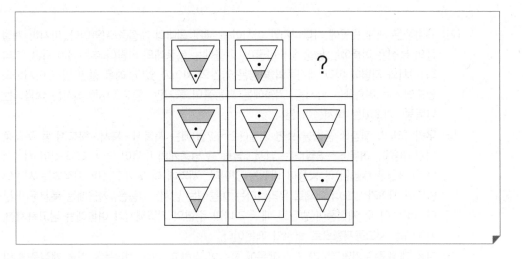

① 　　　② 　　　③

④ 　　　⑤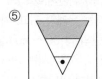

28. 연봉이 3,750만 원인 윤 사원은 매달 급여 실수령액의 10%를 적금으로 불입하려고 한다. 매달 세액 공제가 32만 원일 경우, 월 적금액은 얼마인가?

① 250,000원　　　　② 275,000원　　　　③ 280,500원

④ 291,500원　　　　⑤ 312,500원

29. 다음 (가) ~ (마) 각각의 주제로 적절하지 않은 것은?

(가) 계절풍은 세계 곳곳에 나타나지만 아시아는 세계 최대의 계절풍 지역이다. 아시아 계절풍의 특징은 여름에는 남풍계의 바람이, 겨울에는 북풍계의 바람이 부는 것이지만, 지역의 위치와 지형에 따라 계절풍의 방향은 약간의 차이가 있다. 예를 들면 남부 아시아의 인도에서는 여름에는 남서풍, 겨울에는 북동풍이 불지만, 동부 아시아에서는 여름에는 남동풍, 겨울에는 북서풍이 분다.

(나) 우리나라 각 지점의 풍향을 보면 겨울(12 ~ 2월)에는 서북서·북서·북북서 등 북서풍계의 비율이, 여름(6 ~ 8월)에는 남서·남동 등 남풍계의 비율이 높다. 이와 같이 계절에 따라 탁월풍(卓越風)의 방향이 바뀌는 것이다. 지역에 따라 계절풍이 시작되는 시기와 빈도에 차이가 있으나 대체로 우리나라는 여름에는 남서·남동풍, 겨울에는 북서풍이 분다. 이는 이 두 계절풍이 발달할 때 우리나라 주변의 기압배치가 여름에는 남고북저형, 겨울에는 서고동저형으로 변하기 때문이다.

(다) 겨울 계절풍은 기압경도가 크기 때문에 풍속이 강하고, 여름 계절풍은 겨울 계절풍에 비하면 기압경도가 작아서 풍속이 약하다. 그리고 바람의 물리적 성질도 겨울 계절풍은 차고 건조한 데 비하여 여름 계절풍은 무덥고 습기가 많다. 이와 같은 계절풍의 특성은 우리나라의 여름과 겨울의 기후적 특징을 결정짓는 중요한 요인이 된다.

(라) 계절풍에 따른 기후현상은 우계(雨季)와 건계(乾季)의 뚜렷한 구분이다. 우리나라를 비롯한 아시아에서 여름 계절풍이 불 때는 우계가 되고, 겨울 계절풍이 불 때는 건계가 된다. 우리나라의 여름 강수량은 연강수량의 약 50 ~ 60%를 차지한다. 해안 지방은 약 50%, 내륙 지방은 약 60%이고, 남부의 다우지에서는 65% 정도를 차지한다.

(마) 겨울 계절풍은 여름 계절풍보다 강하게 발달한다. 겨울이 되면 차가운 시베리아 기단이 우리나라에 영향을 미치는데, 시베리아 기단은 차고 건조한 대륙성 고기압으로 세계에서 가장 강력한 고기압이다. 시베리아 기단이 발달하면 동부 아시아 일대에는 북서풍이 분다. 한번 차가운 대기가 빠져 나가면 새로운 대기가 축적되는 데 보통 3, 4일이 걸리며, 그동안 북서풍은 악화된다. 그 틈을 타서 양쯔강 부근이나 동경국해의 온대 저기압이 동쪽으로 이동해 상대적으로 따뜻한 날씨가 된다.

① (가) : 계절풍에 따른 아시아 지역의 풍향
② (나) : 계절에 따른 우리나라의 풍향과 기압배치
③ (다) : 우리나라의 지역 및 계절별 강수량의 차이
④ (라) : 계절풍에 따른 기후현상
⑤ (마) : 우리나라 겨울철 기후에 영향을 미치는 요인

30. 다음 수열의 일정한 규칙에 따라 '?'에 들어갈 알맞은 숫자는?

| 16 12 17 15 22 (?) 31 33 44 |

① 18   ② 19   ③ 20

④ 21   ⑤ 22

31. ○○식당에는 4인용 테이블이 5개 있다. 〈조건〉에 따라 6번 대기 손님이 입장했을 때 테이블을 정리한 횟수는 몇 번인가? (단, 손님들이 떠난 후 테이블 전체를 되도록 한번에 정리하며 이를 한 번으로 간주한다)

대기번호	인원
1	3
2	6
3	8
4	6
5	5
6	7

| 조건 |

- 대기번호 순서대로 입장한다.
- 자리가 있어 동시에 들어온 팀들은 모두 동시에 떠났다.
- 서로 다른 팀끼리 같이 앉지 않는다.
- 테이블 수용 인원을 초과할 경우 남은 인원을 수용하는 만큼의 테이블을 사용해야 한다.

① 2번   ② 3번   ③ 4번

④ 5번   ⑤ 6번

32. 다음 글에서 알파벳 'e'는 몇 번 사용되었는가?

> Most of our electricity comes from the use of coal and oil, but there are two major problems with using them. First, they cause a lot of pollution. Second, they are limited resources. Our coal and oil supplies may only last another 50 years. What will we do then? We should develop different energy sources that are environment—friendly and last longer.

① 34번   ② 35번   ③ 36번
④ 37번   ⑤ 38번

33. 다음 중 밑줄 친 ㉠의 의미와 가장 거리가 먼 것은?

> 사용자가 마치 직접 경험을 하고 있는 것처럼 느끼게 해 주는 실감미디어는 그 확장성과 시장성으로 인해 미래의 혁신산업으로 주목받고 있다. 가상현실에 대한 사용자의 관심이 영상 콘텐츠뿐만 아니라 게임 등 엔터테인먼트 분야에서 적지 않게 일어나고 있지만 3D 영상이 그랬듯 가상현실 역시 사용자 관점이 아닌 제작자와 공급자 위주의 관점에서 바라보는 것이 가장 큰 문제이다. 가상현실에 대한 시장의 반응에서 정작 사용자는 빠져 있다. 기기 제조업자와 콘텐츠 제작자, 마케팅 에이전시, 언론사 등의 관심은 지극히 크지만 정작 사용자의 목소리는 단지 호기심 어린 탄성만 소개된다. 우리는 이미 3D 영상산업의 실패를 바로 몇 년 전에 경험한 바 있다. 새로운 산업으로서 가상현실을 그 ㉠돌파구로 삼는 것을 이해 못하는 바는 아니지만, 그 기대가 큰 만큼 실망도 클까 걱정이다.

① 타개하다   ② 해결하다   ③ 극복하다
④ 타파하다   ⑤ 답파하다

34. 과일가게에서 10,000원, 6,000원, 3,000원, 1,000원, 500원짜리 다섯 종류의 과일을 각각 2개 이상씩 구매하여 총 11개를 42,000원에 구입하였다. 이때 1,000원짜리 과일은 몇 개인가?

① 3개   ② 4개   ③ 5개

④ 6개   ⑤ 7개

35. 다음은 각 규칙에 의한 도형의 변화를 나타낸 것이다. 이에 따라 '?'에 들어갈 알맞은 도형은?

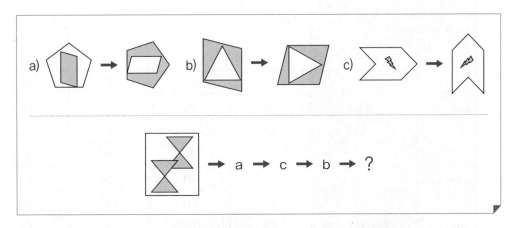

①   ②   ③

④   ⑤

36. 다음은 국내에 취항하는 총 12개 항공사의 여객 및 화물 운항 실적을 나타낸 자료이다. 각 항공사 간 취항 노선의 중복과 공동운항이 없다고 할 때, 이에 대한 분석이 잘못된 것을 〈보기〉에서 모두 고르면? (단, 소수점 아래 둘째 자리에서 반올림한다)

구분	항공사	취항 노선 수 (개)	운항 횟수(회)	여객 운항 횟수(회)	화물 운항 횟수(회)
국내 항공사	A	137	780	657	123
	B	88	555	501	54
	국내 항공사 전체	225	1,335	1,158	177
외국 항공사	C	5	17	13	4
	D	3	5	0	5
	E	4	7	7	0
	F	4	18	14	4
	G	12	14	0	14
	H	13	31	0	31
	I	12	28	0	28
	J	9	76	75	1
	K	10	88	82	6
	L	17	111	102	9
	외국 항공사 전체	89	395	293	102

※ 운항 횟수＝여객 운항 횟수＋화물 운항 횟수

※ 여객 지수＝$\dfrac{여객 \ 운항 \ 횟수}{운항 \ 횟수}$＝1−화물 지수

─| 보기 |─

㉠ 국내 A 항공사보다 여객 지수가 높은 외국 항공사는 4곳이다.

㉡ 외국 항공사 중에서 화물 지수가 1인 항공사는 4곳이다.

㉢ 외국 항공사 전체의 취항 노선 수 중 L 항공사가 취항하는 노선의 비중은 20%가 넘는다.

㉣ 각 항공사의 운항 횟수 중 화물 운항 횟수가 차지하는 비율을 비교할 때 A 항공사가 B 항공사보다 약 7.2%p 더 높다.

① ㉠, ㉢　　　　　② ㉡, ㉢　　　　　③ ㉡, ㉣
④ ㉢, ㉣　　　　　⑤ ㉠, ㉡, ㉢

37. 다음 (가) ~ (마)를 글의 흐름에 따라 바르게 배열한 것은?

(가) 심리학자 와이너는 부정적인 경험을 한 상황을 어떻게 해석하느냐에 따라 이러한 공포증이 생길 수도 있고 그렇지 않을 수도 있으며, 공포증이 지속될 수도 있고 극복될 수도 있다고 했다. 그는 상황을 해석하는 방식을 설명하기 위해 상황의 원인을 어디에서 찾는지와 상황의 변화 가능성에 대해 어떻게 인식하는지의 두 가지 기준을 제시했다. 상황의 원인을 자신에게서 찾으면 '내부적'으로 해석한 것이고, 자신이 아닌 다른 것에서 찾으면 '외부적'으로 해석한 것이다. 또 상황이 바뀔 가능성이 전혀 없다고 생각하면 '고정적'으로 인식한 것이고, 상황이 충분히 바뀔 수 있다고 생각하면 '가변적'으로 인식한 것이다.

(나) 공포증이란 위의 경우에서 보듯이 특정 대상에 대한 과도한 두려움으로 그 대상을 계속해서 피하게 되는 증세를 말한다. 특정한 동물, 높은 곳, 비행기나 엘리베이터 등이 공포증을 유발하는 대상이 될 수 있다. 물론 일반적인 사람들도 이런 대상을 접하여 부정적인 경험을 할 수 있지만 공포증으로까지 이어지는 경우는 드물다.

(다) 와이너에 의하면, 큰 개에게 물렸지만 공포증에 시달리지 않는 사람들은 개에게 물린 상황에 대해 '내 대처 방식이 잘못되었어'라며 내부적이고 가변적으로 해석한다고 한다. 이것은 나의 대처 방식에 따라 상황이 충분히 바뀔 수 있다고 생각하는 것이므로 이들은 개와 마주치는 상황을 굳이 피하지 않는다. 그 후 개에게 물리지 않는 상황이 반복되면 '나는 어떤 경우라도 개를 감당할 수 있어'라며 내부적이고 고정적으로 해석하는 단계로 나아가게 된다.

(라) 반면에 공포증을 겪는 사람들은 개에 물린 상황에 대해 '나는 약해서 개를 감당하지 못해'라며 내부적이고 고정적으로 해석하거나 '개는 위험한 동물이야'라며 외부적이고 고정적으로 해석한다. 자신의 힘이 개보다 약하다고 생각하거나 개를 맹수로 여기는 것이므로 이들은 자신이 개에게 물린 것을 당연한 일로 받아들인다. 하지만 공포증에 시달리지 않는 사람들처럼 상황을 해석하고 개를 피하지 않으려는 노력을 기울이면 공포증에서 벗어날 수 있다.

(마) 한 아이가 길을 가다가 골목에서 갑자기 튀어나온 큰 개에게 발목을 물렸다고 하자. 아이는 이 일을 겪은 뒤 개에 대한 극심한 불안에 시달리게 된다. 멀리 있는 강아지만 봐도 몸이 경직되고 호흡 곤란을 느꼈으며 심할 경우 응급실을 찾기도 하였다. 이것은 한 번의 부정적인 경험이 공포증으로까지 이어진 경우라고 할 수 있다.

① (가)-(나)-(마)-(다)-(라)
② (가)-(다)-(라)-(마)-(나)
③ (마)-(가)-(나)-(다)-(라)
④ (마)-(가)-(다)-(라)-(나)
⑤ (마)-(나)-(가)-(다)-(라)

38. 다음 기호의 일정한 규칙에 따라 '?'에 들어갈 알맞은 숫자는?

$$34 ◎ 90 = 1204$$
$$85 ◎ 77 = 1512$$
$$54 ◎ 15 = 609$$
$$48 ◎ 39 = (\ ? \ )$$

① 717 ② 772 ③ 1217
④ 1272 ⑤ 1717

39. 다음 자료를 참고하여 업무용 차량을 구입한다면 구입하게 될 차량은?

○○팀에서는 업무용으로 차량을 한 대 구입하기로 결정하였다. 비교해 본 차량의 사양은 다음과 같다.

차량	가격 (만 원)	배기량 (cc)	최대출력 (PS)	이산화탄소 배출량 (g/km)	승차인원 (명)	연비 (km/L)
A	3,000	3,200	230	200	5	10.8
B	2,800	3,800	190	250	7	10.2
C	3,300	4,000	215	150	4	11.0
D	2,200	3,500	210	330	4	12.0
E	2,000	3,600	200	220	6	10.2

〈차량 선택 기준〉
• ○○팀의 차량 구입 예산은 5,000만 원이다.
• ○○팀 10명의 직원이 모두 탈 수 있도록 차량을 2대 구입한다.
• 배기량은 적어도 3,500cc 이상은 되어야 한다.
• 최대출력의 평균이 큰 차량의 조합을 선택한다.
• 위의 조건을 모두 만족하는 조합이 2종류 이상일 경우 평균 연비가 좋은 것으로 최종결정한다.

① A 차량, E 차량 ② B 차량, D 차량 ③ B 차량, E 차량
④ D 차량, E 차량 ⑤ E 차량 2대

40. 다음은 워라밸(일과 삶의 균형)에 대한 조사 자료이다. 이에 대한 설명으로 옳은 것을 〈보기〉에서 모두 고르면?

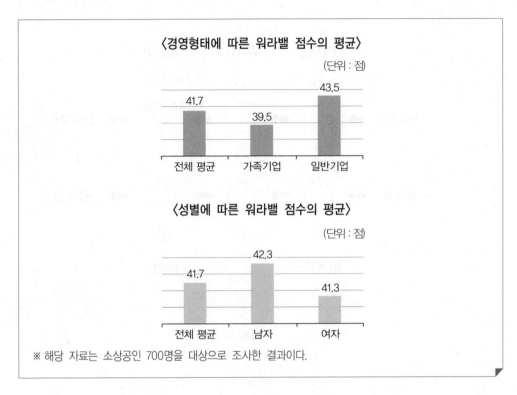

〈경영형태에 따른 워라밸 점수의 평균〉

(단위 : 점)

〈성별에 따른 워라밸 점수의 평균〉

(단위 : 점)

※ 해당 자료는 소상공인 700명을 대상으로 조사한 결과이다.

─────| 보기 |─────

㉠ 조사대상 중 남자는 420명이다.
㉡ 조사대상 중 여자는 60%를 차지한다.
㉢ 조사대상 중 일반기업을 경영하는 사람은 455명이다.
㉣ 조사대상 중 가족기업을 경영하는 사람은 315명이다.

① ㉠, ㉢   ② ㉠, ㉣   ③ ㉡, ㉢
④ ㉡, ㉣   ⑤ ㉢, ㉣

41. 다음 흐름도에서 각각의 도형들은 정해진 규칙에 따라 문자를 변환시키는 암호이다. 빈칸에 들어
갈 알맞은 문자를 고르면?

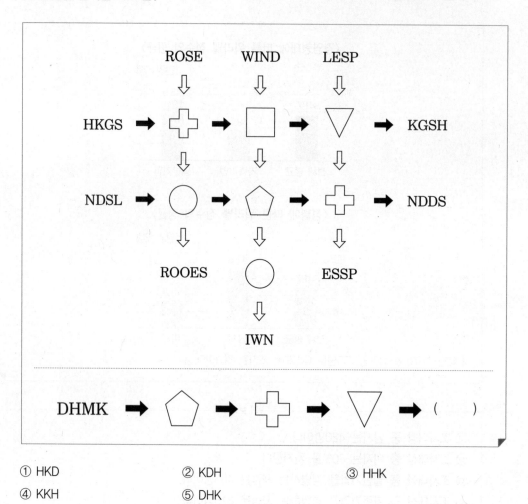

① HKD   ② KDH   ③ HHK

④ KKH   ⑤ DHK

42. 어느 호텔에서는 2박 이상 연속으로 숙박 예약을 한 경우 1박은 5%, 2박은 10%, 3박은 20%, 4박부터는 25%를 할인해 준다. 1박 숙박요금이 12,000원일 때 8박 연속으로 예약한 경우와 6박과 2박으로 두 번에 나누어 예약한 경우 숙박요금 총액의 차이는 얼마인가?

① 3,600원   ② 4,200원   ③ 4,800원

④ 5,400원   ⑤ 6,000원

43. 다음 글을 읽고 추론한 내용으로 적절하지 않은 것은?

진통제 하면 가장 먼저 떠오르는 약이 아스피린과 타이레놀이다. 아스피린과 타이레놀의 효능 및 차이점과 복용 시 주의사항을 살펴보자.

아스피린은 대표적인 '해열소염진통제'로 두통, 치통, 생리통뿐만 아니라 치은염, 근육염, 상처에 생긴 염증을 가라앉히는 등 진통과 염증 완화(소염)에 효과적이다. 아스피린은 혈전 (피떡)을 없애는 효과가 있어 심혈관질환 예방 목적으로도 많이 사용된다. 하지만 위 자극이 심하므로 제산제나 음식과 함께 먹는 것이 좋다. 또한 임신·수유부와 독감, 수두에 걸린 15세 이하의 어린이는 부작용이 나타날 수 있어 복용하지 않도록 한다. 임산부가 진통 및 해열제가 필요한 경우에는 타이레놀을 복용하는 것이 좋다.

타이레놀은 대표적인 '해열진통제'로 해열과 진통의 효과가 있는 단일성분 제제이다. 해열 효과가 좋고 중등도의 통증 치료에 효과적이다. 하지만 아스피린과는 달리 소염 기능이 없어 염증이 동반되지 않는 두통, 치통, 생리통 등의 생활 통증 시 복용하는 것이 좋다. 타이레놀은 공복에 복용해도 되고 임산부와 어린이가 복용할 수 있는 등 아스피린보다 부작용이 적지만 '아세트아미노펜' 성분이 간 독성을 유발할 수 있으므로 평소 술을 많이 먹는 사람이나 간질 환자는 전문의와 상담 후 복용하도록 한다.

① 아스피린과 타이레놀 모두 해열 기능이 있다.

② 아스피린과 타이레놀의 선택 기준으로 복용자의 연령도 고려할 수 있다.

③ 타이레놀은 단일성분인 아세트아미노펜으로 이루어졌다.

④ 아스피린은 타이레놀과 달리 간 독성을 일으키는 성분이 들어있다.

⑤ 임산부가 두통이 있을 경우 타이레놀을 복용하는 것이 좋다.

44. 다음 수열에서 일정한 규칙을 찾아 '?'에 들어갈 알맞은 숫자를 고르면?

$$2 \quad 1 \quad 3 \quad \frac{3}{2} \quad \frac{7}{2} \quad \frac{7}{4} \quad \frac{15}{4} \quad (\; ? \;)$$

① $\dfrac{15}{6}$　　　　　② $\dfrac{15}{8}$　　　　　③ $\dfrac{18}{4}$

④ $\dfrac{31}{4}$　　　　　⑤ $\dfrac{35}{4}$

45. ○○백화점은 창립 10주년 기념행사에 온 고객들의 옷 색깔에 따라 기념품을 나눠 주려고 한다. 다음 제시된 조건에 따라 각 고객이 입은 옷의 색깔과 받은 기념품의 종류가 바르게 연결된 것은?

> A, B, C, D 고객은 모두 티셔츠와 바지를 입고 있으며 그들의 옷 색깔은 4종류(분홍, 초록, 남색, 노랑) 색상의 티셔츠와 4종류(남색, 흰색, 분홍, 검정) 색상의 바지 중 하나이다. 기념품은 텀블러와 보조배터리 2종류이며, 분홍색 혹은 남색 옷을 입은 사람에게 옷 색깔에 해당하는 기념품을 제공한다.
>
> ---
>
> • A는 남색 티셔츠를 입고 있지 않다.
> • B는 초록색 티셔츠를 입고 C의 티셔츠 색과 같은 색의 바지를 입고 있다.
> • C의 바지는 A의 티셔츠의 색깔과 같고 텀블러를 받았다.
> • D는 A와 같은 색깔의 티셔츠를 입고 있고 텀블러와 보조배터리를 받았다.
> • A와 C는 1종류의 기념품을 받았다.

① A, 분홍색 티셔츠, 텀블러　　　　② B, 초록색 티셔츠, 보조배터리
③ C, 남색 티셔츠, 텀블러　　　　④ D, 흰색 바지, 보조배터리
⑤ D, 노란색 티셔츠, 텀블러

46. 다음 〈보기〉에서 왼쪽에 제시된 기호의 개수를 고르면?

① 5개　　　　　　② 6개　　　　　　③ 7개

④ 8개　　　　　　⑤ 9개

47. 다음 제시된 단어 쌍과 같은 관계인 것을 고르면?

소환 : 호출 = (　　　) : (　　　)

① 타결 : 결렬　　　　② 명령 : 지시　　　　③ 합성 : 분해

④ 위반 : 준수　　　　⑤ 중지 : 지속

48. 가로와 세로의 길이가 각각 10cm, 14cm인 직사각형이 있다. 이 직사각형의 가로와 세로를 똑같은 길이만큼 늘려 새로운 직사각형을 만들었더니 넓이가 기존보다 80% 증가하였다. 새로운 직사각형의 가로 길이는 몇 cm인가?

① 12cm　　　　　　② 14cm　　　　　　③ 16cm

④ 18cm　　　　　　⑤ 20cm

49. 다음의 〈규칙〉을 적용할 때 '?'에 들어갈 알맞은 도형은? (단, 조건에 의해 비교할 대상은 처음의 도형이며 같으면 Yes, 다르면 No이다)

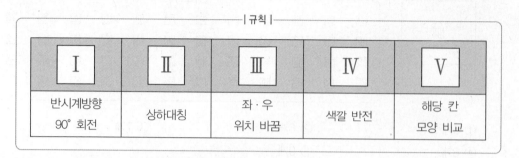

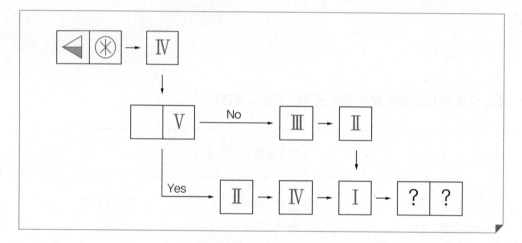

50. 다음 자료에 대한 설명으로 옳지 않은 것은?

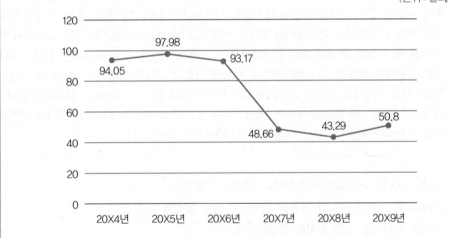

〈우리나라의 연도별 석유 수입량〉

(단위 : 백만 배럴)

구분	20X4년	20X5년	20X6년	20X7년	20X8년	20X9년
이란	56.1	48.2	44.9	42.4	111.9	147.9
이라크	93.1	90.7	71.2	126.6	138.3	126.2
쿠웨이트	137.6	139.9	136.5	141.9	159.3	160.4
카타르	103.8	86.1	110.1	123.2	88.2	64.9
아랍에미리트	105.5	110.8	108.5	99.8	90.7	91.0
사우디아라비아	303.0	286.6	292.6	305.8	324.4	319.2

〈연도별 국제 유가(WTI)〉

(단위 : 달러/배럴)

① 매년 우리나라가 사우디아라비아로부터 수입한 석유의 양이 가장 많다.

② 20X6년 이후 우리나라가 쿠웨이트로부터 수입한 석유를 가격으로 환산하면 이는 매년 상승한다.

③ 국제 유가가 배럴당 95달러를 초과한 해에 우리나라의 석유 수입량이 가장 적은 국가는 이란이다.

④ 20X4 ~ 20X9년 카타르와 아랍에미리트 중 우리나라가 석유를 더 많이 수입하는 국가는 2년 간격으로 바뀐다.

⑤ 국제 유가가 전년 대비 가장 많이 감소한 해에는 이란과 아랍에미리트를 제외한 모든 국가에 대한 석유 수입량이 증가하였다.

51. 다음 글을 통해 추론할 수 없는 내용은?

오늘날 프랑스 영토의 윤곽은 9세기에 샤를마뉴 황제가 유럽 전역을 평정한 후, 그의 후손들 사이에 벌어진 영토 분쟁의 결과로 만들어졌다. 제국 분할을 둘러싸고 그의 후손들 사이에 빚어진 갈등은 제국을 독차지하려던 로타르의 군대 그리고 루이와 샤를의 동맹군 사이의 전쟁으로 확대되었다. 결국 동맹군의 승리로 전쟁이 끝나면서 왕자들 사이에 제국의 영토를 분할하는 원칙을 명시한 베르됭 조약이 체결되었다. 영토 분할을 위임받은 로마 교회는 조세 수입이나 영토 면적보다는 '세속어'를 그 경계의 기준으로 삼는 것이 더 공정하다는 결론을 내렸고, 그래서 게르만어를 사용하는 지역과 로망어를 사용하는 지역을 각각 루이와 샤를에게 할당했다. 그리고 힘없는 로타르에게는 이들 두 국가를 가르는 완충지대로서, 이탈리아 북부 롬바르디아 지역으로부터 프랑스의 프로방스 지방, 스위스, 스트라스부르, 북해까지 이어지는 긴 복도 모양의 영토가 주어졌다.

루이와 샤를은 베르됭 조약 체결에 앞서 스트라스부르에서 서로의 동맹을 다지는 서약 문서를 상대방이 분할 받은 영토의 세속어로 작성하여 교환하고, 곧이어 각자 자신의 군사들로부터 자신이 분할 받은 영토의 세속어로 충성 맹세를 받았다. 학자들은 두 사람이 서로의 동맹에 충실할 것을 상대측 영토의 세속어로 서약했다는 점에 주목한다. 또한 역사적 자료에 의해 루이와 샤를 모두 게르만어를 모어로 사용하였다는 사실이 알려져 있다. 그러므로 루이와 샤를 중 적어도 한 명은 서약 문서를 자신의 모어로 작성한 것이 아니라는 것이다. 게다가 그들의 군대는 필요에 따라 여기저기서 수시로 징집된 다양한 언어권의 병사들로 구성되어 있었으므로 세속어의 사용이 군사들의 이해를 목적으로 한다는 설명에는 설득력이 없다. 결국 학자들은 상대측 영토의 세속어 사용이 상대 국민의 정체성과 그에 따른 권력의 합법성을 상호 인정하기 위한 상징행위로서 의미를 갖는다고 결론을 내렸다.

① 로타르 군대는 제국을 독차지하려는 전쟁에서 패했다.
② 로마 교회는 조세 수입과 면적을 기준으로 영토 분할을 지시했다.
③ 루이는 로망어로 서약 문서를 작성하였다.
④ 샤를은 자신의 군사들로부터 로망어로 된 충성 맹세를 받았다.
⑤ 루이와 샤를의 군대는 다양한 언어권 출신의 병사들로 이뤄졌다.

52. 다음 문자열은 일정한 규칙에 따라 나열되어 있다. 다음 중 나머지 문자열과 동일한 규칙이 적용되지 않은 문자열은?

① UTSR   ② QONM   ③ LKJI
④ DCBA   ⑤ HGFE

53. H 마트에 들른 A 씨는 다음 〈품목별 가격과 칼로리〉와 〈오늘의 『2＋1』 행사 안내〉를 참고하여 10,000원의 예산 내에서 칼로리의 합이 가장 높은 조합으로 물품을 구매하려 한다. A 씨가 구매해야 하는 조합은? (단, 한 품목은 최대 2개를 구매한다)

〈품목별 가격과 칼로리〉

품목	피자	돈가스	도넛	콜라	아이스크림
가격(1개당)	2,500원	4,000원	1,000원	500원	2,000원
칼로리(1개당)	600kcal	650kcal	250kcal	150kcal	350kcal

〈오늘의 『2＋1』 행사 안내〉

1. 피자 2＋1(피자 두 개 한 묶음을 사면 콜라 한 캔을 더 드립니다)
2. 돈가스 2＋1(돈가스 두 개 한 묶음을 사면 돈가스 하나를 더 드립니다)
3. 아이스크림 2＋1(아이스크림 두 개 한 묶음을 사면 아이스크림 하나를 더 드립니다)

단, 물량 제한으로 1. ～ 3.의 행사는 한 품목당 한 묶음까지 적용됩니다.

― H 마트 강남점 ―

① 피자 4개   ② 돈가스 2개, 도넛 2개
③ 아이스크림 2개, 도넛 2개, 돈가스 1개   ④ 돈가스 2개, 피자 1개, 콜라 1개
⑤ 피자 2개, 아이스크림 2개, 콜라 2개

54. 다음은 인접한 4개 국가의 상호 전력 수출입 현황을 나타낸 표이다. 이에 대한 설명으로 옳은 것을 〈보기〉에서 모두 고르면?

(단위 : 천 kW)

수출국＼수입국	N국	K국	S국	E국
N국	-	420	234	270
K국	153	-	552	635
S국	277	432	-	405
E국	105	215	330	-

| 보기 |

가. 전력의 수출량이 수입량보다 많은 국가는 2개이다.

나. 전력의 무역수지가 0에 가장 가까운 국가는 S국이다.

다. N국의 총 전력 수입량의 2배가 넘는 전력량을 수출하는 국가는 2개이다.

라. N국이 모든 국가로의 수출량을 절반으로 줄이면 나머지 3국의 수입량은 모두 1,000천 kW 이하로 줄어든다.

※ 무역수지＝수출－수입

① 가, 나, 다   ② 가, 나, 라   ③ 가, 다, 라

④ 나, 다, 라   ⑤ 가, 나, 다, 라

55. 다음은 각 기호의 규칙에 의한 도형의 변화를 나타낸 것이다. '?'에 들어갈 알맞은 도형을 고르면?

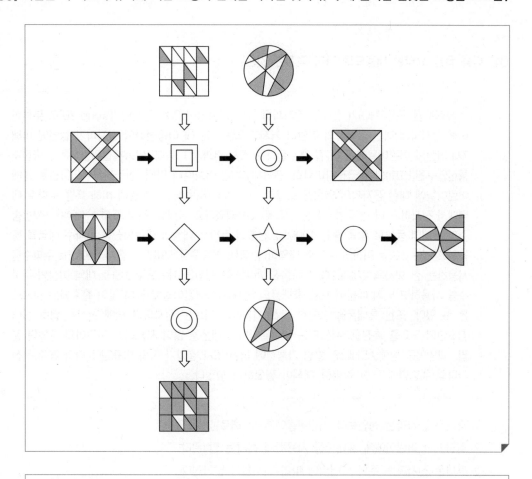

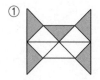

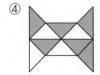

01. 다음 글을 요약한 내용으로 가장 적절한 것은?

세계보건기구(WHO)가 휴대폰 전자파를 발암 가능성이 있는 물질인 'Group 2B'로 분류한 이후 전자파에 대한 사람들의 불안이 커지고 있는 가운데 이동전화의 전자파가 성인에 비해 7세 미만의 어린이들에게 더 잘 흡수된다는 조사 결과가 나왔다. 방송통신위원회는 한국전자통신연구원(ETRI)과 한국전자파학회, 단국대 의대, 이화여대 약대, 한국원자력의학원을 통해 어린이들에 대한 전자파의 영향을 조사한 결과 7세 어린이들은 성인에 비해 특정 주파수 대역에서 전자파가 더 높게 흡수되는 것으로 조사되었다고 밝혔다. 해당 주파수 대역은 FM방송 주파수 대역 등으로 활용 중인 100MHz 전후의 주파수 대역과 이동통신용 주파수 대역을 활용하고 있는 1GHz 이상의 주파수 대역이다. 국내 이동통신 서비스는 현재 800MHz 주파수를 사용하는 한 회사의 2세대(2G) 이동통신 서비스를 제외하고는 모두 1GHz 대역 이상의 주파수를 사용하고 있기 때문에 모든 휴대폰의 전자파가 어린이들에게 더 많이 흡수되는 것으로 볼 수 있다. 또한 휴대폰을 포함한 무선 기기에서 나오는 전자파가 뇌에 손상을 입혀 십대 청소년의 노화를 촉진할 수 있다는 연구결과나 휴대폰을 많이 사용하는 어린이의 주의력 결핍·과잉행동 장애(ADHD)의 발병 가능성에 대한 조사 결과가 속속 발표됨에 따라 휴대폰 전자파의 위험성에 대한 각별한 대책이 필요하게 되었다.

① 휴대폰 전자파는 성인보다 어린이들에게 더 해로울 수 있다.
② 성장기의 어린이에게 휴대폰을 사용하게 해서는 안 된다.
③ 휴대폰 전자파는 주파수 대역에 따라 흡수율이 달라진다.
④ 현재 유통되고 있는 휴대폰에서 나오는 전자파 강도는 국제기준에 비해 훨씬 낮은 수준이므로 그 영향이 크지 않다.
⑤ 휴대폰 전자파에는 발암 가능성이 있는 물질이 포함되어 있다.

02. 다음 수열의 일정한 규칙에 따라 '?'에 들어갈 알맞은 숫자는?

100	102	99	103	(?)	102	75

① 89　　　　　② 91　　　　　③ 94
④ 98　　　　　⑤ 100

03. 김 씨 남매, 박 씨 남매, 이 씨 남매 세 쌍이 함께 야구경기장에 갔다. 이들은 모두 6개의 좌석으로 구성된 관람석 한 줄에 일렬로 앉게 되었는데, 이때 남매들은 서로 옆에 앉지 않았다. 다음 〈조건〉에 따를 때, 〈보기〉 중 항상 참인 진술을 모두 고른 것은?

| 조건 |

- 여자 박 씨 혹은 남자 이 씨 중 한 명은 맨 끝자리에 앉는다. 이때 두 사람이 동시에 양쪽 맨 끝자리에 앉은 경우는 없다.
- 남자 김 씨 양 옆에는 이 씨 남매가 앉는다.
- 남자 이 씨와 여자 박 씨 사이에는 두 개의 좌석이 있다.
- 좌석 양쪽 끝자리에는 서로 반대되는 성별이 앉도록 한다. 예를 들어, 왼쪽 끝에 여자가 앉았으면 오른쪽 끝에는 남자가 앉는다.

〈야구장 좌석〉

| 보기 |

㉠ 여자 이 씨는 여자 박 씨 옆에 앉는다.
㉡ 남자 김 씨와 여자 김 씨 사이에는 남자 이 씨가 앉는다.
㉢ 남자 박 씨는 맨 끝자리에 앉는다.
㉣ 여자 박 씨는 맨 끝자리에 앉는다.

① ㉠, ㉣   ② ㉡, ㉣   ③ ㉠, ㉢
④ ㉡, ㉢, ㉣   ⑤ ㉠, ㉡, ㉢, ㉣

04. 다음 글에서 숫자 '1'은 몇 번 나타나는가?

> 10대는 니코틴 중독에 성인보다 더욱 취약하고, 이는 금연을 하지 못하고 평생 흡연으로 이어질 가능성이 높아 청소년 흡연에 대한 경각심이 높아지고 있다. 하지만 미질병통제예방센터(CDC)가 작년 2월 발표한 2018년 청소년 흡연 실태 보고서에 따르면 고등학생의 27.1%, 중학생의 7.1%가 최근 30일 내에 담배 제품을 흡입한 적이 있고, 30일 내에 흡연 경험이 있는 10대는 2017년 360만 명에서 2018년 470만 명으로 증가했음을 알 수 있다. 한편 미국에서는 18세 이상이면 담배를 구입할 수 있는 현행법이 청소년 흡연율과 연관성이 있다는 주장이 지속적으로 제기되면서 담배 구입 가능 연령 상향 조정의 필요성이 제기되고 있다. 이에 하와이, 캘리포니아, 뉴저지, 오리건, 메인, 매사추세츠, 아칸소 주 등은 21세부터 담배 구매가 가능하도록 현행법을 바꾸었고, 오는 7월 1일부터 일리노이 주와 버지니아 주를 시작으로 워싱턴(2020년 1월 1일), 유타(2021년 7월 1일) 주에서도 담배 구매 가능 연령을 향후 상향할 것이라고 발표했다.

① 10 ② 11 ③ 12
④ 13 ⑤ 14

05. 밑줄 친 단어와 같은 의미로 사용된 것은?

> 개발에 <u>따른</u> 공해 문제가 심각해졌다.

① 민사소송법에 <u>따라</u> 일을 처리할 예정이다.
② 사용 목적에 <u>따른</u> 분류 기준을 세워 정리해야 한다.
③ 증시가 회복됨에 <u>따라</u> 경제도 서서히 회복될 것으로 보인다.
④ 혜교는 최신 유행 스타일을 <u>따라</u> 짧은 미니스커트를 입었다.
⑤ 수현이는 수백 명의 경찰이 범인의 뒤를 <u>따르는</u> 사진을 찍었다.

06. 1 ~ 100 사이의 수 중 홀수인 1, 3, 5, 7, 9, …, 97, 99를 컴퓨터로 입력하려 한다. 숫자는 한 자리 숫자 한 개당 0.2초, 쉼표는 한 개당 0.1초가 걸린다고 할 때 총 몇 초가 걸리겠는가?

① 14.9초　　　　　　② 21.9초　　　　　　③ 22.9초

④ 23.9초　　　　　　⑤ 25.9초

07. 다음 도형의 변화 규칙을 찾아 '?'에 들어갈 도형을 고르면?

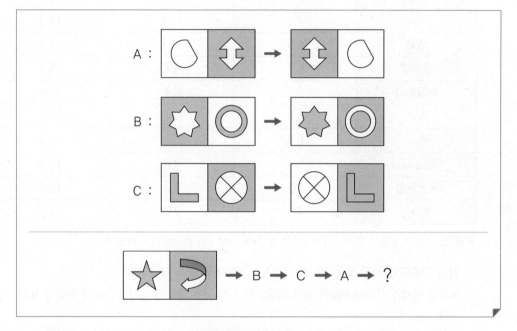

① 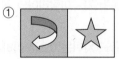　　② 　　③

④ 　　⑤

08. 다음 OECD 주요 국가별 삶의 만족도 및 관련 지표에 대한 분석으로 옳지 않은 것은?

〈OECD 주요 국가별 삶의 만족도 및 관련 지표〉

(단위 : 점, %, 시간)

구분 국가	삶의 만족도	장시간 근로자 비율	여가·개인 돌봄시간
덴마크	7.6	2.1	16.1
아이슬란드	7.5	13.7	14.6
호주	7.4	14.2	14.4
멕시코	7.4	28.8	13.9
미국	7.0	11.4	14.3
영국	6.9	12.3	14.8
프랑스	6.7	8.7	15.3
이탈리아	6.0	5.4	15.0
일본	6.0	22.6	14.9
한국	6.0	28.1	14.6
에스토니아	5.4	3.6	15.1
포르투갈	5.2	9.3	15.0
헝가리	4.9	2.7	15.0

※ 장시간 근로자 비율은 전체 근로자 중 주 50시간 이상 근무한 근로자의 비율이다.

① 삶의 만족도가 가장 높은 국가는 장시간 근로자 비율이 가장 낮다.

② 한국의 장시간 근로자 비율은 삶의 만족도가 가장 낮은 국가의 장시간 근로자 비율의 10배 이상이다.

③ 삶의 만족도가 한국보다 낮은 국가들의 장시간 근로자 비율의 산술평균은 이탈리아의 장시간 근로자 비율보다 높다.

④ 여가·개인 돌봄시간이 가장 긴 국가와 가장 짧은 국가의 삶의 만족도 차이는 0.3점 이하이다.

⑤ 장시간 근로자 비율이 미국보다 낮은 국가의 여가·개인 돌봄시간은 모두 미국의 여가·개인 돌봄시간보다 길다.

09. 다음 글의 주제로 적절한 것은?

우리나라는 1990년대 중반부터 극히 제한된 형태의 간접 광고만을 허용하는 협찬 제도를 운영해 왔다. 이 제도는 프로그램 제작자가 협찬 업체로부터 경비, 물품, 인력, 장소 등을 제공받아 활용하고 프로그램이 종료될 때 협찬 업체를 알리는 협찬 고지를 허용했다. 그러나 프로그램의 내용이 전개될 때 상품명이나 상호를 보여 주거나 출연자가 이를 언급해 광고 효과를 주는 것은 법으로 금지했다. 협찬받은 의상의 상표를 보이지 않게 가리는 것도 그 때문이었다.

우리나라는 협찬 제도를 그대로 유지하면서 광고주와 방송사 등의 요구에 따라 방송법에 '간접 광고'라는 조항을 신설하여 2010년부터 시행하였다. 간접 광고 제도가 도입된 취지는 프로그램 내에서 광고를 하는 행위에 대해 법적인 규제를 완화하여 방송 광고 산업을 활성화하겠다는 것이었다. 이로써 프로그램 내에서 상품명이나 상호를 보여 주는 것이 허용되었다. 다만 시청권의 보호를 위해 상품명 또한 상호를 언급하거나 구매와 이용을 권유하는 것은 금지되었다. 또 방송이 대중에게 미치는 영향력이 크기 때문에 객관성과 공정성이 요구되는 보도, 시사, 토론 등의 프로그램에서는 간접 광고가 금지되었다. 그럼에도 불구하고 간접 광고 제도를 비판하는 사람들은 간접 광고로 인해 광고 노출 시간이 길어지고 프로그램의 맥락과 동떨어진 억지스러운 상품 배치가 빈번해 프로그램의 질이 떨어지고 있다고 주장한다.

이처럼 시청자의 인식 속에 은연 중 파고드는 간접 광고에 적절히 대응하기 위해서는 시청자들이 간접 광고에 대한 주체적 해석을 할 수 있어야 한다. 미디어 이론가들에 따르면, 사람들은 외부의 정보를 주체적으로 해석할 수 있는 자기 나름의 프레임을 가지고 있어서 미디어의 콘텐츠를 수동적으로만 받아들이지 않는다고 한다. 이것이 간접 광고를 분석하고 그것을 비판적으로 수용하는 미디어 교육이 필요한 이유이다.

① 간접 광고 제도는 대중에게 미치는 영향력이 막대하므로 폐지해야 한다.

② 간접 광고 제도는 광고주와 방송사의 이득만을 위한 제도이다.

③ 방송이 대중에게 미치는 영향력을 고려할 때, 보다 보수적인 광고 정책인 협찬 제도로 돌아가야 한다.

④ 간접 광고 제도를 이해하기 위해서는 우선 협찬 제도의 유해성에 대한 대안이라는 등장 배경을 이해해야 한다.

⑤ 간접 광고에 대한 시청자들의 주체적인 해석을 위해서 미디어 교육이 필요하다.

10. 다음 숫자·문자의 배열 규칙을 찾아 '?'에 들어갈 알맞은 것을 고르면?

| 15 ㄴ | 30 ㄹ | 32 ㅇ | (?) | 66 ㅇ |

① 64 ㅎ   ② 58 ㅂ   ③ 46 ㅈ

④ 40 ㅅ   ⑤ 54 ㅁ

11. 다음 프로배구 신인 선수 배정 방식을 따를 때, 병 구단이 2라운드에서 지명할 신인 선수는?

프로배구 신인 선수의 배정은 각 구단이 선수를 직접 지명하여 선발하는 방식으로 진행된다. 선발은 1라운드와 2라운드로 나누어 진행한다.

- 1라운드 진행 방식 : 전년도 3, 4위 구단이 제비뽑기로 신인 선수 지명의 첫 번째, 두 번째 순서를 정한다. 전년도 2위는 세 번째, 1위는 마지막 순서로 지명한다.
- 2라운드 진행 방식 : 전년도 순위대로 지명한다.

갑, 을, 병, 정 4개 구단의 전년도 성적과 A ~ H 8명의 신인 선수에 대한 선호도는 아래와 같다.

전년도 순위	구단	신인 선수 선호도
1	을	A - C - D - E - B - H - G - F
2	병	B - C - E - F - A - G - H - D
3	정	A - B - D - C - F - H - G - E
4	갑	B - E - A - H - F - C - D - G

※ 신인선수에 대한 선호도는 왼쪽에서 오른쪽으로 갈수록 낮아진다.

① D   ② E   ③ F

④ G   ⑤ 알 수 없음

12. 다음 그래프는 국민건강통계자료 중 월간음주율에 관한 것이다. 이를 바르게 이해한 것은?

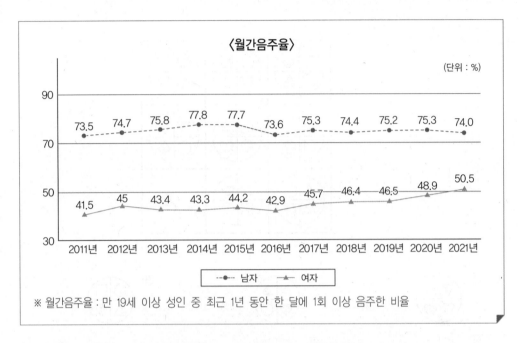

① 2015년 이후로 남성의 월간음주율은 매년 증가와 감소가 교대로 반복되었다.

② 2021년 여성의 월간음주율은 지난해에 비해 1.6%p 증가하였으나 남성의 월간음주율은 지난해에 비해 1.2%p 감소하였다.

③ 2012년 만 19세 이상 여성인구를 1,160만 명으로 보면 2012년 매달 1번 이상 음주한 여성의 수는 500만 명보다 많다.

④ 2014년 만 19세 이상 남성인구를 1,390만 명이라고 보면 2014년 매달 1번도 음주하지 않은 남성의 수는 약 309만 명이다.

⑤ 조사기간 중 남성의 월간음주율이 70% 이하로 떨어진 해는 없었지만 여성의 월간음주율에 비해 1.4배 이하로 떨어진 해는 2021년이 처음이다.

13. 다음 도형들의 규칙을 찾아 '?'에 알맞은 도형을 고르면?

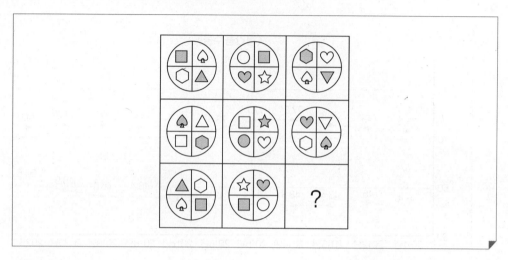

① 　　② 　　③

④ 　　⑤

14. 취미로 기타를 연주하는 A는 연말에 열릴 송년음악회에 참가하기 위해 오늘부터 91일간 주말이나 휴일을 이용해 기타 연습에 매진하려고 한다. 오늘은 수요일이고 이번 주말부터 연습을 시작한다면 앞으로 91일간 A는 총 몇 시간을 기타 연습에 쓸 수 있는가?

- 토요일과 일요일에는 각각 3시간씩 연습을 한다.
- 공휴일에는 4시간 동안 연습을 한다.
- 91일 동안 공휴일은 모두 3일이며, 주말과 공휴일이 겹치는 경우는 없다.

① 78시간　　　　② 84시간　　　　③ 90시간

④ 96시간　　　　⑤ 102시간

15. 다음 글에 나타난 글쓴이의 견해에 반하는 내용은?

> 어떤 연구자는 리더십을 '목표달성을 위해 행사되는 영향력'이라 정의 내리고, 리더의 공통된 자질로는 지력, 교양, 전문지식, 정력, 용기, 정직, 상식, 판단력, 건강을 꼽았다. 그러나 실제로 리더가 갖추어야 할 조건이란 가변적이며, 상황에 따라 달라지는 것이다.
>
> 정치세계에 있어서의 리더십 요건이 경제계, 군대 또는 교육계에 있어서의 요건과 같을 이유는 없다. 정계만을 생각할 때, 그 나라가 어떠한 상황에 놓여 있는가에 따라 필요한 리더십도 달라진다. 즉, 어디에서나 기능하는 유일하고 절대적인 리더십의 존재는 수긍하기 어렵다. 리더십을 강력한 통솔력인 것처럼 해석하는 사람도 있으나, 자유방임형이나 상담형의 리더십도 존재할 수 있으며 상황에 따라서는 후자의 유형이 더 유효하게 기능하는 경우도 있다. 마찬가지로 어떤 조직에서는 또 다른 유형의 리더십이 제대로 기능하는 경우가 있을 수 있다. 리더십이란 특정인만이 갖고 있는 특수한 자질이 아니다. 리더가 될 수 있는 잠재적 능력은 선천적·생득적인 것이 아니라 오히려 후천적이며 대부분의 사람이 훈련에 따라 어떤 형태의 리더십이든지 몸에 익히는 것이 가능하다. 그러나 모든 조직, 집단, 국가는 광의에 있어서의 환경 속에 존재하며, 이것과의 적합성이 항상 의문시된다.
>
> 무엇보다 어려운 것은 리더십을 배우는 것보다도 어떠한 리더십을 몸에 익히고, 발휘할 것인지를 선택하는 것이다. 통솔력이 뛰어난 강력한 리더가 되는 것보다 특정 조직 또는 환경에 바람직한 리더상이 무엇인지를 간파하는 것이 더욱 까다롭고 중요한 문제이기도 하다.

① 조직별로 리더에게 요구되는 자질은 다르므로 뛰어난 장군이 뛰어난 정치가가 될 수 있다고 단정지을 수는 없다.

② 리더십은 훈련을 통해 후천적으로 습득할 수 있다.

③ 특정 환경에 적합한 리더상이 무엇인지 먼저 파악하는 것이 중요하다.

④ 현대에는 통솔력이 뛰어난 리더보다 자유방임형의 리더십이 더 적합하다.

⑤ 같은 조직이더라도 처한 상황이나 환경이 다르면 유효한 리더십의 형태가 달라질 수 있다.

16. 다음 수열의 일정한 규칙에 따라 '?'에 들어갈 알맞은 숫자는?

8	13	20	31	50	(?)	152

① 67 ② 70 ③ 82
④ 85 ⑤ 87

17. 다음 글과 〈대화〉를 근거로 판단할 때 장 사원의 예측으로 옳지 않은 것은?

○○재단은 행사를 위해 스포츠 선수 5명을 초청하였다.
- 5명의 국적은 각각 미국, 영국, 일본, 중국, 한국이고 종목은 농구, 수영, 양궁, 태권도, 테니스로 서로 중복되지 않는다.
- 5명은 지난 올림픽에 출전했는데 금메달은 2명, 은메달은 1명, 동메달은 2명이 받았다.
- 5명의 스포츠 선수들은 서로 잘 알고 있으며, 수행인원으로 파견된 장 사원을 놀리기 위해 4명은 진실만 말하고 나머지 1명은 거짓말만 하여 자신들을 소개했다

〈대화〉

A : 나는 미국인도 아니고 한국인도 아니에요. 나는 양궁 선수도 아니고 수영 선수도 아니죠. 지난 올림픽에서 나랑 같은 색의 메달을 딴 사람이 있어요.
B : 나는 중국인도 아니고 영국인도 아니고, 수영 선수도 아니에요. 한국은 양궁 강국이에요. 지난 올핌픽 양궁에서 한국인 선수가 금메달을 받았잖아요.
C : 나는 태권도 선수는 아니지만, 지난 올림픽 금메달리스트죠. A는 미국인이고 D는 일본인이에요.
D : 나도 지난 올림픽에서 금메달을 땄어요. B는 테니스 선수가 아니고 C는 중국인이 아니에요. E는 일본인이 확실합니다.
E : 나는 농구 선수는 아니지만 B랑 같은 메달을 받았죠. D는 중국인이 확실히 아닙니다.

① A는 농구 선수이다.
② B는 지난 올림픽에서 동메달을 받았다.
③ C는 영국인이다.
④ E는 지난 올림픽에서 동메달을 받았다.
⑤ D는 지난 올림픽에서 금메달을 받았다.

18. A와 B를 비교할 때 서로 다른 부분의 개수는?

> A : 독일에서 'Fräulein'은 원래 미혼 여성을 뜻하는 말이었는데 제2차 세계대전 이후 미군과
>   결혼한 여성을 가리키는 말이 되면서 부정적인 색채를 띠게 되었다. 그러자 미혼 여성들
>   은 자신들을 'Frau'(영어의 'Mrs.'와 같다)로 불러달라고 공식적으로 요청하기 시작했다.
>   이런 요구를 하는 여성들이 갑자기 늘어나자 언론은 '부인으로 불러달라는 여자들이라니'
>   라는 제목 아래 여자들이 별 희한한 요구를 다 한다는 식으로 보도했다. 'Fräulein'과
>   'Frau'는 한동안 함께 사용되다가 점차 'Frau'의 사용이 늘자 1984년에는 공문서상 미혼
>   여성도 'Frau'로 표기한다고 법으로 규정했다. 이유는 'Fräulein'이라는 말이 여성들의 의
>   식이 달라진 이 시대에 뒤떨어졌다는 것이었다.
>
> B : 독일에서 'Fräulein'은 원래 미혼 여성을 뜻하는 말이었는데 제2차 세계대전 이후 미군과
>   결혼한 여성을 가리키는 말이 되면서 부정적인 색채를 띠게 되었다. 그러자 미혼 여성들
>   은 자신들을 'Fräu'(영어의 'Mrs.'와 같다)로 불러달라고 공식적으로 요청하기 시작했다.
>   이런 요구를 하는 여성들이 갑자기 늘어나자 언론은 '부인으로 불러달라는 여자들이라니'
>   라는 제목 아래 여자들이 별 희한한 요구를 다 한다는 식으로 보도했다. 'Fräulein'과
>   'Frau'는 한동안 함께 사용되다가 점차 'Frau'의 사용이 늘자 1884년에는 공문서상 기혼
>   여성도 'Frau'로 표기한다고 법으로 정했다. 이유는 'Fräulein'이라는 말이 여성들의 의식
>   이 달라진 이 시대에 뒤떨어졌다는 것이었다.

① 1개 　　　　　② 2개 　　　　　③ 3개
④ 4개 　　　　　⑤ 5개

19. 밑줄 친 단어 중 제시된 단어와 반의어 관계를 이루는 것은?

> 도외시(度外視)하다

① 가해자뿐만 아니라 그 상황을 <u>방관(傍觀)</u>하던 다른 사람들도 나쁘다고 생각해.
② 중국은 체면을 <u>중시(重視)</u>하는 사회·문화적 풍토가 강하다.
③ 이 대리는 새롭게 출시할 상품에 대해 디자인을 <u>강조(強調)</u>하여 설명하였다.
④ 그의 육아 방식은 자유를 넘어서 <u>방임(放任)</u>하는 것처럼 보였다.
⑤ 기분을 상하게 하는 말을 들었을 때는 <u>무시(無視)</u>하는 편이 낫다.

20. 다음 〈규정〉에 따라 월 급여를 지급받을 때, 김으뜸 씨의 20XX년 12월 급여는 얼마인가?

> 20XX년 12월의 공휴일을 제외한 평일은 22일이다. 김으뜸 씨는 지난 여름에 사용하지 않은 휴가를 12월에 사용하려고 한다. 휴가는 주말·공휴일과 겹치지 않게 5일을 사용할 예정이다.

─────── |규정| ───────

- 월 급여는 (월 근로일 수)×(10만 원)으로 계산한다.
- 주말과 공휴일을 제외한 평일에만 출근하며, 휴가 등의 사유로 출근하지 않을 경우에는 해당 일수 급여의 70%만 지급된다.

① 170만 원   ② 205만 원   ③ 220만 원
④ 255만 원   ⑤ 275만 원

21. 다음 각 기호의 규칙에 따라 '?'에 들어갈 알맞은 도형은 무엇인가?

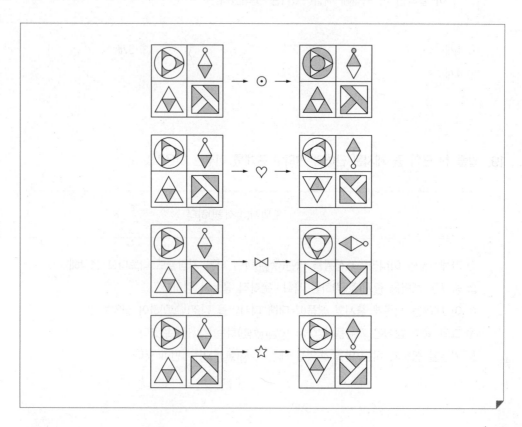

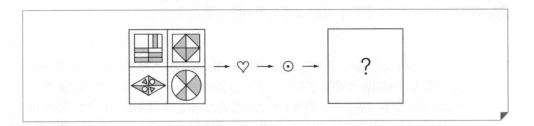

① 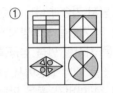 ② 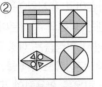 ③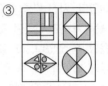

④ 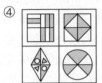 ⑤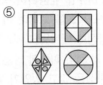

22. 다음 표의 '?'에 들어갈 숫자는?

〈2023년 6월 가, 나 빵집 케이크 판매량〉

(단위 : 개)

구분	첫째 주	둘째 주	셋째 주	넷째 주	계
가 빵집	23	52	B	25	A
나 빵집	C	34	45	42	159
계	D	86	(?)	67	303

① 66 ② 71 ③ 79

④ 89 ⑤ 91

23. 밑줄 친 ⊙ ~ ⑩ 중 성격이 같은 것끼리 짝지은 것은?

한때 미국 코닥과 함께 ⊙ 사진 필름 시장에서 우위를 점하던 후지필름은 디지털 카메라의 등장으로 최대 위기를 맞았다. 필름의 수요가 급감하면서 시장 변화에 맞설 새로운 아이디어가 필요했다. 이에 후지필름은 전혀 연관성이 없을 것 같은 화장품을 대안으로 내놓았다. 얼핏 보면 엉뚱한 사업 확장 같지만 사실 이는 내부 역량인 필름 제조 기술을 십분 활용한 아이디어였다. 사진 필름의 주원료는 콜라겐이고 후지필름은 콜라겐 변성 방지 기술과 나노 관련 기술을 가지고 있었던 것이다. 콜라겐은 피부의 주성분이기도 하므로 이 기술을 노화방지에 응용할 수 있었다. 그 결과 ⓛ 노화방지 화장품은 매출의 상당 부분을 차지할 만큼 성공을 거두게 되었다. 그 후 후지필름은 제약 분야에도 두각을 나타내었다. 필름 개발 과정에서 얻은 화학 합성 물질 데이터베이스와 노하우를 활용하여 독감 치료제인 ⓒ '아비간' 등을 만들어냈다. 아비간은 이후 에볼라 치료에도 특효를 보이며 미 당국이 승인한 최초의 에볼라 치료제로 주목받았다. 그 밖에도 의료 화상정보 네트워크 시스템이나 전자 내시경 등 고성능 렌즈가 필요한 의료기기의 개발에 박차를 가했다. 이렇게 발굴한 사업들은 다소 생소한 감이 있었지만 기존의 주력 사업과 밀접한 연관성을 갖고 있었기 때문에 경쟁력을 발휘할 수 있었다.

포스트잇, 스카치테이프 등 사무용품으로 우리에게 유명한 3M이라는 회사가 있다. 회사명 '3M'은 미네소타광산·제조업회사 Minnesota Mining and Manufacturing Company의 약자이다. 이 회사의 시초는 광산업이었으며 주로 ⓔ 사금 채굴을 하는 회사였다. 그러나 채굴에 실패를 겪으면서 사포와 연마석을 만드는 제조사로 전환하게 되었다. 뛰어난 유연성과 금속 연마력을 지닌 방수 샌드페이퍼와 자동차 도색용 마스킹 테이프는 그 자체로도 주력 상품이 되었다. 3M은 이에 안주하지 않고 당시 꽤 혁신적인 제품이었던 셀로판지의 단점을 보완할 테이프를 연구하였다. 셀로판지는 열 부근에서는 말리고, 기계 코팅 시에는 찢어지며, 평평하게 부착되지 않는 등의 문제가 있었기 때문이다. 얇고 투명한 셀로판에 접착제를 붙이는 수많은 실험을 한 결과, 마침내 3M의 대표 상품으로도 유명한 '스카치테이프'가 출시될 수 있었다. 그 후 접착제에 대한 연구를 바탕으로 그 유명한 ⑩ 포스트잇이 개발됐다. 이러한 과정을 통해 광산회사에서 시작한 3M은 점진적인 사업다각화 전략을 통해 지금의 거대 기업으로 성장할 수 있었다.

① ⊙, ⓛ, ⓒ   ② ⊙, ⓒ, ⑩   ③ ⓛ, ⓒ, ⑩

④ ⓛ, ⓒ, ⓔ   ⑤ ⓒ, ⓔ, ⑩

24. 다음 알파벳과 한글의 자음은 어떤 논리적 순서에 따라 배열되어 있다. (가), (나) 각각의 문자열 뒤에 올 알파벳과 자음을 바르게 짝지은 것은?

(가) AABBAABCBAABCDCB   (나) ㅅㅇㅅㅁㅁㅂㅈㅊㅈㅊㅁㅂ

	(가)	(나)		(가)	(나)		(가)	(나)
①	B	ㅁ	②	A	ㅋ	③	C	ㅈ
④	D	ㄷ	⑤	D	ㅊ			

25. 다음 내용을 참고할 때, 첫 번째 시합에서 지원본부의 대표로 나선 두 팀이 이를 완수하는 데 걸리는 최소 시간(㉠)과 두 번째 시합에서 두 팀이 10분 안에 얻을 수 있는 최대 점수(㉡)가 옳게 짝지어진 것은?

A 팀과 B 팀은 사내 체육대회에 참가하여 지원본부 대표로 한 팀을 이루어 '물건 나르기'와 '물풍선 담기'에 참여할 예정이다. 두 팀은 전략에 따라, 팀별로 두 종목에 시간을 나누어 쓸 수 있다. A 팀과 B 팀이 각각 1분당 옮길 수 있는 물건의 수와 1분당 담을 수 있는 물풍선의 수는 다음 표와 같다.

구분	물건 나르기	물풍선 담기
A 팀	2개	20개
B 팀	2개	10개

첫 번째 시합은 가장 짧은 시간에 물건 36개를 나르고 물풍선 120개를 담는 것이며, 두 번째 시합은 10분 안에 가장 높은 점수를 얻는 시합이다. 물건 하나를 나르면 6점, 물풍선 하나를 담으면 1점이다.

	㉠	㉡		㉠	㉡		㉠	㉡
①	10분	280점	②	10분	300점	③	10분	320점
④	12분	300점	⑤	12분	320점			

26. 다음 스마트폰 사용 실태 조사 자료에 대한 설명으로 옳지 않은 것은? (단, 소수점 이하는 버린다)

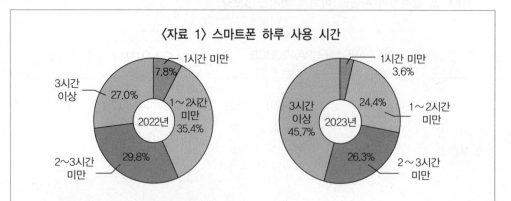

〈자료 1〉 스마트폰 하루 사용 시간

〈자료 2〉 스마트폰 사용 서비스

구분		2022년	2023년
스마트폰을 통한 모바일인터넷 사용 시간		1시간 35분	1시간 36분
하루 평균 사용 시간		2시간 13분	2시간 51분
스마트폰 주 사용 서비스 (상위 5위)	채팅, 메신저	81.2%	79.4%
	음성 / 영상통화	69.7%	70.7%
	검색	42.8%	44.0%
	문자메시지	43.4%	40.0%
	게임	31.3%	29.6%

※ 2023년 국내 스마트폰 가입자 수 : 4,083만 6,533명
※ 2023년 국내 이동통신 가입자 수 : 5,136만 명
※ 2023년 스마트폰 사용 실태 조사 응답자 수 : 1,256만 1,236명

① 2023년을 기준으로 우리나라 이동통신에 가입된 사람들 약 5명 중 4명은 스마트폰을 사용하고 있다.

② 2023년 하루 평균 스마트폰 사용 시간은 전년 대비 약 28.6% 증가하였다.

③ 2023년 스마트폰 하루 사용 시간이 2시간 이상인 응답자의 비율은 전년 대비 약 15.2%p 증가하였다.

④ 2023년 스마트폰 주사용 서비스 1위 응답자 수와 4, 5위를 합한 응답자 수의 차이는 약 120만 명이다.

⑤ 스마트폰 주사용 서비스 중 게임을 선택한 응답자 수는 2022년이 2023보다 약 5,000명 정도 더 많다.

27. 다음을 보고 그 규칙을 찾아 '?'에 들어갈 도형으로 알맞은 것을 고르면?

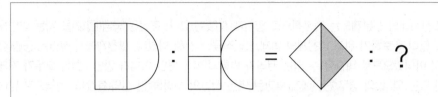

①

②

③

④

⑤

28. 양궁 선수 A와 B는 각각 $\frac{7}{8}$과 $\frac{8}{9}$의 확률로 10점 과녁을 명중시킨다고 한다. 두 선수가 동시에 화살을 날렸을 때 두 명 모두 10점 과녁에 명중시키지 못할 확률은?

① $\frac{1}{72}$ ② $\frac{7}{9}$ ③ $\frac{1}{36}$

④ $\frac{1}{9}$ ⑤ $\frac{1}{18}$

29. 다음 글의 내용과 일치하지 않는 것은?

조선시대의 신분제도는 기본적으로 양천제(良賤制)였다. 조선은 국역(國役)을 지는 양인을 보다 많이 확보하기 위해 양천제의 법제화를 적극 추진해 나갔다. 양천제에서 천인은 공민(公民)이 아니었으므로 벼슬할 수 있는 권리가 박탈되었다. 뿐만 아니라 양인·천인 모두가 지게 되어 있는 역(役)의 경우 천인에게 부과된 역은 징벌의 의미를 띤 신역(身役)의 성격으로 남녀노비 모두에게 부과되었다. 그에 반해 양인이 지는 역은 봉공(奉公)의 의무라는 국역의 성격을 지닌 것으로 남자에게게만 부과되었다.

한편 양인 내에는 다양한 신분계층이 존재하였다. 그중에서도 양반과 중인, 향리, 서얼 등을 제외한 대부분의 사람들은 상민이라고 불렸다. 상민은 보통 사람이란 뜻으로, 어떤 독자적인 신분 결정 요인에 의해 구별된 범주가 아니라 양인 중에서 다른 계층을 제외한 잔여 범주라고 할 수 있다. 따라서 후대로 갈수록 양인의 계층 분화가 진행됨에 따라 상민의 성격은 더욱 분명해졌고 그 범위는 축소되었다. 그럼에도 불구하고 상민은 조선시대 신분제 아래에서 가장 많은 인구를 포괄하는 주요 신분 범주 중 하나였다.

상민은 특히 양반과 대칭되는 개념으로 사용되기 시작하였는데 반상(班常)이란 표현은 이런 의미를 포함하고 있다. 상민을 천하게 부를 때에 '상놈'이라고 한 것도 양반과의 대칭을 염두에 둔 표현이라고 할 수 있다. 상민은 현실적으로 피지배 신분의 위치에 있었지만 법적으로는 양인의 일원으로서 양반과 동등한 권리를 가지고 있었다. 정치적으로 상민은 양반처럼 과거에 응시하여 관직에 나아갈 수 있었고 관학에서 교육받을 수 있는 권리를 가지고 있었다. 사회·경제적으로 거주 이전의 자유나 토지 소유 등 재산권 행사에 있어서도 상민과 양반의 차별은 없었다. 이는 상민이 양인의 일원이기 때문에 가능한 것이었다.

그러나 양천제가 시행되었다고 해서 양인 내부의 계층이동이 자유로웠다거나 대대로 벼슬해 온 양반들의 특권이 부정된 것은 아니었다. 상민은 양인으로서 법제적 권리는 가지고 있었지만 그것을 누리지는 못하였다. 상민이 가진 양인으로서의 권리는 현실에서 구현되기 어려운 경우가 대부분이었다. 상민은 그러한 권리를 누릴 만한 경제적 여건이 되지 않았고, 이를 효과적으로 관철할 만한 정치적 권력이나 사회적 권위를 갖기 어려웠기 때문이다.

① 천인에게 부과되는 역의 부담은 양인보다 더 막중하였다.

② 상민은 보통 사람이란 뜻으로, 독자적인 신분 결정 요인에 의해 구별된 하나의 신분이었다.

③ 상민은 양반과 동등한 권리를 가지고 있음에도 현실적으로 피지배 신분의 위치에 있어야 했다.

④ 상민은 관학에서 교육을 받거나 과거에 응시할 수 있었다.

⑤ 양천제가 실시되었음에도 상민은 양민의 권리를 누리지 못했다.

30. 다음 수열의 일정한 규칙에 따라 '?'에 들어갈 알맞은 숫자는?

| 5 7 9 6 14 12 7 28 15 8 (?) 18 |

① 10 ② 19 ③ 32
④ 56 ⑤ 61

31. 다음은 알레르기 반응과 알레르기 약의 효능에 관한 진술이다. A, B, C의 알레르기 반응(두드러기)의 원인이 새우, 복숭아 또는 땅콩이라고 할 때, 다음 진술에서 참이 아닌 것은? (단, 알레르기의 원인이 되는 요인들은 독립적으로 영향을 준다. 세 사람은 동일한 알레르기 약을 먹었으며, 동일한 효과를 보인다)

> ⊙ A는 새우를 먹었고 두드러기가 났다.
> ⓒ A는 새우와 복숭아를 먹고 알레르기 약도 먹었으나 두드러기가 났다.
> ⓒ B는 복숭아를 먹고 두드러기가 났으나 알레르기 약을 먹고 가라앉았다.
> ② C는 땅콩을 먹었고 두드러기가 났다.
> ⑩ C는 땅콩을 먹으면서 알레르기 약을 같이 먹었고 두드러기가 나지 않았다.

① ⊙, ⓒ의 경우만 고려하면 A는 새우와 복숭아 알레르기를 모두 가지고 있다.
② ②, ⑩의 경우만 고려하면 알레르기 약은 땅콩 알레르기에 효과가 있다.
③ ⊙, ⓒ, ⓒ의 경우만 고려한다면 알레르기 약은 새우 알레르기에는 효과가 없다.
④ ⓒ, ②, ⑩의 경우만 고려하면 알레르기 약은 복숭아와 땅콩 알레르기 모두에 효과가 있다.
⑤ ⊙, ⓒ, ⓒ, ②, ⑩ 모두를 고려한다면 A, B, C, 세 사람은 모두 최소한 한 가지 이상의 알레르기가 있다.

32. 다음 〈보기〉에서 찾을 수 없는 문자는?

| 보기 |

꿋 끝 끙 끕 끌 꼿 끅 끝 꽂 끔 끈 끙 끌 꿓 끅 꿓 끝 꼿 끔
끈 끙 끌 꿓 끅 꼿 끂 꿓 끙 끕 꽂 끝 끅 꿋 끔 끈 끙 끌 꿓
끅 끝 꼿 끂 꿓 끕 꼿 끅 꼿 끆 끝 끔 끈 끙 끌 꿓 끅 끝 꼿
끔 끈 끕 꼿 끝 끅 꿓 끅 꼿 끅 꼿 끆 꿓 끔 끈 끙 끌 꿓 끅
꿓 끂 꼿 끔 끈 끙 끌 꿓 끝 끅 꼿 꿓 끙 끕 꼿 끝 끅 꿋 끔

① 끔　　　　　　② 끆　　　　　　③ 꿀

④ 꿋　　　　　　⑤ 꽂

33. 다음 중 띄어쓰기가 바른 것은?

① 세상에 그녀같이 착한 사람이 또 있을까.
② 서울에서 부터 부산까지 기차로 약 5시간 30분이 걸린다.
③ 그는 이 학교에서 4년동안 공부했다.
④ 두사람이 협력해서 일을 해야 한다.
⑤ 그녀가 말한바를 이해할 수 있다.

34. 김 씨는 환율이 1달러에 1,000원일 때 모두 환전하면 1,000달러가 되는 액수의 원화를 가지고 있다. 환율이 2,500원/달러로 올랐을 때, 가진 돈의 절반을 달러로 환전했고, 남은 돈은 환율이 1,250원/달러로 떨어졌을 때 모두 환전했다. 김 씨는 환율이 1달러에 1,000원일 때 환전한 금액에 비해 몇 % 손해를 보았는가? (단, 환전 시 발생하는 비용은 없는 것으로 가정한다)

① 25%　　　　　　② 30%　　　　　　③ 35%

④ 40%　　　　　　⑤ 45%

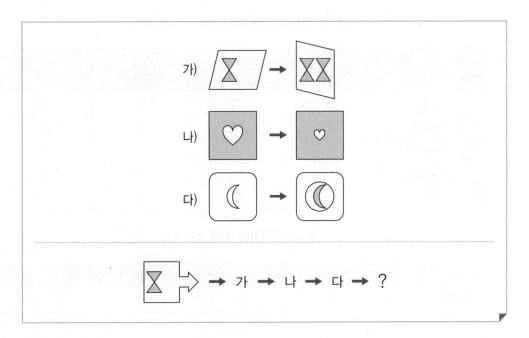

35. 다음은 각 규칙에 따라 변화하는 도형을 나타낸 것이다. 규칙에 따라 '?'에 들어갈 알맞은 도형을 고르면?

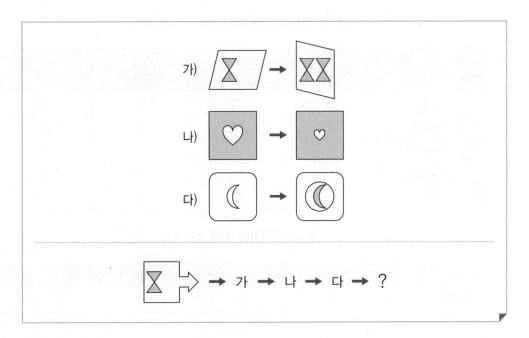

① 　　② 　　③

④ 　　⑤

36. 다음은 지난 1개월간 패밀리레스토랑 방문 경험이 있는 20~35세 113명을 대상으로 연령대별 방문 횟수와 직업을 조사한 자료이다. 이에 대한 설명으로 옳은 것은?

〈표 1〉 연령대별 패밀리레스토랑 방문 횟수

(단위 : 명)

방문 횟수 \ 연령대	20~25세	26~30세	31~35세	계
1회	19	12	3	34
2~3회	27	32	4	63
4~5회	6	5	2	13
6회 이상	1	2	0	3
계	53	51	9	113

〈표 2〉 응답자의 직업 조사결과

(단위 : 명)

직업	학생	회사원	공무원	전문직	자영업	가정주부	계
응답자	49	43	2	7	9	3	113

※ 복수응답과 무응답은 없음.

① 전체 응답자 중 20~25세 응답자가 차지하는 비율은 50% 이상이다.
② 26~30세 응답자 중 4회 이상 방문한 응답자 비율은 15% 미만이다.
③ 31~35세 응답자의 1인당 평균 방문 횟수는 2회 미만이다.
④ 전체 응답자 중 직업이 학생 또는 공무원인 응답자 비율은 50% 이상이다.
⑤ 전체 응답자 중 20~25세인 전문직 응답자 비율은 5% 미만이다.

37. 답변에 비추어볼 때 빈칸에 들어갈 적절한 질문은?

> 질문 : (   )
>
> 답변 : 1997년 닭이나 오리와 같은 가금류가 걸리던 조류 인플루엔자가 사람에게 전염되면 심각한 독감을 일으킬 수 있다고 밝혀져 큰 충격을 주었습니다. 신종 인플루엔자 바이러스도 초기에는 '돼지 인플루엔자'로 불리며, 인수공동질병이 점차 확산되는 것이 아닌가 하는 우려로 전 세계를 공포에 떨게 했습니다. 돼지에서 사람으로 전파된 경로가 밝혀지지 않아 명칭을 신종 인플루엔자 바이러스로 바꿨지만, 근래 전문가들은 신종 인플루엔자 바이러스가 돼지에서 사람으로 전파된 것으로 보고 있습니다. 신종 인플루엔자 바이러스에서 가장 최근에 변이가 일어난 돼지 인플루엔자 유전자들이 뒤섞여 나타났기 때문입니다. 서로 다른 종 사이에는 질병이 잘 전염되지 않는 것이 일반적입니다. 동물마다 질병의 수용체가 다르기 때문인데 이를 종간장벽이라고 합니다. 조류의 호흡기 상피세포에 있는 인플루엔자 바이러스 수용체는 포유류가 갖는 수용체와 다릅니다. 그런데 사람은 폐 근처의 하부 호출기에 고병원성 조류 인플루엔자 바이러스에 감염될 수 있는 수용체를 적은 양이지만 추가로 갖고 있습니다. 하지만 근접한 거리에서 고농도의 고병원성 조류 인플루엔자 바이러스 수용체에 노출되는 것이 아닌 이상, 바이러스가 하부 호흡기까지 도달하지 않기 때문에 조류 인플루엔자에 쉽게 감염되지 않습니다. C 대학교 수의대학 K 교수는 "돼지는 호흡기에 2가지 수용체를 모두 갖고 있어 조류와 사람 모두에게서 전염될 수 있다."라며 "돼지는 여러 가지 인플루엔자 바이러스가 섞일 수 있는 중간 숙주인 셈"이라고 말했습니다.

① 신종 인플루엔자에 걸리지 않으려면 어떻게 해야 할까요?

② 신종 인플루엔자를 처음 발견한 사람은 누구인가요?

③ 신종 인플루엔자는 사람에게 얼마나 위험한가요?

④ 동물들이 감염되는 인플루엔자가 왜 사람에게 전이될까요?

⑤ 조류 인플루엔자가 위험한 이유는 무엇인가요?

38. 다음 제시된 규칙에 따라 '?'에 들어갈 알맞은 것은?

> 258ㄴㄹㅁ → 369ㄷㅁㅂ
>
> 452ㅊㄷㄴ → 563ㅋㄹㄷ
>
> 225ㄷㅍㅅ → (?)

① 236ㄴㅂㅁ   ② 335ㄷㅎㅇ   ③ 346ㄹㅎㅇ   ④ 336ㄹㄷㄹ   ⑤ 336ㄹㅎㅇ

39. A 식당에서는 11월 중으로 케첩과 마요네즈를 거래처에서 1개씩 구매하려고 한다. 〈보기〉에서 총 구매 비용이 가장 비싼 경우부터 순서대로 나열한 것은? (단, 제품을 다 썼다는 말이 없으면 제품이 있는 상태에서 다시 구매한 것을 의미하며, 두 카드 모두 15일에 구매 시 할인 혜택은 없다)

- 개당 구매 가격은 케첩은 12만 원, 마요네즈는 15만 원이다.
- 거래처에서 S 카드를 이용하여 구매할 경우 총비용의 10%가 할인된다.
- 거래처에서 H 카드를 이용하여 월일이 같은 날(3월 3일, 4월 4일 등)에 구매할 경우 총비용의 5%가 할인된다.
- 매달 15일에 구매할 경우 총비용의 20%가 할인된다.
- 구매하는 비용은 제품 비용에 불편 비용을 합하여 계산한다.
- 불편 비용은 제품을 다 쓰고 나서 불편함을 느끼는 정도를 말하며 불편 비용은 케첩과 마요네즈 각각 1일당 5천 원으로 계산한다.
- 불편 비용 계산 시 제품을 다 쓴 날은 포함하고, 제품을 다시 구매한 날은 포함하지 않는다.
- 제품을 다 쓰지 않은 상태에서 구매할 경우에는 불편 비용이 없다.

| 보기 |

(가) 3일에 케첩만 다 사용하여 8일에 S 카드로 두 제품 모두 구매한 경우
(나) 8일에 케첩과 마요네즈를 다 사용하여 11일에 H 카드로 두 제품 모두 구매한 경우
(다) 9일과 12일에 각각 케첩과 마요네즈를 다 사용하여 15일에 두 제품 모두 구매한 경우

① (가)-(나)-(다)　　　② (가)-(다)-(나)　　　③ (나)-(가)-(다)
④ (나)-(다)-(가)　　　⑤ (다)-(가)-(나)

40. 다음은 A 도시의 전년 대비 혼인 건수 증감률과 연도별 혼인 건수 중 재혼이 차지하는 비율을 나타낸 자료이다. 20X0년 혼인 건수가 15,300건일 때, 자료에 대한 옳은 설명을 〈보기〉에서 모두 고른 것은? (단, 증감률과 비율은 소수점 아래 둘째 자리에서 반올림한 값이다)

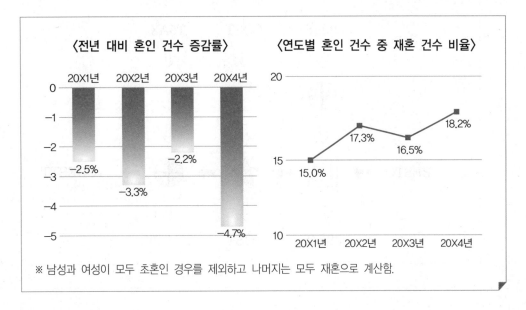

〈전년 대비 혼인 건수 증감률〉

20X1년 20X2년 20X3년 20X4년
−2.5%
−3.3%
−2.2%
−4.7%

〈연도별 혼인 건수 중 재혼 건수 비율〉

15.0%
17.3%
16.5%
18.2%

20X1년 20X2년 20X3년 20X4년

※ 남성과 여성이 모두 초혼인 경우를 제외하고 나머지는 모두 재혼으로 계산함.

| 보기 |

㉠ 20X4년 혼인 건수는 13,000건 미만이다.
㉡ 20X2년 남성과 여성이 모두 초혼인 건수는 11,000건 이상이다.
㉢ 20X3년의 재혼 건수가 2,330건이면 혼인 건수는 14,000건 이상이다.
㉣ 20X1년의 재혼 건수 중 남성의 재혼 비율이 63%라면 남성의 재혼 건수는 1,500건 이상이다.

① ㉠, ㉢   ② ㉡, ㉢   ③ ㉡, ㉣
④ ㉠, ㉡, ㉢   ⑤ ㉡, ㉢, ㉣

41. 다음 흐름도에서 각각의 도형들은 정해진 규칙에 따라 문자를 변환시킨다. 제시된 규칙을 파악하여, '?'에 들어갈 알맞은 문자를 고르면?

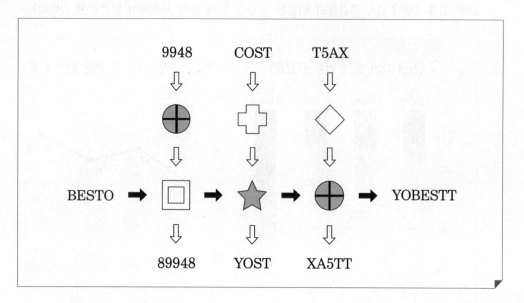

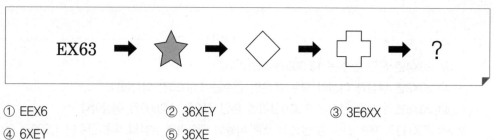

① EEX6　　　　　② 36XEY　　　　　③ 3E6XX
④ 6XEY　　　　　⑤ 36XE

42. 어떤 일을 하는 데 민지는 6일, 민수는 12일이 걸린다고 한다. 이 일을 민지와 민수가 함께 한다면 총 소요기간은?

① 1일　　　　　② 2일　　　　　③ 3일
④ 4일　　　　　⑤ 5일

43. 다음 (가) ~ (마)를 글의 맥락에 따라 순서대로 배열한 것은?

> (가) 사유방식, 생활, 학습, 언어, 행위, 노동, 예절, 도덕 등에서 드러나는 개인의 습관은 한 사람의 소양을 드러내며 그가 세상을 살아가는 방식에 영향을 미친다. 또한 습관은 우리의 선택과 외부적 환경으로부터 영향을 받는 정도를 결정하며, 나아가 우리의 인생 그리고 타인과 사회를 바라보는 관점에도 영향을 미친다.
>
> (나) 습관의 최상위 형식은 사고방식으로, 이것은 이성과 철학의 영향을 크게 받는다. 예를 들어 마르크스는 모든 문제를 두 가지의 대립된 모순으로 인식하는 경향이 있으며, 아인슈타인은 가장 간단한 사실에서 시작하여 엄밀한 추론을 통해 가장 심오한 결론에 도달한다.
>
> (다) 습관의 힘은 실로 거대한 것으로 성공의 필수불가결한 요소이며, 가치를 따질 수 없이 귀중한 인생의 재화이자 자본이다. 좋은 습관을 기르는 것은 한 사람의 인생에 무한한 이익을 가져다주며 평범한 삶에서 특별한 삶으로 넘어가는 데에 가장 중요한 관건이 된다.
>
> (라) 습관의 사전적 의미는 '장기간에 걸쳐 양성되어 단기에 고치기 어려운 행위, 경향 혹은 사회적 풍습'이다. 습관은 인간의 행위를 연구하는 많은 학자들이 오랫동안 관심을 가져온 분야로 간단히 말해 일종의 안정적인 행위의 특징을 말한다.
>
> (마) 습관의 형식에는 여러 가지가 있는데 '무조건적 반사'가 가장 기본적인 습관이라고 할 수 있다. 그보다 상위 단계의 습관으로는 언어와 동작의 습관을 들 수 있다. 일반적으로 우리가 '습관'이라고 부르는 것도 이러한 것들이다. 일부 학자들은 남녀 간에도 습관의 차이가 있다고 주장한다. 예를 들어 남자들은 집에 도착하기 전에 미리 호주머니에서 열쇠를 꺼내는 한편, 여자들은 문 앞에 도달한 다음에 가방에서 열쇠를 꺼낸다는 것이다.

① (다)-(가)-(나)-(마)-(라)
② (다)-(라)-(나)-(마)-(가)
③ (라)-(가)-(마)-(나)-(다)
④ (라)-(마)-(가)-(다)-(나)
⑤ (마)-(라)-(다)-(가)-(나)

44. 다음 수열의 일정한 규칙에 따라 '?'에 들어갈 알맞은 숫자는?

$$\frac{1}{3} \quad \frac{5}{6} \quad \frac{4}{3} \quad \frac{11}{6} \quad \frac{7}{3} \quad (\ ? \ )$$

① $\frac{5}{3}$

② $\frac{8}{3}$

③ $\frac{17}{6}$

④ $\frac{19}{6}$

⑤ $\frac{23}{6}$

45. A, B, C, D, E, F 여섯 사람은 공동명의로 8층짜리 건물을 매입하여 각자 한 층씩 사용하고 있다. 사용하는 층에 대한 다음 〈정보〉를 토대로 할 때 항상 옳은 것은?

| 정보 |

㉠ A와 E가 사용하는 층 사이에 B가 사용하는 층이 있다.

㉡ D는 A보다 높은 층을 사용하고, C는 5층을 사용한다.

㉢ A가 사용하는 층의 아래층 또는 위층은 누구도 사용하지 않는다.

㉣ F가 사용하는 층은 C가 사용하는 층보다 낮고, 2층은 E가 사용한다.

㉤ 3층과 4층 중 하나는 아무도 사용하지 않는다.

① A는 6층을 사용한다.   ② B가 사용하는 층은 3층이다.

③ F는 E보다 높은 층을 사용한다.   ④ D가 사용하는 층은 8층이다.

⑤ 4층을 사용하는 사람은 없다.

46. 다음 도형을 시계방향으로 90° 회전시킨 형태는?

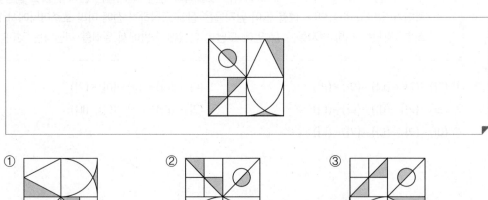

①   ②   ③

④   ⑤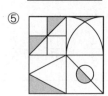

47. 다음 두 단어 쌍이 같은 관계가 되도록 빈칸에 알맞은 단어를 고르면?

서적 : 양서 =(   ) : 냉장고

① 세탁기　　　② 식료품　　　③ 전기　　　④ 가전제품　　　⑤ 냉동고

48. 이삿짐을 나르는 데 A 방식을 취하면 10분이 걸리고, B 방식을 취하면 15분이 걸린다. 처음에 A 방식으로 짐을 나르다가 도중에 B 방식으로 바꿔서 짐을 모두 날랐다. B 방식으로 짐을 나른 시간이 A 방식보다 10분 더 길다면 A, B 방식으로 일한 시간은 각각 몇 분인가?

	A	B			A	B			A	B
①	1분	11분		②	2분	12분		③	3분	13분
④	4분	14분		⑤	5분	15분				

49. 다음 규칙에 따라 '?'에 들어갈 도형은?

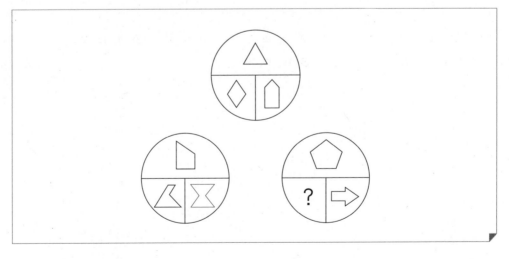

①　　②　　③　　④　　⑤

50. 다음은 A 씨의 보수 지급 명세서이다. 이에 대한 옳은 설명을 〈보기〉에서 모두 고르면?

〈보수 지급 명세서〉

보수		공제	
보수항목	보수액(원)	공제항목	공제액(원)
기본급	2,530,000	소득세	160,000
직무급	150,000	지방소득세	16,000
시간 외 수당	510,000	일반기여금	284,000
급식비	130,000	건강보험료	103,000
직급보조비	250,000	장기요양보험료	7,000
보수총액	( )	공제총액	( )
실수령액 : ( )			

※ 실수령액＝보수총액－공제총액

―| 보기 |―

ㄱ. '일반기여금'이 15% 증가하면 '공제총액'은 60만 원 이상이 된다.
ㄴ. '실수령액'은 '기본급'의 1.3배 이상이다.
ㄷ. '건강보험료'는 '장기요양보험료'의 15배 이하이다.
ㄹ. '공제총액'에서 '일반기여금'이 차지하는 비중은 '보수총액'에서 '직급보조비'가 차지하는 비중의 6배 이상이다.

① ㄱ, ㄷ ② ㄱ, ㄹ ③ ㄱ, ㄴ, ㄷ
④ ㄱ, ㄷ, ㄹ ⑤ ㄴ, ㄷ, ㄹ

51. 다음 개요의 A ~ E에 들어갈 말로 적절하지 않은 것은?

〈개요〉

주제 : 지방자치단체는 생활 체육에 관한 정책을 수립하고 이를 활성화해야 한다.

서론 : 생활 체육의 필요성

　　가. _____ A _____

　　나. 지역 사회의 연대감 및 공동체 의식 함양

본론 1 : 생활 체육 활성화의 장애 요인

　　가. _____ B _____

　　나. 생활 체육 프로그램의 부족

　　다. _____ C _____

　　라. 지방자치단체의 행정적 · 재정적 지원 미흡

본론 2 : 생활 체육 활성화 방안

　　가. 홍보 강화를 통한 주민들의 관심 유도

　　나. 다양한 생활 체육 프로그램 개발

　　다. 생활 체육 시설의 확충

　　라. _____ D _____

결론 : _____ E _____

---

① A – 개인의 건강 증진과 여가 활용

② B – 생활 체육 활동에 대한 주민들의 무관심

③ C – 생활 체육 시설의 미비

④ D – 지방자치단체의 정책적 지원과 예산 확대

⑤ E – 국민의 풍요로운 생활 도모

52. 다음 문자열은 일정한 규칙에 따라 나열되어 있다. 다음 중 나머지 문자열과 동일한 규칙이 적용되지 않은 문자열은?

① 가나라다   ② 다라바마   ③ 사자차타

④ 아자카차   ⑤ 자차타카

53. 다음 〈조건〉에 따라 A, B, C, D, E는 주번 한 명, 보조 두 명으로 총 세 명이 한 조를 이루어 하루씩 일을 한다. 오늘이 2월 10일이라면 5월 10일의 주번은 누구인가?

┤ 조건 ├

- 한 번 주번을 한 사람은 다섯 명이 모두 한 번씩 주번을 할 때까지 다시 주번을 할 수 없다.
- 어제 보조였던 사람은 오늘 주번이나 보조를 할 수 없다.
- B와 E는 연속으로 주번을 할 수 없다.
- 오늘 주번은 A, 보조는 B, C이며, 2월의 마지막 날은 28일이다.

① A   ② B   ③ C

④ D   ⑤ E

54. 다음 중 운동에너지를 이용하는 것을 모두 고르면?

(가) 물레방아	(나) 풍차
(다) 파도타기	(라) 수력 발전

① (가)   ② (나)   ③ (나), (다)

④ (다), (라)   ⑤ (나), (다), (라)

55. 다음은 중소기업 CEO 400명을 대상으로 해외경기가 부진하다고 느껴지는 분야와 지역을 설문한 결과이다. 농수산업 분야의 해외경기가 중남미 지역에서 부진하다고 응답한 CEO의 수는? (단, 소수점 아래 첫째 자리에서 반올림한다)

〈해외경기가 부진하다고 느끼는 분야별 비율(중복 응답)〉

(단위 : %)

농수산업	경공업	중화학공업	기타	계
31	37	36	7	100

〈농수산업, 중화학공업 응답자 중 지역별 비율〉

(단위 : %)

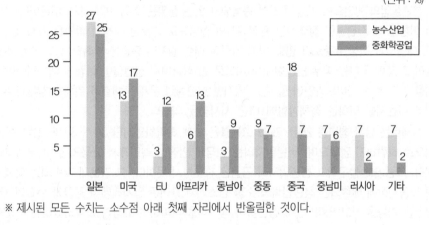

※ 제시된 모든 수치는 소수점 아래 첫째 자리에서 반올림한 것이다.

① 9명 ② 10명 ③ 11명
④ 12명 ⑤ 14명

01. 다음 글을 이해한 내용으로 적절한 것은?

우리나라의 청년실업 문제는 외환위기 이후 본격적으로 등장하여 거의 20년간 경제정책 과제의 최상단에 머물러 있다. 그럼에도 불구하고 이는 해결되지 못하고 있으며 2016년 경기 침체와 더불어 오히려 더욱 악화되었다. 거듭된 정책 의지 표명과 엄청난 예산 및 인력 투입에도 불구하고 청년실업 문제는 완화될 기미조차 보이지 않고 있으며, 문제해결 방향에 대한 컨센서스가 존재하는지조차 불분명하다. 정부뿐만 아니라 학계나 연구기관 등 정책연구 분야도 문제에 관한 해결책을 제시하지 못하고 있는 것은 마찬가지이다.

청년실업의 원인으로 가장 흔하게 통용되고 있는 설명은 소위 '미스매치' 이론이다. 그러나 이 이론은 매우 단순한 정태적인 관점에서의 설명으로 충분한 정책적 함의를 가지지는 못한다. 대졸자가 적정 수준보다 많고 이에 비하여 대졸 일자리 공급은 부족하며 그 해결책은 '눈높이 조정'에 있다는 매우 단순한 논리이므로 현 상황에서 청년들이 어떻게 대응하여야 하는지를 알려 주는 가이드라인이 될 수는 있지만 청년실업 문제의 해결을 위해서 정부가 무엇을 해야 하는지를 말하는 정책방향에 대한 시사점은 약하다.

실제로는 남자 청년층 25 ~ 29세 고용률은 크게 하락하였지만 30 ~ 34세 고용률은 상대적으로 하락하지 않았으며, 청년일자리는 임금과 안정성 측면에서 고용의 질이 크게 개선되었다. 그럼에도 불구하고 청년일자리 공급은 충분하지 못하다. 그 가운데 지속되는 학력 상승은 노동시장에 배출되는 청년인력의 수를 감소시켜 줄어든 일자리에서 공급과 수요의 균형을 맞추는 기능을 하고 있다. 만약 청년들이 생산직을 기피하여 고용이 하락하였다면 충분한 조정기간이 경과하여 의중임금(Reservation Wage)이 조정되고 난 후에는 생산직에 취업하는 청년들이 증가하여야 한다. 그러나 청년 생산직 취업자는 증가하지 않고 있다.

청년실업 문제를 개인 차원의 적응에 맡기는 접근방법이 과연 국가경제의 관점에서 바람직한가를 검토해 볼 필요가 있다. 경제위기 상황에서는 위기극복이 가장 중요한 정책목표이므로 청년일자리는 부수적인 문제가 되고 고통분담의 차원에서 청년들의 적응을 요구할 수 있다. 그러나 그 상태가 20년간 지속되면 청년인력의 비효율적인 배분은 경제구조의 일부분이 되고 미래의 지속적인 성장을 제약하는 조건이 된다. 청년일자리에서 드러나는 문제들에 비추어 우리나라의 인력양성, 기업성장에 관련된 제도들의 개선 방향이 무엇인지를 검토하여야 할 시점이다.

① 청년실업 문제는 인력양성, 기업성장 관련 제도들과 밀접한 관련이 있다.
② 실질적인 청년일자리의 내용은 20년 전과 비교할 때 크게 달라진 것이 없다.
③ 청년실업 문제는 미스매치 이론으로 충분한 설명이 될 수 있다.
④ 청년들이 생산직을 기피하는 이유는 의중임금이 충족되지 않기 때문이다.
⑤ 청년들의 생산직 기피는 임금구조의 조정을 통해 자연적으로 해결될 사항이다.

02. 다음 수열에서 일정한 규칙을 찾아 '?'에 들어갈 알맞은 숫자를 고르면?

1	2	4	9	19	36	(?)

① 39 ② 48 ③ 53

④ 62 ⑤ 67

03. □□고등학교는 중간고사 부정행위를 방지하기 위하여 한 교실에 1, 2, 3학년 학생들을 각 줄 별로 섞어서 배치한다. 줄 배열에 대한 정보가 다음과 같을 때, 〈보기〉 중 항상 참이 되는 것은?

- 교실의 좌석은 총 6개의 줄로 배치한다.
- 1, 2, 3학년은 각각 최소 1줄씩에 배치한다.
- 첫 번째 줄과 다섯 번째 줄에는 항상 3학년을 배치한다.
- 바로 옆줄에는 같은 학년을 배치할 수 없다.
- 3학년 줄의 수는 1학년 줄과 2학년 줄의 수를 합한 것과 같다.

| 보기 |

㉠ 모든 3학년 줄의 위치는 항상 같다.
㉡ 2학년 줄과 1학년 줄의 수는 항상 같다.
㉢ 두 번째 줄이 1학년 줄이면 여섯 번째 줄은 항상 2학년 줄이다.

① ㉠ ② ㉡ ③ ㉠, ㉡

④ ㉠, ㉢ ⑤ ㉡, ㉢

04. 다음 글에서 합성어를 포함하여 '서술'이라는 단어가 몇 번 사용되었는가?

> 우리가 기억하는 것들은 크게 서술 정보와 비서술 정보로 나뉜다. 서술 정보란 학교 공부, 영화 줄거리, 장소나 위치, 사람 얼굴처럼 말로 표현할 수 있는 정보이다. 반면 비서술 정보는 몸으로 습득하는 운동 기술, 습관, 버릇, 반사적 행동 등과 같이 말로 표현할 수 없는 정보이다. 이 중에서 서술 정보를 처리하는 중요한 기능을 담당하는 것은 뇌의 내측두엽에 있는 해마로 알려져 있다. 교통사고를 당해 해마 부위가 손상된 이후 서술 기억 능력이 손상된 사람의 예가 그 사실을 뒷받침한다. 그렇지만 그는 교통사고 이전의 오래된 기억은 모두 회상해냈다. 해마가 장기 기억을 저장하는 장소는 아닌 것이다. 많은 학자들은 서술 정보가 오랫동안 저장되는 곳으로 대뇌피질을 들고 있다.
>
> 그러면 비서술 정보는 어디에 저장될까? 운동 기술은 대뇌의 선조체나 소뇌에 저장되며, 계속적인 자극에 둔감해지는 '습관화'나 한 번 자극을 받은 뒤 그와 비슷한 자극에 계속 반응하는 '민감화' 기억은 감각이나 운동 체계를 관장하는 신경망에 저장된다고 알려져 있다. 감정이나 공포와 관련된 기억은 편도체에 저장된다.

① 5번   ② 6번   ③ 7번
④ 8번   ⑤ 9번

05. 다음 중 밑줄 친 ㉠과 바꾸어 쓸 수 있는 것을 고르면?

> 자신의 조상, 자신이 속한 민족, 더 나아가서 인류의 긴 역사를 떠나서는 어떤 인간의 존재도 ㉠생각할 수 없으며 또한 이러한 인간들을 떠난 미래의 역사도 생각할 수 없다. 한 인간의 개성은 그 자신이 살아온 고유한 과거에서 비롯되며 한 민족의 정체(正體)는 그 민족이 밟아온 독자적인 역사에 지나지 않는다. 개인에게 있어서나 사회에 있어서나 역사의 중요성은 자명하다.

① 예정(豫定)   ② 관조(觀照)   ③ 정의(定義)
④ 고찰(考察)   ⑤ 관찰(觀察)

06. 다음의 〈조건〉을 참고할 때, 전 사원들에게 지급되고 있는 월급의 총액은 얼마인가?

───| 조건 |───

• 모든 사원의 월급은 동일하다.
• 사원 10명을 증원하고 각 사원의 월급을 100만 원씩 줄이면 전 사원에게 지급하는 월급 총액은 기존의 80%가 된다.
• 사원 20명을 감축하고 각 사원의 월급을 전과 같이 지급한다면 전 사원에게 지급하는 월급 총액은 기존의 60%가 된다.

① 1억 원 ② 1억 2천만 원 ③ 1억 5천만 원
④ 1억 8천만 원 ⑤ 2억 원

07. 다음 제시된 규칙을 고려할 때 '?'에 들어갈 알맞은 도형은?

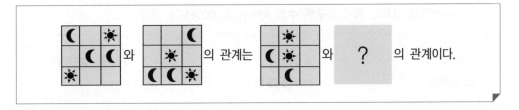

①

②

③

④

⑤

08. 다음은 올해 전공 분야별 연구원 현황에 관한 자료이다. 〈조건〉을 모두 만족하는 전공 분야 X는 무엇인가?

〈올해 전공 분야별 연구원 현황〉

(단위 : 명)

구분	박사	석사	학사	기타
총계	103,582	137,996	214,752	26,466
이학	17,976	22,587	24,296	2,877
공학	45,445	91,783	166,088	19,636
농학	4,795	3,453	1,965	210
의·약·보건학	14,123	8,112	4,882	794
인문학	8,017	4,846	11,684	2,029
사회과학	13,226	7,215	5,837	920

―| 조건 |―

• 어떤 사람이 박사 학위를 가진 연구원일 때, 그 사람의 전공 분야가 X일 확률은 8%보다 크다.
• X 분야에서 석박사 학위를 갖지 않은 연구원의 비율은 35% 이상이다.
• X 분야의 석사와 학사 연구원 수의 차이는 3,000명보다 적다.

① 이학　　　　　　② 공학　　　　　　③ 의·약·보건학
④ 인문학　　　　　⑤ 사회과학

09. 다음 (가) ~ (라)를 문맥에 따라 순서대로 배열한 것은?

> 정부 주도의 주택 보급이 활성화되던 1970년대에서 1990년대는 '벽돌의 시대'였다. 그러나 이후 구조와 건축 재료의 발달로 벽돌은 저렴한 저층 건축 재료로 낙인찍혔다. 최근 개성 넘치는 새로운 옷으로 다시 주목받고 있는 벽돌의 매력과 미래를 가늠해 보자.
>
> (가) 1980 ~ 90년대 이후 아파트 시장의 활황으로 대형 건설업자들이 콘크리트로 아파트를 수없이 짓고 있을 때 소규모 주택 시장의 집장사들은 공동주택에 '빌라'라는 이름을 붙이고 콘크리트 내력벽 위에 화강석을 건식으로 붙인 저품질 주택을 양산했고, 자연스레 대중은 붉은 벽돌집은 싸구려 집이라는 인식을 갖게 되었다. 기술의 발달과 재료의 다양화 역시 벽돌을 멀어지게 만든 원인 중 하나였다. 어떤 건축가들은 물성을 드러내는 재료로서 노출 콘크리트를 진지하게 탐구하기 시작했으며, 어떤 건축가들은 건물의 '스킨'이라 하여 건물 외벽을 금속 패널로 치장하는 데 몰두하기도 했다. 이 사이에 벽돌건축은 점차 건축가들의 관심에서도 멀어져 갔다.
>
> (나) 최근엔 벽돌이 구조재가 아닌 치장재로 새롭게 주목받기 시작하며 다양한 색깔과 독특한 쌓기 방식으로 건물의 외벽에서 개성을 드러내고 있다. 이런 변화가 생긴 것은 크게 두 가지 이유인데, 첫째로 건축 기술의 발달로 벽돌이 건물의 힘을 받는 구조체로부터 독립해 외장재로 자유로워졌으며, 둘째로 벽돌을 활용한 다양한 쌓기 방법이 개발되고 철물의 개발로 높이 쌓는 것이 가능해지면서 고층 건물의 외부를 벽돌로 장식하여 얻어지는 시각적 독특함이 눈길을 끌 수 있게 되었기 때문이다.
>
> (다) 그러나 무엇보다 건축에서 가장 중요한 것은 자연스럽고 친숙한 이미지와 느낌이다. 벽돌은 흙을 구워서 만든다. 그리고 천연 재료라는 이미지와 더불어 가지런한 줄눈은 안정감을 준다. 게다가 한국처럼 다습하며 기온 변화가 심한 곳에선 건축 재료의 오염이 빈번한 편인데 벽돌은 다른 건축 재료에 비해 변형이나 오염에 대한 문제가 상대적으로 적다. 이것이 많은 사람들이 벽돌 외벽을 선호하게 된 이유가 되었다.
>
> (라) 일제강점기 근대건축이 들어오면서 우리 생활에 벽돌이 본격적으로 들어오기 시작했다. 당시 신재료였던 벽돌은 '근대성'의 상징이었다. 광복 후 전란으로 폐허가 된 서울을 신속하게 복구하는 데에 재활용이 가능한 재료로 벽돌만큼 쉽게 구할 수 있는 것이 없었다. 1970년대 이후 소규모 주택을 공급하는 '집장사'들이 만드는 '불란서 2층 양옥집'이 유행했을 때에도 대부분이 붉은 벽돌집이었다. 이후에 '집'하면 자연스레 '붉은 벽돌집'을 떠올릴 정도로 많은 벽돌집이 지어졌다.

① (가)-(나)-(라)-(다) ② (가)-(라)-(나)-(다) ③ (나)-(다)-(라)-(가)
④ (라)-(가)-(나)-(다) ⑤ (라)-(가)-(다)-(나)

10. 다음 숫자와 문자들의 배열 규칙을 찾아 '?'에 들어갈 알맞은 숫자를 고르면?

A	2	E	10	Q	(?)

① 23   ② 24   ③ 26

④ 27   ⑤ 28

11. 다음은 경쟁관계인 A 회사와 B 회사의 〈홍보 제품별 수익체계〉와 〈상반기 월별 매출 증감률〉 자료이다. A 회사가 어떤 제품을 홍보할지 모른다고 할 때, 2월에 B 회사가 선택할 제품에 따른 수익의 최댓값과 최솟값이 바르게 짝지어진 것은?

〈홍보 제품별 수익체계〉

		B 회사		
		S 제품	T 제품	U 제품
A 회사	S 제품	(3, 7)	(5, 4)	(4, −5)
	T 제품	(5, −2)	(−6, 7)	(3, 4)
	U 제품	(−1, 8)	(7, −6)	(10, 2)

※ ( )는 A 회사와 B 회사의 홍보로 인한 월 수익(억 원)을 뜻한다(A 회사의 월 수익, B 회사의 월 수익).
※ A 회사가 T 제품을 홍보하고 B 회사가 S 제품을 홍보하였을 때, A 회사의 월 수익은 5억 원이고, B 회사의 월 손해는 2억 원이다.
※ 각 회사는 각 홍보 제품을 선택할 때 기대되는 수익이 가장 큰 방향으로 선택한다.

〈상반기 월별 매출 증감률〉

구분	1월	2월	3월	4월	5월	6월
A 회사	12%	5%	−17%	6%	15%	13%
B 회사	−4%	−11%	3%	7%	16%	20%

※ 매출 증가율이 15% 이상일 때 : 홍보효과 증가로 수익이 20% 증가, 손해가 20% 감소한다.
※ 매출 감소율이 10% 이상일 때 : 홍보효과 감소로 수익이 20% 감소, 손해가 20% 증가한다.

① 6.4억 원, −2.4억   ② 5.6억 원, −7.2억 원   ③ 3.2억 원, −6억 원

④ 4억 원, −6억 원   ⑤ 1.6억 원, −6억 원

12. 다음 자료에 관한 설명으로 옳은 것은 〈보기〉에서 모두 몇 개인가? (단, 모든 계산은 소수점 아래 둘째 자리에서 반올림한다)

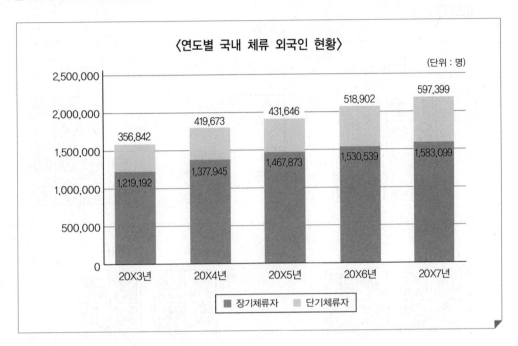

〈연도별 국내 체류 외국인 현황〉

(단위 : 명)

	20X3년	20X4년	20X5년	20X6년	20X7년
단기체류자	356,842	419,673	431,646	518,902	597,399
장기체류자	1,219,192	1,377,945	1,467,873	1,530,539	1,583,099

■ 장기체류자 ■ 단기체류자

| 보기 |

㉠ 20X3년 이후 국내에 체류하고 있는 외국인 수는 점점 증가하고 있다.

㉡ 단기체류자 대비 장기체류자 수의 배율은 20X4년보다 20X6년에 더 높았다.

㉢ 20X7년 장기체류자 수는 20X3년 장기체류자 수 대비 약 29.8% 증가했다.

㉣ 20X6년 장기체류자의 전년 대비 증가량은 20X5년 장기체류자의 전년 대비 증가량보다 많다.

① 0개　　　　　　② 1개　　　　　　③ 2개

④ 3개　　　　　　⑤ 4개

13. 그룹 내에서 도형들이 왼쪽에서 오른쪽, 위에서 아래로 이동할 때 서로 다른 일정한 변화 규칙이 적용된다. [그룹 1]과 [그룹 3]에서 그 규칙을 찾아 [그룹 2]의 A, B에 들어갈 알맞은 도형을 고르면?

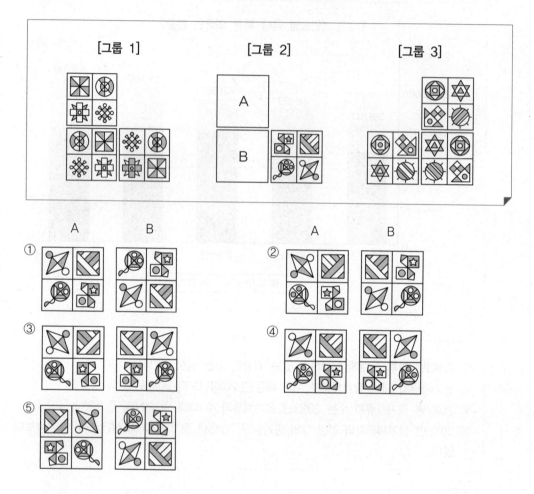

14. 1부터 9까지의 자연수가 적힌 9장의 카드가 있다. A는 2, 5, 9가 적힌 카드를, B는 1, 7, 8이 적힌 카드를, C는 3, 4, 6이 적힌 카드를 각각 가지고 있다. A, B, C 세 사람이 동시에 카드를 한 장씩 꺼낼 때, A가 뽑은 카드의 숫자가 가장 큰 수가 되는 경우의 수는?

① 8가지   ② 9가지   ③ 10가지

④ 11가지   ⑤ 12가지

15. 다음 글을 읽고 알 수 있는 내용을 〈보기〉에서 모두 고른 것은?

> 우리나라에서는 많은 사람들이 빙초산을 식초의 대용품으로 사용한다. 예를 들어 흔히 접하는 중국집 단무지나 치킨 무 등에 사용하는 것은 식초가 아닌 빙초산이다. 하지만 빙초산을 먹는 것은 식초를 먹는 것과 전혀 다르다. 빙초산은 순도 99%의 아세트산(CH_3COOH)으로, 빙초산과 양조식초에 함유된 아세트산의 화학식은 구조적으로 동일하지만 빙초산을 먹으면 아세트산만 섭취하게 되는 반면, 양조식초는 다양한 영양소를 포함하고 있다. 이것은 어떻게 보면 비타민 C와도 비슷하다. 합성비타민 C는 아스코르빈산($C_6H_8O_6$)으로 감자나 옥수수에 박테리아를 넣어 만들어진 석유화학물을 다시 전기화학적으로 분해해 만든다. 합성비타민 C를 먹는 것은 단지 아스코르빈산이라는 합성물질을 먹는 것이다. 반면 과일이나 채소를 통해 비타민 C를 먹으면 비타민 C와 함께 다양한 식물성 영양소가 섭취되는 것이다.
>
> 식초는 비타민, 무기질 등 각종 영양소의 체내흡수 촉진제 역할을 한다. 또한 체내 잉여영양소를 분해해 비만을 방지하고 콜레스테롤을 저하시켜 지방간을 막는 작용도 한다. 이 외에도 한방에서는 식초가 지혈작용, 혈액순환 촉진, 혈액 생성 및 빈혈 개선효과, 식욕증진, 정장작용을 하며, 갈증 해소에 도움이 된다고 말한다. 그러나 빙초산은 양조방식이 아닌 합성으로 만들다 보니 초산이 99% 이상 함유된 강산성액체라 원액을 직접 사용하는 것은 위험한 일이다. 식용빙초산도 초산 농도가 29%나 되어 산성이 꽤 높다.

| 보기 |

ㄱ. 양조식초에는 빙초산보다 많은 영양소가 포함되어 있다.
ㄴ. 과일을 통해 비타민 C를 섭취할 때, 합성비타민 C를 섭취하는 것보다 더 많은 영양소를 섭취할 수 있다.
ㄷ. 합성비타민 C의 비타민 C 농도가 30% 이상일 경우, 인체에 해로운 영향을 미친다.
ㄹ. 양조식초에는 아세트산(CH_3COOH)이 함유되어 있다.
ㅁ. 비타민 C는 혈액순환을 촉진하고 갈증을 없애 주는 역할을 한다.

① ㄱ, ㄴ, ㄷ   ② ㄱ, ㄴ, ㄹ   ③ ㄱ, ㄷ, ㅁ

④ ㄴ, ㄹ, ㅁ   ⑤ ㄷ, ㄹ, ㅁ

16. 다음 수열에서 일정한 규칙을 찾아 '?'에 들어갈 알맞은 숫자를 고르면?

| 1 | 2 | 2 | 4 | 8 | 12 | 96 | (?) |

① 108   ② 122   ③ 136   ④ 154   ⑤ 155

17. 외근을 다녀온 김 대리는 책상 위에 있는 업무 관련 메모 7개를 발견하였다. 메모가 전달된 순서대로 업무를 처리해야 한다고 할 때, 메모에 대한 설명으로 옳은 것은?

> • C 사원의 메모는 가장 먼저 전달되었다.
> • D 사원의 메모는 G 사원의 메모보다 먼저 전달되었다.
> • E 대리의 메모는 G 사원의 메모보다 늦게 전달되었다.
> • G 사원의 메모가 전달된 직후 B 과장의 메모가 전달되었다.
> • F 인턴의 메모는 D 사원의 메모보다 먼저 전달되었지만 A 대리의 메모보다 늦게 전달되었다.

① 김 대리는 F 인턴의 메모를 두 번째로 처리해야 한다.
② D 사원의 메모는 세 번째로 처리해야 한다.
③ B 과장 이후 김 대리에게 메모를 전달한 사람은 2명이다.
④ E 대리 다음으로 메모를 전달한 사람은 D 사원이다.
⑤ 김 대리가 가장 마지막으로 처리할 메모는 E 대리의 메모이다.

18. 다음 〈보기〉에서 왼쪽에 제시된 문자의 개수를 구하면?

| 勤 | ┤ 보기 ├
動 瞳 罿 重 觀 動 陞 動 觀 觀 重 瞳 陞 瞳 動
勤 重 觀 動 陞 動 觀 觀 瞳 陞 瞳 重 動 動 瞳
觀 瞳 觀 重 勤 動 陞 瞳 陞 重 重 勤 動 觀 瞳 |

① 3개   ② 4개   ③ 5개   ④ 6개   ⑤ 7개

19. 다음 중 '잡다'의 유의어에 해당하는 예문으로 적절하지 않은 것은?

유의어	예문
죽이다	㉠
쥐다	㉡
어림하다	㉢
진압하다	㉣
정하다	㉤

① ㉠ : 그는 개를 <u>잡아</u> 개장국을 끓였다.

② ㉡ : 그들은 멱살을 <u>잡고</u> 싸우고 있었다.

③ ㉢ : 내가 볼 때 수험 준비 기간을 세 달로 <u>잡은</u> 계획은 무리이다.

④ ㉣ : 산불이 난 지 하루 만에 겨우 불길을 <u>잡았다.</u>

⑤ ㉤ : 그녀가 무엇 때문에 찾아왔는지 나는 도무지 감을 <u>잡을</u> 수 없었다.

20. 고객 행사 참가자 수가 다음과 같을 때, 작년 행사에 참가한 여성 회원은 몇 명인가?

구분	작년	금년
남성 회원	a명	작년 대비 8% 증가
여성 회원	b명	작년 대비 10% 감소
전체 회원	820명	작년 대비 10명 감소

① 400명   ② 410명   ③ 420명

④ 430명   ⑤ 440명

21. 다음을 보고 그 규칙을 찾아 '?'에 들어갈 알맞은 도형을 고르면?

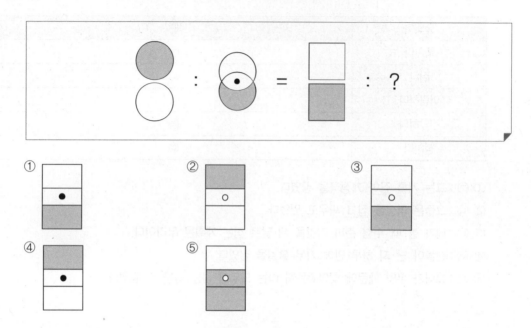

22. 25 ~ 29세와 30 ~ 34세 각각에서 2000 ~ 2020년의 고용률 변동 추이가 한국과 같은 나라를 바르게 짝지은 것은?

〈국가별 청년 고용률(2000 ~ 2020년)〉

(단위 : %)

구분	25 ~ 29세					30 ~ 34세				
	2000년	2005년	2010년	2015년	2020년	2000년	2005년	2010년	2015년	2020년
한국	86.3	88.2	74.7	70.0	69.3	95.4	91.2	89.8	87.5	90.0
프랑스	82.4	83.5	83.2	81.9	77.9	89.0	88.5	89.1	88.0	83.5
독일	79.2	81.1	74.2	78.7	80.6	88.4	89.3	84.8	87.1	88.5
이탈리아	71.1	69.4	72.7	66.8	58.6	86.5	86.3	86.6	82.6	76.3
일본	92.8	90.3	87.6	86.5	87.8	95.6	93.7	92.1	91.2	91.7
영국	83.0	87.6	86.4	83.4	84.9	86.2	89.7	89.0	86.6	89.4
미국	87.1	88.9	85.8	78.0	82.0	89.2	91.5	89.0	82.1	85.9
OECD	84.4	85.2	83.1	79.5	80.5	89.3	90.4	88.9	86.0	87.0

① 독일, 일본　　　　② 프랑스, 영국　　　　③ 프랑스, 일본

④ 미국, 이탈리아　　⑤ 일본, 영국

23. 다음 글의 빈칸에 들어갈 문장으로 가장 적절한 것은?

노예들이 저항의 깃발을 들고 일어설 때는 그들의 굴종과 인내가 한계에 이르렀을 때이다. 그러나 분노와 원한이 폭발하더라도 그것이 개인의 행위로 발생할 경우에는 개인적 복수극에 그치고 만다. 저항의 본질은 억압하는 자에 대한 분노와 원한이 확산되어 가치를 공유하게 되는 데 있다. 스파르타쿠스가 저항의 깃발을 들어 올렸을 때, 수십만 명의 노예와 농민들이 그 깃발 아래로 모여든 원동력은 바로 이러한 공통의 분노, 공통의 원한, 공통의 가치에 있었다.

프로메테우스의 신화에서도 저항의 본질을 엿볼 수 있다. 프로메테우스는 제우스가 인간에게 불을 보내 주지 않자, 인간의 고통에 공감하여 '하늘의 바퀴'에서 불을 훔쳐 지상으로 내려가 인간에게 주었다. 프로메테우스의 저항에 격노한 제우스는 인간과 프로메테우스에게 벌을 내렸다. 인간에게는 불행의 씨앗이 들어 있는 '판도라의 상자'를 보냈고 프로메테우스에게는 쇠줄로 코카서스 산 위에 묶인 채 독수리에게 간을 쪼아 먹히는 벌을 내린 것이다.

(   ) 그리스도교의 정신과 의식을 원용하여 권력의 신성화에 성공한 중세의 지배체제는 너무도 견고하여 농민들의 눈물과 원한이 저항의 형태로 폭발하지 못했다. 반면 산업사회의 시민이나 노동자들은 평균적이고 안락한 생활이 위협받을 때에만 '저항의 광장'으로 나가는 모험을 감행했다. 그들이 바라고 지키려던 것은 가족, 주택, 자동차, 휴가였다.

저항이 폭발하여 기존의 지배체제를 무너뜨리고 새로운 왕조나 국가를 세우고 나면 그 저항의 힘은 시들어 버린다. 원한에 사무친 민중들의 함성이야말로 저항의 원동력이기 때문이다. 저항의 형태를 취하고 있으면서도 권력 쟁탈을 목적으로 한 쿠데타와 같은 적대 행위는 그 본질에 있어서 지배와 피지배의 관계에서 발생하는 저항과는 다르다. 권력의 성채 속에서 벌어지는 음모, 암살, 배신은 이들 민중의 원한과 분노에서 비롯된 것이 아니기 때문이다.

① 시대의 흐름에 따라 저항은 여러 가지 모습으로 그 형태를 달리하였다.

② 저항에 나선 사람들이 느끼는 굴종과 인내의 한계는 시대와 그들이 처한 상황에 따라 다르게 나타난다.

③ 굴종과 인내의 한계는 시대가 변화함에 따라 달라졌고, 저항을 보는 사회적 시선도 그에 따라 변화됐다.

④ 사회와 시대가 발전되어 감에 따라 저항이 표출되는 행태 또한 예전과 달라졌지만 변함없이 우리 사회에 존재하여 왔다.

⑤ 지배계급을 향한 대규모 저항은 타인의 분노와 원한에 공감해야만 발생한다.

24. 다음 제시된 규칙에 따라 '?'에 들어갈 알맞은 것은?

A84GP → B73FO

29LM5 → 38KL4

368DVE → (?)

① 457CUD   ② 257CUD   ③ 457EUD   ④ 458DUD   ⑤ 557DOU

25. 〈상황〉과 〈에어컨 설치 예약현황〉에 나타난 고객들의 설치 방문 희망시간 및 요청사항을 고려할 때, K 기사의 방문 순서로 적절한 것은?

〈상황〉

• Q 기업에서 에어컨 설치를 담당하는 K 기사는 오늘 예약된 관할지역 고객 명단을 보며 방문 계획을 세우고 있다.

• 오늘 방문해야 할 고객은 A, B, C, D, E로 총 5명이다.

• 에어컨 설치 1건당 1시간 30분이 소요된다.

• K 기사는 오늘 설치해야 할 에어컨을 모두 싣고 물류센터에서 9시 10분에 출발하여 첫 번째 고객에게 방문할 예정이다.

• 물류센터에서 첫 번째 설치고객에게 방문하는 데 20분이 소요되고, 고객 간 이동 시간은 각 15분이 소요된다.

〈에어컨 설치 예약현황〉

고객	설치 방문 희망시간	요청사항
A	오후 1 ~ 5시 사이	오전 중에 방문시간 연락 주세요.
B	오후 3시 이후	
C	12시 이후	오후 4시 이전에 설치 완료해 주세요.
D	오전 9 ~ 11시 사이	
E	상관없음.	방문 1시간 전에 연락 주세요.

※ 단, 점심시간은 고려하지 않는다.

① D → E → C → B → A   ② D → E → A → C → B

③ D → E → C → A → B   ④ E → D → C → A → B

⑤ E → D → C → B → A

26. 다음은 B사의 컴퓨터 성능 개발 프로젝트에 투자된 예산 내역이다. 2024년 예산을 책정하기 위해 소비자 리포트를 분석한 결과를 반영한다고 할 때, 다음 중 적절하지 않은 의견은?

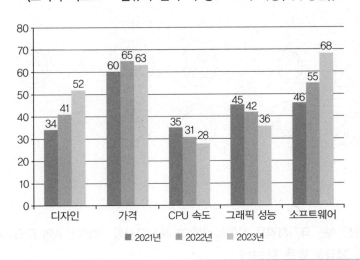

〈연도별, 부문별 투자금액〉

(단위 : 억 원)

구분	디자인	CPU 속도	그래픽 성능	소프트웨어	총액
2021년	1.36	1.05	1.08	1.53	5.02
2022년	1.22	1.32	0.97	2.05	5.56
2023년	1.23	1.45	0.95	2.35	5.98

〈소비자 리포트 – 컴퓨터 선택 시 중요 고려 사항(복수응답)〉

(단위 : %)

① 디자인과 소프트웨어에 대한 중요도가 증가하고 있으므로 이 부분에 대한 예산 배정을 더욱 늘려야 한다.

② CPU 속도에 대한 중요도는 감소하고 있으므로 예산 비율을 현재보다 감축하는 것이 필요하다.

③ 가격의 중요도는 높은 수준에서 유지되고 있으므로 보급형 중저가 브랜드를 개발할 필요가 있다.

④ 그래픽 성능에 대한 예산 추이는 중요도 변화 추세와 부합하지 않는다.

⑤ 소프트웨어에 대한 중요도가 가장 큰 폭으로 증가한 것으로 보아 투자를 더 늘려야 한다.

27. 다음은 두 개의 가로줄과 세 개의 세로줄이 각각 왼쪽에서 오른쪽, 위쪽에서 아래쪽 방향으로 서로 다른 일정한 규칙을 갖고 있다. A와 B에 들어갈 알맞은 도형을 바르게 짝지은 것은?

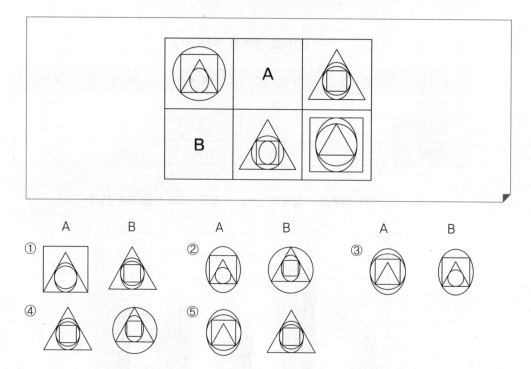

28. 취업준비생 A는 국가자격증 시험을 앞두고 모의고사를 보았다. A의 모의고사 점수가 다음과 같을 때, 94점을 받은 횟수는?

> • A는 모두 10번의 모의고사를 보았다.
> • 모의고사 점수는 89점이거나 94점이다.
> • 10번의 모의고사 평균은 91점이다.

① 3회   ② 4회   ③ 5회

④ 6회   ⑤ 7회

29. 자기낙태죄의 위헌성에 관한 의견 (가) ~ (마)를 동일한 입장끼리 바르게 묶은 것은?

(가) 태아는 인간으로 형성되어 가는 단계의 생명으로서 인간의 내재적 가치를 지니고 있다. 태아와 출생한 사람은 생명의 연속적인 발달과정 아래 놓여 있다고 볼 수 있으므로 인간의 존엄성의 정도나 생명 보호의 필요성과 관련하여 태아와 출생한 사람 사이에 근본적인 차이가 있다고 보기 어렵다.

(나) 자기결정권에는 여성이 그의 존엄한 인격권을 바탕으로 하여 자율적으로 자신의 생활영역을 형성해 나갈 수 있는 권리가 포함되고, 여기에는 임신한 여성이 자신의 신체를 임신 상태로 유지하여 출산할 것인지 여부에 대하여 결정할 수 있는 권리가 포함되어 있다.

(다) 임신·출산·육아는 여성의 삶에 근본적이고 결정적인 영향을 미칠 수 있는 중요한 문제이므로 임신한 여성이 임신을 유지 또는 종결할 것인지를 결정하는 것은 스스로 선택한 인생관·사회관을 바탕으로 자신이 처한 신체적·심리적·사회적·경제적 상황에 대한 깊은 고민을 한 결과를 반영하는 전인적(全人的) 결정이다.

(라) 자기낙태죄 조항으로 인하여 임신한 여성의 자기결정권이 어느 정도 제한되는 것은 사실이나 그 제한의 정도가 자기낙태죄 조항을 통하여 달성하려는 태아의 생명권 보호라는 중대한 공익에 비하여 결코 크다고 볼 수 없으므로 이는 법익균형성 원칙에도 반하지 아니한다.

(마) 낙태에 관한 상담이나 교육이 불가능하고 낙태에 대한 정확한 정보가 충분히 제공될 수 없을 뿐만 아니라 낙태 수술과정에서 의료사고나 후유증 등이 발생해도 법적 구제를 받기가 어려우며 비싼 수술비를 감당하여야 하므로 미성년자나 저소득층 여성들이 적절한 시기에 수술을 받기 쉽지 않다. 또한 자기낙태죄 조항은 헤어진 상대 남성의 복수나 괴롭힘의 수단, 가사·민사 분쟁의 압박수단 등으로 악용되기도 한다.

① (가), (나), (라) / (다), (마)
② (가), (라), (마) / (나), (다)
③ (가), (다) / (나), (라), (마)
④ (가), (마) / (나), (다), (라)
⑤ (가), (라) / (나), (다), (마)

30. 다음 수열에서 일정한 규칙을 찾아 '?'에 들어갈 알맞은 숫자를 고르면?

| | 2 | 10 | 7 | 35 | 32 | 160 | (?) |

① 40 ② 96 ③ 152

④ 157 ⑤ 172

31. 사원 12명이 출근하는 방법에 대한 다음 〈조건〉이 모두 참일 때, 〈보기〉 중 항상 참인 추론은?

| 조건 |

• 사원들은 각자 대중교통, 자가용, 도보 중 한 가지 방법으로 출근을 한다.
• 자가용으로 출근하는 사람은 1명 이상이다.
• 도보로 출근하는 사람이 자가용으로 출근하는 사람보다 많다.
• 대중교통을 이용하는 사람이 도보로 출근하는 사람보다 많다.

| 보기 |

A : 도보로 출근하는 사람이 2명이라면 자가용으로 출근하는 사람은 1명이다.
B : 자가용으로 출근하는 사람이 3명이라면 대중교통으로 출근하는 사람은 6명이다.
C : 대중교통으로 출근하는 사람이 6명이라면 자가용으로 출근하는 사람은 2명이다.

① A ② B ③ A, C

④ B, C ⑤ A, B, C

32. 다음 도형 조각을 한 번씩 모두 사용하여 만들 수 있는 형태는?

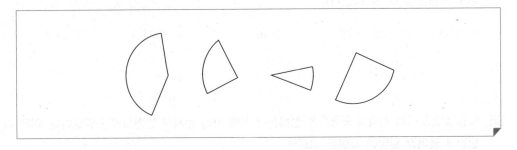

①    ② 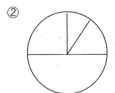   ③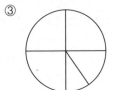

④    ⑤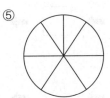

33. 다음 글의 '기업 : 이익 추구'의 관계와 가장 유사한 것은?

자본주의 경제 체제는 이익을 추구하려는 인간의 욕구를 최대한 보장해 주고 있다. 기업 또한 이익 추구라는 목적에서 탄생하여, 생산의 주체로서 자본주의 체제의 핵심적 역할을 수행하고 있다. 곧 이익은 기업가로 하여금 사업을 시작하도록 하는 동기가 된다.

① TV 방송 : 카메라   ② 시계 : 톱니바퀴   ③ 연주회 : 지휘자
④ 스포츠 : 규칙 준수   ⑤ 정당 : 정권 획득

34. 한 반의 학생들이 사탕을 2개씩 나누어 먹으면 8개가 남고, 3개씩 나누어 먹으면 15개가 부족할 경우 사탕은 모두 몇 개인가?

① 36개 ② 42개 ③ 48개 ④ 54개 ⑤ 60개

35. 다음 흐름도에서 각각의 도형들은 정해진 규칙에 따라 문자를 변환시키는 암호이다. 이에 따라 빈칸에 들어갈 알맞은 도형을 고르면?

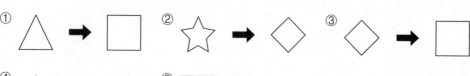

① ▲ ➡ ■   ② ★ ➡ ◆   ③ ◆ ➡ ■

④ ★ ➡ ▲   ⑤ ■ ➡ ★

36. 다음 도표를 분석한 〈보기〉의 내용 중 옳지 않은 것은?

〈초혼 부부의 연령차별 혼인 구성비〉

(단위 : %, %p)

구분		2016년	2018년	2020년	2022년	2023년	2023년 전년 대비 증감
계		100.0	100.0	100.0	100.0	100.0	–
남자 연상	소계	69.1	68.2	67.7	67.7	67.2	-0.5
	1 ~ 2세	26.1	26.3	26.2	25.5	25.3	-0.2
	3 ~ 5세	27.3	27.2	27.1	27.0	26.6	-0.4
	6 ~ 9세	10.1	10.1	10.5	11.0	10.8	-0.2
동갑		16.0	16.2	16.1	15.9	15.9	0.0
여자 연상	소계	14.9	15.6	16.2	16.4	16.9	0.5
	1 ~ 2세	10.8	11.3	11.5	11.6	11.7	0.1
	3 ~ 5세	3.2	3.4	3.7	3.9	4.0	0.1
	6 ~ 9세	0.7	0.7	0.8	0.9	1.0	0.1

※ 연령차 미상 포함, 10세 이상 자료 합계에 미포함.

| 보기 |

2023년 ㉠초혼 부부 중 남자 연상 부부는 67.2%, 여자 연상 부부는 16.9%, 동갑 부부는 15.9%를 차지하였다. 이 중 남자 연상 부부 비중은 전년보다 0.5%p 감소한 반면, ㉡여자 연상 부부 비중은 전년보다 0.5%p 증가하였으며, ㉢동갑 부부 비중은 15.9%로 전년과 동일하게 나타났다.

2023년 연령차별 혼인 비중은 남자 3 ~ 5세 연상(26.6%)이 가장 많고, 남자 1 ~ 2세 연상(25.3%), 동갑(15.9%), 여자 1 ~ 2세 연상(11.7%) 순으로 높게 나타났다.

연령차별 혼인 구성비는 ㉣여자 연상 부부가 지속적으로 감소 없이 상승을 이어가는 추세를 보이고 있으며, 이 중 ㉤2016년 대비 2023년의 구성비 증가폭이 가장 큰 연령차는 3 ~ 5세로 나타났다.

① ㉠   ② ㉡   ③ ㉢
④ ㉣   ⑤ ㉤

37. 다음 글의 내용과 일치하지 않는 것은?

니체(F. Nietzsche)에게 있어 행복은 탁월성을 강조한다는 점에서는 소크라테스, 플라톤, 아리스토텔레스와 같은 고대 철학자들의 행복론과 맥락을 같이 하지만, 고통을 긍정하고 사회적 규범이나 윤리와 분리된 행복관을 제시한다는 점에서 주지주의적 관점과는 크게 동떨어져 있기도 하다.

니체는 행복한 삶을 '창조적인 삶'으로 간주한다. 니체가 말하는 행복한 삶이자 '창조적인 삶'이란 일련의 '창조적 활동'들을 주된 구성 요소로 삼는 삶이다. 다시 말해 그것은 독창적이고도 새로운 것, 예를 들어 예술작품, 철학적 거대 담론, 과학적 패러다임, 사회 제도 등을 적극적으로 만들어 나가는 것이다. 그런데 이러한 삶을 위해서는 인간이 탁월성을 갖추어야 한다. 이때의 탁월성은 지적인 것뿐만 아니라, 생명력과 풍부한 욕구와 정서, 용기, 고독 등과 같은 감성적인 것들도 포함된다.

한편 니체에게 있어 행복한 삶의 요체는 고통이 수반된다는 것이다. 니체는 행복을 고통과 분리할 수 없다고 본다. 다시 말해서 고통은 즐거움을 경험하는 데 있어 불가피한 것이며, 고통 속에서 창조적 과제의 추구 활동, 앎을 위한 노력과 수행 등과 같은 행복의 필요조건들이 생성되는 것이다. 흔히들 고통이 인간을 강하게 만든다고 하는데, 니체 역시도 고통을 극복하는 과정에서 창조적인 삶이 시작된다고 보아 고통을 행복으로 가기 위해 거쳐야 할 하나의 관문으로 인식한 것이다. 더 나아가 니체는 창조적인 삶을 살아가는 과정에는 고통이 따르게 되는데, 이를 극복하기 위해서는 현재의 삶을 긍정하는 태도가 필요하다고 본다. 그런데 이때의 긍정은 디오니소스적(Dionysus)인 긍정이다. 즉, 사회적 규범이나 도덕적 잣대에 따라 자신의 삶을 판단하고 평가하는 방식이 아닌, 자신의 기준에 따라 자신의 전체 삶을 있는 그대로 포용하는 태도가 필요하다는 것이다. 또한 자신의 과거의 삶, 특히 고통스러운 삶의 부분을 잊어버리는 것이 필요하다고 본다. 과거의 기억 속에서 침울하게 있는 것이 아니라 유쾌한 마음으로 '창조적인 일'에 도전하기 위해 반드시 필요한 것이 '망각'이라는 것이다. 이런 점에서 니체의 망각은 '능동적인 망각'이기도 하다.

① 주지주의적 관점에서의 행복은 사회적 규범이나 윤리와 결부된 것이다.

② 니체는 탁월성에 기반한 창조적인 활동이야말로 행복한 삶을 영위하는 것이라고 생각한다.

③ 니체는 고통 자체가 행복의 일부분이며 고통을 즐기는 것이 진정한 행복이라고 생각한다.

④ 니체에 의하면 현재의 삶을 긍정하는 기준은 사회적, 도덕적 잣대가 아닌 자신의 기준에 의한 긍정이어야 한다.

⑤ 니체는 고통 극복의 방법 중 하나로 '망각'을 제시한다.

38. 다음 제시된 규칙에 따라 '?'에 들어갈 알맞은 것은?

> 23ㅂㅇㄴ → 56ㅈㅋㅁ
> 51ㄴㅇㄹ → 84ㅁㅋㅅ
> 26ㄱㅅㄷ → (?)

① 89ㅈㄴㄹ   ② 98ㄴㄷㅎ   ③ 59ㄹㅊㅂ

④ 59ㄹㅊㄱ   ⑤ 1210ㄹㅊㅂ

39. K 사원은 워크숍에 필요한 직원 50명의 단체복을 주문하기 위하여 제품별 가격표를 검토하고 있다. 품목 및 업체선정 우선순위와 직원선호도, 그리고 제품 가격을 고려하여 최종 선정할 때, K 사원이 선정한 업체와 품목은?

〈제품별 가격표〉

품목	직원 선호도 순위	A 업체	B 업체
라운드넥 티셔츠	3	12,000원	13,000원
칼라넥 티셔츠	2	14,000원	17,500원
집업 점퍼	1	22,000원	20,000원
플리스 점퍼	4	25,000원	22,000원

※ B 업체의 경우 상품과 관계없이 30개 이상 구매 시 전체 금액의 10%가 할인된다.

〈품목 및 업체선정 우선순위〉

• 직원 선호도를 최우선으로 선정하나, 다음 순위 선호도 품목의 총금액이 우선 품목 대비 20% 이상 저렴한 경우 다음 순위 품목을 선정한다.

• 동일한 품목에서 총구매금액이 더 저렴한 업체를 선정한다.

① A 업체-라운드넥 티셔츠   ② A 업체-칼라넥 티셔츠

③ A 업체-집업 점퍼   ④ B 업체-라운드넥 티셔츠

⑤ B 업체-플리스 점퍼

40. 다음 대륙별 장래의 인구 전망을 나타내는 자료에 대한 설명으로 옳은 것을 〈보기〉에서 모두 고르면?

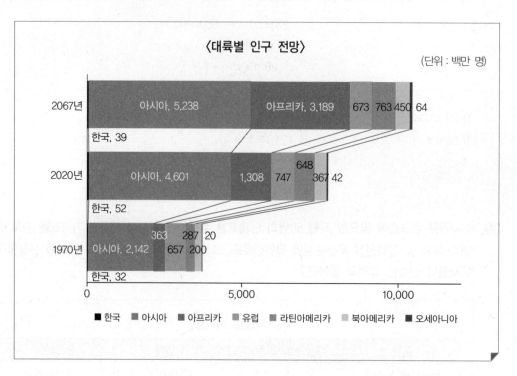

〈대륙별 인구 전망〉

(단위 : 백만 명)

| 보기 |

(가) 아시아 인구 중 한국의 인구가 차지하는 비중은 1970년보다 2020년이 더 낮다.

(나) 세계 인구 중 아프리카의 인구가 차지하는 비중은 2020년보다 2067년이 더 높다.

(다) 1970년 대비 2067년의 인구 증가율은 북아메리카가 오세아니아보다 더 크다.

(라) 2067년에는 2020년 대비 모든 대륙의 인구 증가가 세계 인구 증가의 원인이 된다.

① (가), (나)　　　　　② (가), (라)　　　　　③ (나), (다)

④ (나), (라)　　　　　⑤ (다), (라)

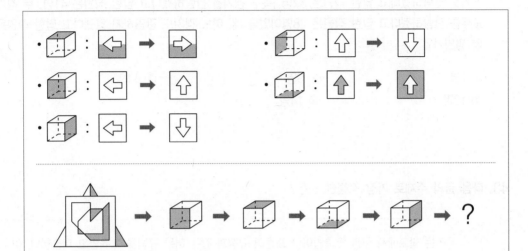

41. 다음 규칙에 따라 '?'에 들어갈 알맞은 것을 고르면?

①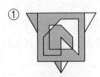

②

③

④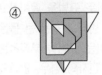

⑤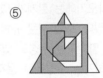

42. ○○사는 56명의 직원을 대상으로 관람을 희망하는 경기종목에 대한 설문조사를 실시했다. 농구 경기를 관람하겠다고 답한 직원은 32명, 축구 경기를 관람하겠다고 답한 직원은 41명, 두 경기 모두를 관람하겠다고 답한 직원은 28명이었을 때, 어느 경기도 관람하지 않겠다고 답한 직원은 몇 명인가?

① 7명   ② 9명   ③ 11명
④ 13명   ⑤ 14명

43. 다음 글의 주제로 가장 적절한 것은?

> 우리는 학교에서 한글 맞춤법이나 표준어 규정과 같은 어문 규범을 교육받고 학습한다. 어문 규범은 언중들의 원활한 의사소통을 위해 만들어진 공통된 기준이며 사회적으로 정한 약속이기 때문이다. 그러나 문제는 급변하는 환경에 따라 변화하는 언어 현실에서 언중들이 이와 같은 어문 규범을 철저하게 지키며 언어생활을 하기란 쉽지 않다는 것이다. 그래서 이러한 언어 현실과 어문 규범의 괴리를 줄이고자 하는 여러 주장과 노력이 우리 사회에 나타나고 있다.
>
> 최근 어문 규범이 언어 현실을 따라오기에는 한계가 있기 때문에 어문 규범을 폐지하고 아예 언중의 자율에 맡기자는 주장이 있다. 또한 어문 규범의 총칙이나 원칙과 같은 큰 틀은 유지하되, 세부적인 항목 등은 사전에 맡기자는 주장도 있다. 그러나 어문 규범을 부정하는 주장이나 사전으로 어문 규범을 대신하자는 주장에는 문제점이 있다. 전자의 경우, 언어의 생성이나 변화가 언중 각각의 자율에 의해 이루어져 오히려 의사소통의 불편함을 야기할 수 있다. 후자는 우리나라의 사전 편찬 역사가 짧기 때문에 어문 규범의 모든 역할을 사전이 담당하기에는 무리가 있으며 언어 현실의 다양한 변화를 사전에 전부 반영하기 어렵다는 문제점이 있다.

① 의사소통의 편리함을 위해서는 어문 규범을 철저히 지켜야 한다.
② 언어 현실과 어문 규범의 괴리를 해소하기 위한 방법을 모색하는 노력이 나타나고 있다.
③ 빠르게 변하는 현실 속에서 어문 규범은 제 기능을 발휘하지 못하므로 폐지해야 한다.
④ 언어의 변화와 생성은 사람들의 의사소통을 혼란스럽게 할 수 있기 때문에 최대한 자제해야 한다.
⑤ 어문 규범과 언어 현실의 괴리를 없애기 위해서는 언중의 자율과 사전의 역할 확대가 복합적으로 진행되어야 한다.

44. 다음 수열에서 일정한 규칙을 찾아 '?'에 들어갈 알맞은 숫자를 고르면?

$$\frac{1}{2} \quad 1 \quad \frac{5}{4} \quad \frac{7}{5} \quad \frac{3}{2} \quad (\ ? \ )$$

① $\dfrac{9}{4}$ ② $\dfrac{13}{6}$ ③ $\dfrac{11}{7}$

④ $\dfrac{15}{9}$ ⑤ $\dfrac{13}{10}$

45. 동준, 민우, 은영, 희수는 학교에서 국어, 영어 시험을 보았는데, 다음과 같은 〈결과〉가 나왔다. 국어 점수가 높은 사람부터 순서대로 나열한 것은?

| 결과 |

- 국어, 영어 점수 모두 각각 네 사람의 점수가 10점 간격을 두고 있다.
- 국어와 영어의 평균 점수에서 동점자는 없다.
- 희수는 은영이보다 영어 점수가 20점 더 낮다.
- 희수는 동준이보다 영어 점수가 10점 더 높다.
- 은영이는 민우보다 두 과목의 평균이 낮다.
- 동준이는 두 과목의 평균이 가장 낮다.
- 희수는 은영이보다 두 과목의 평균이 낮다.

① 민우 > 동준 > 은영 > 희수   ② 희수 > 은영 > 민우 > 동준

③ 민우 > 희수 > 은영 > 동준   ④ 은영 > 민우 > 희수 > 동준

⑤ 희수 > 민우 > 동준 > 은영

46. 다음 글에서 알파벳 'a'는 몇 번 나타나는가?

> I have always wondered at the passion many people have to meet the celebrated. The prestige you acquire by being able to tell your friends that you know famous men proves only that you are yourself of small account. The celebrated develop a technique to deal with the persons they come across. They show the world a mask, often an impressive one, but take care to conceal their real selves. They play the part that is expected from them, and with practice learn to play it very well, but you are stupid if you think this public performance of theirs corresponds with the man within.

① 36번 ② 37번 ③ 38번
④ 39번 ⑤ 40번

47. 다음을 읽고 ㉠과 ㉡의 관계와 같지 않은 것을 고르면?

> 구도의 필요에 따라 좌우와 상하의 거리 조정, 허와 실의 보완, ㉠ 성김과 ㉡ 빽빽함의 변화 표현 등이 자유로워졌다.

① 곱다 : 거칠다 ② 무르다 : 야무지다
③ 넉넉하다 : 푼푼하다 ④ 느슨하다 : 팽팽하다
⑤ 가지런하다 : 들쭉날쭉하다

48. 농도가 각각 16%, 26%인 설탕물 A, B가 100g씩 있다. A에서 25g을 덜어내어 B에 넣고 잘 섞은 후에 다시 B에서 25g을 덜어내어 A에 넣은 후에 섞으면 설탕물 A의 농도는 몇 %인가?

① 12% ② 16% ③ 18%
④ 20% ⑤ 22%

49. 다음은 각 기호의 규칙에 의한 도형의 변화를 나타낸 것이다. '?'에 들어갈 알맞은 것을 고르면?

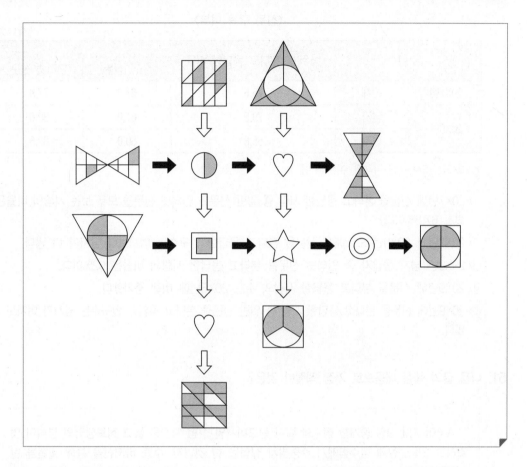

①

②

③

④

⑤

50. 다음 자료에 대한 설명으로 옳은 것은?

〈신문 구독 여부〉

(단위 : %)

구분		신문을 본다고 응답한 비율	일반 신문	인터넷 신문
20X7년	전체	75.6	67.8	77.9
20X9년	남자	79.5	61.9	80.6
	여자	65.8	50.0	82.5

※ 20X9년 조사 대상 남녀의 수는 동일함.

① 20X7년에 신문을 본다고 응답한 사람 중 일반 신문과 인터넷 신문을 모두 보는 사람의 비율은 최소 67.8%이다.

② 20X7년과 20X9년 모두에서 신문을 본다고 응답한 인구수는 여자보다 남자가 더 많다.

③ 20X9년 남자 응답자 중 인터넷 신문을 본다고 응답한 사람의 비율은 62%이다.

④ 20X9년에 신문을 본다고 응답한 사람의 수는 20X5년에 비해 증가했다.

⑤ 20X9년에 신문을 본다고 응답한 사람 중 일반 신문을 본다고 응답한 인구수는 남자가 여자보다 많다.

51. 다음 글의 핵심 내용으로 가장 적절한 것은?

A국이 지난 9일 공개한 잠수함 발사 탄도미사일 실험 사진을 놓고 정보당국의 분석이 엇갈리고 있다. 실제 잠수함에서 수중발사 실험을 한 것인지, 수중 바지선을 통해 실험을 한 것인지에 대한 논란이다. 이와 같이 정보가 핵심인 오늘날 군사 분야에선 사진과 같은 증거를 놓고 상대의 전력을 분석하고 평가하는 능력이 매우 중요해졌다.

독일 바우하우스 예술 종합학교의 교수로 지내며 현대 사진예술에 큰 영향을 끼친 헝가리 출신의 라슬로 모호이너지(Laszlo Moholy-Nagy)는 일찍이 1930년대에 "미래엔 글을 모르는 사람이 아니라 사진을 못 읽는 자가 문맹이 될 것"이라고 예견한 바 있다. 일상에서 지배적이면서 의존성이 높은 기술은 그 활용능력을 보유했는가의 여부가 커다란 격차로 이어진다. 과거에 글을 읽고 쓸 줄 아는 능력이 핵심적이었다면 현대 정보화 시대의 핵심은 이미지가 지배하는 디지털 콘텐츠에 대한 이해와 활용능력이다.

① 현대 정보화 시대에는 글을 읽고 쓸 줄 아는 능력이 핵심이다.

② 디지털로 제작된 문서의 활용능력보다는 글 읽기 능력이 더 중요하다.

③ 이미지의 문해력은 과거에도 텍스트에 대한 문해력과 더불어 중요했다.

④ 정보화 시대의 문해력은 텍스트를 이해하고 적용하는 능력이다.

⑤ 정보화 시대의 디지털 콘텐츠는 텍스트와 함께 이미지도 이해해야 한다.

52. 다음 제시된 규칙에 따라 '?'에 들어갈 알맞은 것은?

ㄱㅇㅈ487 → ㄴㅇㅈ376
ㄴㅁㄷ529 → ㄷㅁㄷ418
ㅈㅅㅍ382 → (?)

① ㄱㅅㄴ384 ② ㅊㅅㅎ270 ③ ㅊㅅㅍ271
④ ㅈㅅㅍ271 ⑤ ㅎㅅㅍ383

53. 가인, 나은, 다훈, 라온, 마준은 A ~ F 위원회의 위원으로 회의 때마다 반드시 참석해야 한다. 아래 표는 5명의 위원회 소속여부를 나타낸 것이며, 이번 포럼에서는 위원회별로 회의를 1시간 씩 진행할 계획이다. 위원들이 모두 참석할 수 있도록 시간표를 짜려고 할 때, 모든 회의가 진행되는 데 필요한 최소의 시간은? (단, 휴식 시간은 없다)

구분	가인	나은	다훈	라온	마준
A	○		○	○	
B	○	○			
C			○		○
D		○		○	○
E	○				
F		○			○

○ : 위원회 위원임을 표시

① 2시간 ② 3시간 ③ 4시간
④ 5시간 ⑤ 6시간

54. 다음 자료에 대한 설명으로 옳은 것을 〈보기〉에서 모두 고르면?

〈인천공항 운항 및 여객 실적〉

구분		2022년 5월	2023년 5월
운항(회)	국내	17,249	17,101
	국제	37,013	41,157
	계	54,262	58,258
여객(명)	국내	2,917,642	2,895,935
	국제	5,820,323	6,855,029
	계	8,737,965	9,750,964

〈인천공항 국제선 지역별 여객 점유율〉

2022년 5월

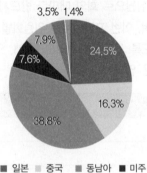

2023년 5월

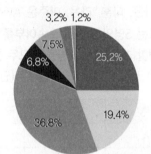

| 보기 |

(가) 인천공항 2023년 5월의 동남아 여객 수는 전년 동월보다 증가하였다.

(나) 인천공항의 국내선과 국제선의 합계 운항 횟수는 2023년 5월에 전년 동월 대비 10%에
못 미치는 증가율을 보인다.

(다) 인천공항 2023년 5월의 국제선 여객 점유율이 전년 동월보다 더 높아진 지역은 기타를
제외하고 3개 지역이다.

(라) 인천공항 2022년 5월과 2023년 5월의 기타 지역 국제선 여객 수 합계는 15만 명 이하
이다.

① (가), (나)   ② (나), (다)   ③ (다), (라)

④ (가), (나), (다)   ⑤ (나), (다), (라)

55. 다음 도형의 변화 규칙을 찾아 '?'에 들어갈 도형을 고르면?

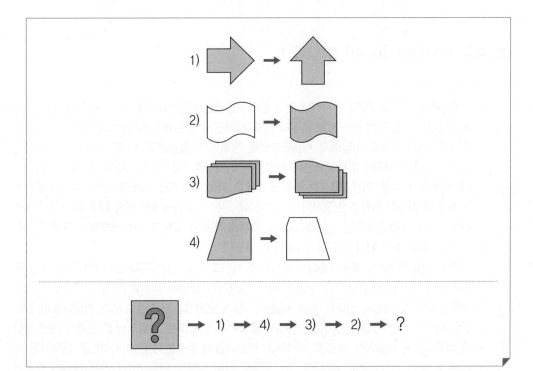

①

②

③

④

⑤

01. 다음 글의 내용과 일치하지 않는 것은?

플라톤은 본질과 외관, 가시적인 것과 감각적인 것, 이데아와 그림자, 원본과 복사본, 모델과 시뮬라크르를 구분하는 것을 분명히 하였다. 프랑스의 철학자 질 들뢰즈(1925 ~ 1995)는 플라톤과는 정반대의 입장에서 시뮬라크르를 옹호한다. 플라톤과 들뢰즈의 가장 큰 차이는 이데아에 대한 입장에서 비롯되는데 플라톤은 이데아를 가장 참된 것으로 간주하고 현실은 이데아의 복제이며, 시뮬라크르는 복제의 복제로 가장 가치 없는 것으로 본다. 그러나 들뢰즈는 애초에 이데아 자체를 인정하지 않기 때문에 원본과 시뮬라크르 간의 대조 자체가 그에겐 무의미하다. 시뮬라크르는 시뮬라크르 그 자체로 가치가 있으며 시뮬라크르는 어떤 절대적 기준에 의해 그 가치가 평가될 수 없다고 말한다.

이후 시뮬라크르는 예술작품에서 인상파의 기법과 어우러져 구현되었다. 전통적인 미술은 미메시스, 즉 재현개념에 기반하였다. 화가가 자기가 그리는 대상을 얼마나 그대로 화폭에 재현했는지, 그 대상을 얼마나 원래 사물에 가깝게 모방했는지가 중요했다. 현대미술의 출발점은 바로 이 재현개념을 파기하는 것에서 출발한다. 인상파는 '리얼리티'를 실재가 아닌 현실로 바꿈으로써 미술사에 혁명을 가져왔다. 인상파들이 추구한 것은 가시적으로 생생하게 보이는 현상 그 자체였으며 여기에도 재현개념은 남아 있으나 단지 재현하려는 차원이 달라지는 것이다.

같음과 다름만이 존재하는 상사성의 관계는 앤디 워홀의 작품에서 잘 드러난다. 앤디 워홀의 마릴린 먼로 시리즈는 실제 모델을 모사한 사본이 아니라 애초부터 복제품을 조금씩 다르게 반복한 시뮬라크르다. 여기에는 수직적 유사성이 아니라 각 사물들 사이의 수평적인 동일성과 차이가 있을 뿐이다.

① 현대미술에서 시뮬라크르는 원본과의 비교를 통하여 진정한 예술적 의미가 발휘된다.
② 플라톤과 들뢰즈는 시뮬라크르의 가치를 인정하느냐에 대한 인식의 차이를 보였다.
③ 앤디 워홀의 작품은 '반복'에 의한 시뮬라크르의 구현이다.
④ 인상파는 현실의 모방이 아닌 가시적으로 생생한 현상 그 자체를 추구하였다.
⑤ 들뢰즈는 시뮬라크르가 원본에 의해 탄생된 복제물이라고 평가하지 않았다.

02. 다음 수열에서 일정한 규칙을 찾아 '?'에 들어갈 알맞은 숫자를 고르면?

| | 1 2 4 7 13 17 40 (?) 121 |

① 37　　　　　　　　② 42　　　　　　　　③ 84

④ 115　　　　　　　⑤ 121

03. 다음은 어느 사무실의 자리 배치도이다. A ~ I 총 9명의 직원이 있을 때, 〈조건〉을 바탕으로 한 판단으로 옳은 것은?

앞					
창가	1	2	3	4	복도
	5	6	7	8	
	9	10	11	12	
뒤					

| 조건 |

• 4명이 모두 앉아 있는 행은 없다.
• 창가로부터 3번째 칸에는 모두 사람이 있다.
• C, F, G와 I, A, E는 이 순서대로 각각 연이은 번호에 자리한다.
• C의 바로 뒷자리는 비어있고, 그다음 뒷자리에는 A가 있다.
• D와 I는 모두 창가 바로 옆자리이다.
• H의 앞뒤 중 한 곳에만 사람이 있다.

① D의 앞자리에 I가 있다.
② 12번 자리는 비어있다.
③ G와 H는 연이은 번호에 자리한다.
④ 5번 자리는 비어있다.
⑤ 창가로부터 3번째 칸에 앉은 사람은 B, D, I이다.

04. 다음 〈보기〉에서 찾을 수 없는 숫자는?

| 보기 |

615 751 349 316 805 673 832 572 948 241 152 520
486 348 289 506 317 980 523 148 232 677 973 126
239 416 796 852 592 975 182 394 162 288 574 349

① 162   ② 289   ③ 346
④ 572   ⑤ 973

05. 다음 두 단어 쌍이 같은 관계가 되도록 빈칸에 알맞은 단어를 고르면?

시력 : 안경＝청력 : (　　)

① 돋보기   ② 보청기   ③ 이비인후과
④ 헤드폰   ⑤ 후각

06. A 상자에 진짜 보석 4개와 가짜 보석 5개가 들어 있고, B 상자에 진짜 보석 3개와 가짜 보석 5개가 들어 있다. A 상자에서 한 개를 꺼내서 보지 않고 B 상자에 넣은 뒤 B 상자에서 다시 한 개를 꺼낼 때 두 번 다 진짜 보석이 나올 확률은?

① $\dfrac{8}{81}$ ② $\dfrac{15}{81}$ ③ $\dfrac{16}{81}$
④ $\dfrac{32}{81}$ ⑤ $\dfrac{38}{81}$

07. 다음 도형들의 규칙에 따라 '?'에 들어갈 도형으로 알맞은 것은?

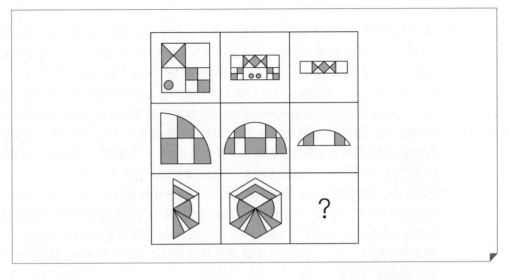

①    ②    ③

④ 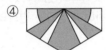   ⑤

08. 다음 연령대별 구직급여 신청자 수에 대한 분석으로 옳은 것은?

(단위 : 명)

구분	20대 이하	30대	40대	50대	60대 이상	전체
20X1년 2/4분기	38,597	51,589	47,181	48,787	32,513	218,667
20X1년 3/4분기	37,549	49,613	47,005	49,770	35,423	219,360

① 20X1년 3/4분기의 구직급여 신청자 수가 전 분기에 비해 줄어들었다.

② 20X1년 2/4분기 신청자 중 30대의 수가 많은 것은 이직 때문이다.

③ 연령대별 20X1년 3/4분기의 전 분기 대비 구직급여 신청 증가 비율을 비교해볼 때 60대 이상에서 가장 높게 나타났다.

④ 20X1년 3/4분기에 20대 이하, 30대는 전 분기에 비하여 신청자 수가 조금씩 늘었다.

⑤ 20X1년 3/4분기에 유일하게 전 분기 대비 신청자 수가 증가한 연령대는 60대 이상이다.

09. 다음 (가) ~ (라)를 문맥에 맞게 순서대로 배열한 것은?

(가) 4차 산업혁명이 도래하면 실시간 자동생산, 유연한 생산 체계 등이 가능해지며 초저비용, 초고효율의 새로운 경제, 새로운 산업이 열리게 되리라 전망하고 있다. 또한 소득 증가와 노동 시간 단축 등을 통해 삶의 질이 향상되는 긍정적인 효과를 기대할 수 있다.

(나) 이미 사회 곳곳에 그 여파가 드러나고 있다. 상당히 많은 수의 일자리가 사라졌으며 실업자 수는 계속 증가하고 있다. 국제노동기구(ILO)에 따르면 지난해 전 세계 실업자 수는 1억 9,710만 명이었고 올해 말에는 2억 50만 명으로 증가할 것으로 전망했다. 앞으로 전 산업군과 직종에서 일자리가 점차 사라질 것이며 4차 산업혁명이 본격화되는 시점에는 전체 일자리의 80 ~ 90%가 없어질 것으로 예상되고 있다.

(다) 하지만 4차 산업혁명이 노동 시장에 줄 수 있는 악영향 또한 지적되고 있다. 이전 산업혁명에서 기계가 인간의 노동력을 대체함으로써 엄청난 수의 실업자가 발생했던 것처럼 일자리가 사라져 노동 시장의 붕괴를 가져올 수 있다. 또한 향후 노동 시장은 '고기술/고임금'과 '저기술/저임금' 간의 격차가 더욱 커질 뿐만 아니라 일자리 양분으로 중산층의 지위가 축소될 가능성이 크다.

(라) 이에 전 세계 각국의 정부가 4차 산업혁명 대응 전략을 적극 추진하고 있다. 세계경제포럼 창립자이자 집행 위원장인 클라우스 슈밥(Klaus Schwab)은 지금부터 10년 후까지 4차 산업혁명에 대비하지 못하는 국가와 기업은 위기를 맞게 될 것이라고 경고하였다. 하지만 4차 산업혁명에는 긍정적 영향력과 부정적 영향력이 공존하며 예상되는 변화의 정도가 크기 때문에 손익 계산이 쉽지 않다.

① (나)-(가)-(다)-(라)   ② (가)-(라)-(나)-(다)   ③ (가)-(다)-(나)-(라)

④ (라)-(가)-(다)-(나)   ⑤ (다)-(나)-(가)-(라)

10. 다음 문자들에서 일정한 규칙을 찾아 '?'에 들어갈 알맞은 문자를 고르면?

| ㄱ ㄴ ㅁ ㅂ ㅈ ㅊ (?) |

① ㅋ   ② ㅌ   ③ ㅍ

④ ㅎ   ⑤ ㄲ

11. 직원 P는 시제품을 모든 가맹점과 물류창고에 지급하기 위해 오전 9시에 본사에서 출발하여 모든 가맹점과 물류창고에 방문하고 다시 본사로 복귀하려 한다. 다음 중 직원 P가 가장 빠르게 본사에 도착하는 시각은? (단, 이동 외의 소요시간은 고려하지 않는다)

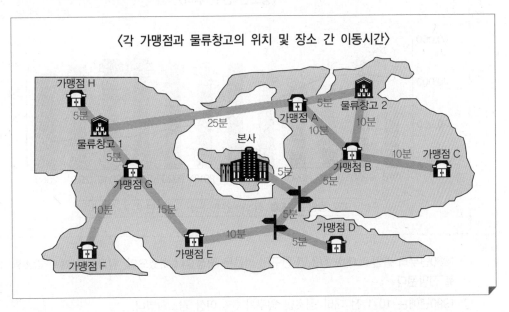

〈각 가맹점과 물류창고의 위치 및 장소 간 이동시간〉

① 11시 15분   ② 11시 30분   ③ 11시 45분

④ 12시 00분   ⑤ 12시 15분

12. 다음은 청소년 인구 추이에 관한 그래프이다. 자료에 대한 이해로 적절하지 않은 것은?

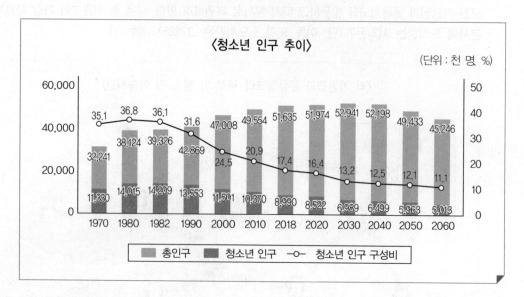

〈청소년 인구 추이〉

(단위 : 천 명, %)

① 1980년부터 총인구 대비 청소년 인구의 비율은 점점 감소하였으며, 앞으로도 계속 감소할 것으로 전망된다.

② 1990년에는 10년 전 대비 청소년 인구가 3% 이상 감소하였다.

③ 2020년에는 10년 전 대비 총인구가 10% 이상 증가하였다.

④ 10년 전 대비 청소년 인구의 감소율은 2000년이 2010년보다 더 크다.

⑤ 청소년 인구수가 가장 많았던 해는 1982년이다.

13. 다음 도형 조각을 한 번씩 모두 사용하여 만들 수 없는 형태는?

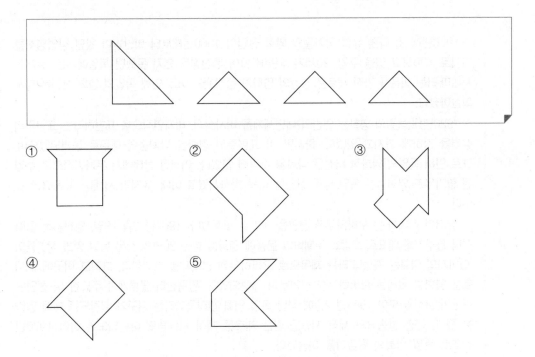

14. A사의 직원 수와 급여지출액이 다음과 같을 때, 셋째 해의 총 급여지출액은 첫 해의 몇 %에 해당하는가?

- 첫 해의 A사 직원의 급여액은 모두 200만 원으로 동일하다.
- 둘째 해에는 3명의 직원을 더 채용한 대신 전 직원에게 첫 해보다 30만 원 삭감된 급여가 지급되었다.
- 셋째 해의 직원 수는 첫 해보다 5명이 적은 대신 전 직원의 인당 급여액은 첫 해와 동일하다.
- 둘째 해의 총 급여지출액은 첫 해의 95.2%에 해당한다.

① 80%   ② 82%   ③ 84%

④ 86%   ⑤ 88%

15. 다음 글의 제목으로 적절한 것은?

1970년대 초 다른 유럽 국가들의 영화 산업이 1960년대부터 비난받아 왔던 상업영화를 계기로 후퇴하고 있을 무렵, 20세기 후반에 들어 후진성을 면치 못했던 독일에서는 '뉴저먼 시네마'라는 이름을 가진 새로운 경향의 영화가 등장했고 이로 인해 독일의 영화 산업은 다시 되살아났다.

1920년대 독일의 영화는 인간의 내면세계를 비사실적, 비자연적으로 표현하려는 표현주의 성격을 강하게 가지고 있었다. 하지만 이 표현주의 경향은 나치즘의 대두로 붕괴되었으며, 그로 인해 독일의 영화적 터전은 약화될 수밖에 없었다. 이러한 상태에서 무차별적으로 수입된 할리우드 영화들은 독일 영화 산업을 더욱 약화시켰고 이때 '뉴저먼 시네마'가 등장한 것이다.

'뉴저먼 시네마'는 오버하우젠 선언을 계기로 펼쳐졌다. 1962년 2월 28일, 영화감독 알렉산더 클루게를 대표로 프랑스 누벨바그 운동에 영향을 받은 26명의 젊은 독일 영화 작가들이 '아버지의 영화는 죽었다'라는 제목으로 오버하우젠 영화제를 개최한다. 그리고 이곳에서 새로운 영화를 알리는 오버하우젠 선언문이 채택되었다. 알렉산더 클루게가 주도한 이 선언은 여론의 관심을 모아 1965년 2월에 청년 독일 영화 관리국이라는 기구가 설립되는 데에 영향을 줬고, 공영 방송국의 제작 지원을 받는 새로운 제작 시스템도 마련되도록 하여 1970년 전후로 독일 영화의 황금기를 이끌었다.

이 시기의 영화들은 주로 당대의 지식층 관객들과의 소통을 목표로 하며, 근본적으로 할리우드 영화 및 자국의 상업영화와 거리를 두어 상업성을 띄지 않는다는 특징이 있다. 또한 '뉴저먼 시네마' 감독들이 표방한 '작가영화(auteur film)'는 좌파적 성향의 감독들이 자신들의 사회비판적 입장을 전달하기 위한 무대가 되어 주었으며, 이들의 중심적 관심은 미학적 표현이 아닌 흥미로운 소재 그 자체였기 때문에 내용과 형식, 스토리와 양식 등이 통일된다는 특징을 가지고 있었다. 그리고 이는 이후 70년대 외국의 예술영화관에서 가장 널리 상영되는 영화가 되었다.

---

① 프랑스의 누벨바그 운동이 가져온 사회적 영향은 무엇일까?
② '뉴저먼 시네마'와 '작가영화'의 공통점과 차이점
③ 20세기 부활한 독일 영화 산업의 핵심
④ '뉴저먼 시네마'와 상업영화, 두 영화가 낳은 서로 다른 결과
⑤ 오버하우젠 선언과 1920년대 독일 표현주의 영화의 부활

16. 다음 수열에서 일정한 규칙을 찾아 '?'에 들어갈 알맞은 숫자를 고르면?

| 92 46 48 24 26 13 (?) |

① 12   ② 13   ③ 14
④ 15   ⑤ 16

17. 다음 〈조건〉을 참고할 때 A ~ D에 대한 설명으로 옳지 않은 것은?

야근하는 직원들을 위하여 야식을 준비했다. 준비한 야식은 떡볶이, 도넛, 치킨, 피자이다. A, B, C, D 4명이 좋아하는 음식은 네 개의 음식 중 하나이며, 서로 겹치지 않고 전부 다르다.

| 조건 |

- A는 피자를 좋아한다.
- B는 떡볶이를 좋아하지 않는다.
- C는 도넛과 피자를 좋아하지 않는다.
- D는 떡볶이와 치킨을 좋아하지 않는다.

① B가 좋아하는 것은 도넛이 아니다.   ② B는 치킨을 좋아한다.
③ C가 좋아하는 것은 도넛이 아니다.   ④ C가 좋아하는 것은 떡볶이가 아니다.
⑤ D는 도넛을 좋아한다.

18. 다음 〈보기〉에서 찾을 수 없는 문자를 고르면?

| 보기 |

I saw the film, 'Superman'. I really enjoyed the film. People said that the movie had impressive special effects.

① sa ② sp ③ et

④ ma ⑤ ye

19. 밑줄 친 단어와 같은 의미로 사용된 것은?

그는 장롱에 자개를 <u>놓았다.</u>

① 밤하늘을 수<u>놓은</u> 별들이 내 눈에 들어왔다.

② 어르신 그런 말 마시고 하루빨리 병줄을 <u>놓으</u>셔야죠.

③ 이제야 한시름 <u>놓고</u> 이제 쉴 수 있게 되었다.

④ 30년간 해 온 일을 <u>놓고</u> 이제 새 출발하렵니다.

⑤ 그가 <u>놓은</u> 덫에 산돼지가 걸려들었다.

20. 7%의 소금물에 20%의 소금물 140g을 넣었더니 14%의 소금물이 되었다. 원래 있던 7% 소금물의 양은?

① 60g ② 120g ③ 180g

④ 240g ⑤ 280g

21. 다음 도형들의 규칙에 따라 '?'에 들어갈 도형으로 알맞은 것은?

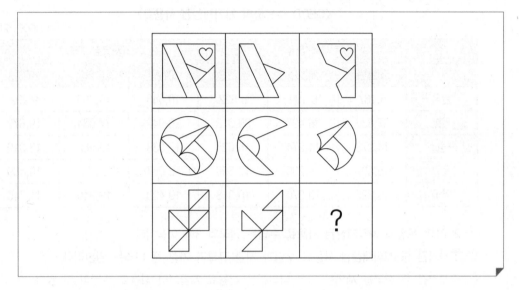

①

②

③

④

⑤

22. 다음 OECD 주요국의 지적재산권 사용료 자료에 대한 설명으로 옳지 않은 것은?

〈OECD 주요국의 지적재산권 사용료〉

(단위 : 100만 달러)

구분	사용료 수입			사용료 지급		
	2021년	2022년	2023년	2021년	2022년	2023년
한국	5,167	6,199	6,622	10,546	10,056	9,292
일본	37,336	36,427	39,013	20,942	17,034	19,672
프랑스	14,273	14,974	15,625	12,333	13,982	13,319
독일	15,507	15,235	17,596	10,687	9,761	10,489
영국	19,826	19,370	16,318	10,420	12,940	11,740

① 2021년 독일의 지적재산권 사용료 수입은 한국의 3배 이상이다.
② 조사기간 중 지적재산권 사용료 수입과 지급 규모가 가장 큰 나라는 일본이다.
③ 조사기간 중 한국을 제외한 다른 나라들은 사용료 지급보다 사용료 수입이 더 많다.
④ 2023년 영국의 지적재산권 사용료 지급은 전년 대비 10% 이상 감소하였다.
⑤ 2023년 프랑스의 지적재산권 사용료 지급은 전년 대비 64,000만 달러 이상 감소하였다.

23. 다음 (가) ~ (마) 문단을 요약한 내용으로 적절하지 않은 것은?

(가) '스튜어드십 코드'란 '집사의 행동지침'이란 뜻으로 멀리 영국 중세시대에 장원의 자산을 관리하던 집사를 가리키는 스튜어드(Steward)와 법을 뜻하는 코드(Code)의 합성어이다. 스튜어드십 코드는 증권시장에서 연기금과 자산운용사 등 주요 기관 투자자에 주인의 재산을 관리하는 집사와도 같은 의무를 부여하는 지침을 의미한다. 따라서 스튜어드십 코드가 적용될 경우에 기관 투자자들은 투자가 이루어진 기업의 의사결정에 적극적으로 참여하여, 주주로서의 역할을 충실히 수행하고 위탁받은 자금의 주인인 국민이나 고객에게 투명하게 보고하도록 하는 등의 의무를 부여받게 된다.

(나) 스튜어드십 코드는 2010년 영국에서 처음 도입되었다. 현재까지 네덜란드, 캐나다, 스위스, 이탈리아 등 10여개 국가가 도입 운용 중이고, 아시아에서는 일본, 말레이시아, 홍콩, 대만 등이 운용 중인데 한국에서는 아직은 생소한 개념이다. 스튜어드십 코드는 핵심 내용을 포함하는 '원칙'과 원칙 준수를 위한 세부적 권고사항인 '지침'으로 구성돼 있으며 원칙 준수를 기본으로 하고 불이행 시 예외 사유를 설명하는 '원칙 준수 예외 설명' 방식으로 적용된다. 이러한 형식이 일반적인 한국 법률의 형태가 아니기 때문에 도입 당시의 스튜어드십 코드는 '강행법규'처럼 운용될 가능성을 염려하는 이도 있었을 만큼 모든 부분에서 생소한 규범이었다.

(다) 현행 법률상의 '수탁자 책임'이 스튜어드십 코드와 비슷한 책임으로 보이지만 기존 수탁자 책임은 고객과 수익자의 이익을 고려하는 것에 그쳤다. 스튜어드십 코드는 고객 및 수익자뿐만 아니라 투자한 회사의 중장기적 가치 향상에 기여하여 최종적으로 자본시장과 경제의 내실 있는 발전을 도모하는 것으로, 기존의 수탁자 책임보다 그 내용이 추가되고 구체화된 것이다. 뿐만 아니라 스튜어드십 코드는 수탁자 책임이 규율할 수 없었던 투자연쇄 속에서 자산소유자, 자산운용자, 의결권자문기관 등에게 포괄적으로 적용할 수 있다는 특징이 있다.

(라) 스튜어드십 코드가 한국에서는 생소한 규범이지만 이미 여러 나라에서 도입되어 국제적인 규범이 되고 있다. 그러나 같은 스튜어드십 코드라도 도입 배경, 도입 내용이 지역마다 다르다. 대략적인 내용은 비슷하지만 그 나라의 실정에 맞게 수정해서 도입했기 때문이다. 이를 2008년 글로벌 금융위기 때 도입한 영국의 경우, 당시 기관투자자들이 주주의 권리를 행사하지 않고 침묵해 왔음을 반성하는 차원에서 제정하였으며, 일본의 경우 디플레이션과 경기 침체에서 벗어나기 위해서 제정하였다. 한국의 경우 기업지배구조 위험의 극복을 위해서 스튜어드십 코드를 도입하였다.

(마) 아직 걸음마 단계에 있는 한국의 스튜어드십 코드의 모든 논란이 해소된 것은 아니다. 그러나 정착을 위한 제도 개선 방안을 고민해 보지도 않고 한국 실정에 맞지 않는다고 말하기는 이르다. 특히 한국의 스튜어드십 코드는 국민연금의 참여 전과 후로 나뉜다. 왜냐하면 자산운용 규모가 막대한 국민연금은 외부 자산운용자에게 운용을 위탁하는 경우가 많아서 국민연금이 스튜어드십 책임을 이행하게 되면 그 자산운용자도 국민연금의 지시에 따라 결국 스튜어드십 책임을 이행하기 때문이다. 스튜어드십 코드의 문제점을 잘 파악하여 개선해 나가고 참여자들이 책임을 잘 이행하도록 지원해 간다면, 최종적으로 기업지배구조 개선이라는 목표를 달성하여 한국 자본시장의 활성화를 견인하는 역할을 해 나갈 것으로 기대된다.

① (가) : '스튜어드십 코드'의 어원과 정의
② (나) : '스튜어드십 코드'가 생소하게 인식되는 이유
③ (다) : '수탁자 책임'과 '스튜어드십 코드'의 유사점과 차이점
④ (라) : '스튜어드십 코드'의 나라별 도입 배경과 목적의 차이
⑤ (마) : 국민연금의 '스튜어드십 코드' 도입을 위한 구체적인 제도 개선 방안

24. 다음 문자들에서 일정한 규칙을 찾아 '?'에 들어갈 알맞은 문자를 고르면?

> A B E J Q Z (?)

① A   ② I   ③ K
④ L   ⑤ N

25. 수영, 우진, 미정, 아영, 가희는 다섯 가지의 디저트가 코스로 서빙되는 디저트 카페에 방문하였다. 이때 디저트가 서빙되는 순서는 모두 다르며 동일 코스에서 디저트는 서로 겹치지 않는다면, 우진이 두 번째로 먹은 디저트와 미정이 마지막으로 먹게 될 디저트는 각각 무엇인가?

> ㉠ 다섯 가지 디저트의 종류는 딸기 케이크, 망고 무스, 레몬 마카롱, 딸기 젤리, 흑임자 아이스크림이다.
> ㉡ 현재 각자 세 번째 디저트를 맛보고 있으며 수영은 레몬 마카롱, 우진은 딸기 젤리, 미정은 망고 무스, 아영은 딸기 케이크, 가희는 흑임자 아이스크림을 먹고 있다.
> ㉢ 우진이 마지막으로 먹게 될 코스는 수영이 처음으로 먹은 디저트이다.
> ㉣ 수영이 아직 맛보지 않은 디저트는 딸기 젤리와 흑임자 아이스크림이다.
> ㉤ 미정은 두 번째 코스로 딸기 케이크를 먹었고, 네 번째 코스로 레몬 마카롱을 먹을 것이다.
> ㉥ 지금까지 딸기 젤리를 먹은 사람은 우진, 미정, 가희이다.
> ㉦ 아영이는 두 번째 코스에 미정이가 네 번째로 먹을 디저트를 맛보지 않았다.

	우진	미정
①	딸기 젤리	레몬 마카롱
②	딸기 케이크	흑임자 아이스크림
③	레몬 마카롱	딸기 젤리
④	흑임자 아이스크림	딸기 젤리
⑤	레몬 마카롱	흑임자 아이스크림

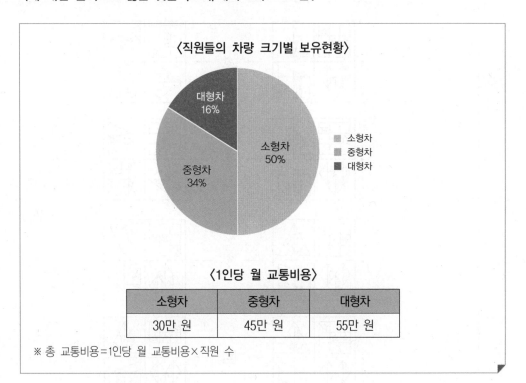

26. 다음은 ○○사 직원 350명을 대상으로 차량 크기별 보유현황 및 교통비용을 조사한 자료이다. 이에 대한 분석으로 옳은 것을 〈보기〉에서 모두 고르면?

〈직원들의 차량 크기별 보유현황〉

대형차 16%
소형차 50%
중형차 34%

- 소형차
- 중형차
- 대형차

〈1인당 월 교통비용〉

소형차	중형차	대형차
30만 원	45만 원	55만 원

※ 총 교통비용=1인당 월 교통비용×직원 수

| 보기 |

ㄱ. 중형차를 보유하고 있는 직원은 100명 이상이다.
ㄴ. 소형차를 보유하고 있는 직원들의 총 교통비용은 5천만 원 이하이다.
ㄷ. 보유하고 있는 차량의 크기가 큰 집단일수록 총 교통비용이 많다.

① ㄱ   ② ㄴ   ③ ㄱ, ㄴ
④ ㄴ, ㄷ   ⑤ ㄱ, ㄴ, ㄷ

27. 다음 각 기호의 규칙에 의한 도형의 변화를 보고 '?'에 들어갈 알맞은 도형을 고르면?

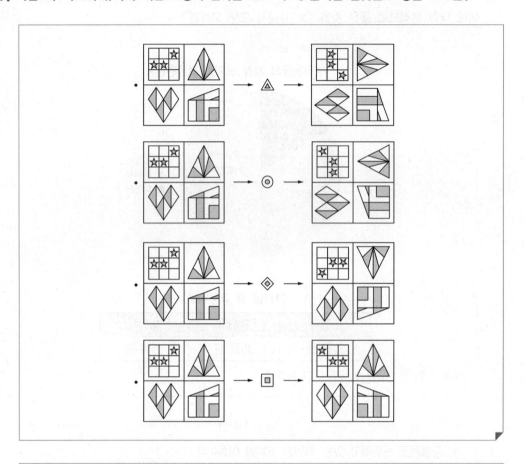

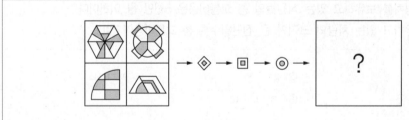

① ② ③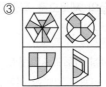

④ ⑤

28. 다음 〈조건〉을 통해 알 수 있는 질문 1과 질문 2에 대한 답을 순서대로 나열한 것은?

─| 조건 |─

• 식사를 할 때마다 쿠폰에 도장을 1개씩 찍어 준다.
• 7개의 도장을 찍으면 식사 한 번이 무료이고, 무료 식사 시에는 도장을 찍어주지 않는다.
• 7개의 도장을 모두 찍으면 쿠폰을 바로 사용한다.

• 질문 1 : 41번 식사를 하였다면 실제 지불한 돈은 식사 몇 번에 해당하는 금액인가?
• 질문 2 : 100번 식사를 하였다면 지금 쿠폰에 도장은 몇 개가 찍혀 있는가?

① 36번, 4개　　② 36번, 2개　　③ 34번, 4개
④ 34번, 3개　　⑤ 33번, 2개

29. 다음 글의 제목으로 적절한 것은?

현실 사회의 사람들이 주류 경제학에서 이론적으로 상정해 온 경제적 인간(Homo Econo-micus)처럼 완벽한 이기심과 합리성을 갖춘 존재는 아니지만 기본적으로 그리고 평균적으로 자기 이익을 추구한다고 보아도 큰 무리는 없다. 그런데 가격기구를 통해 효율적인 자원 배분을 이룰 수 있다고 간주된 시장은 그 이론적 전제가 충족되지 않을 때 비효율성을 드러낸다. 이러한 시장실패를 가져오는 대표적인 존재는 외부성, 공공재, 그리고 정보의 비대칭성이다.

이 중 공공재가 시장에서 조달되기 어려운 것은 자신의 선호를 숨긴 채 타인의 기여에 무임승차 하려는 개인의 이기적 태도, 즉 공동체를 생각하는 공공심의 부재에 기인한다. 만약 타인의 공공심에 대한 상호 신뢰가 구축된 사회라면 공공재의 조달에 어려움을 덜 겪게 될 것이다. 또한 정보의 비대칭성으로 인한 불신은 국내외 거래와 동업, 기업합병 등에 장애요인이 된다. 이 경우 사회적 신뢰와 연결망을 바탕으로 하는 사회자본이 대기업 등 대규모 조직의 형성, 금융발전, 무역을 촉진할 수 있다. 이러한 요인들은 모두 사회자본이 경제성장에 긍정적 요인으로 작용하도록 한다. 한편 법질서 준수, 관용과 배려 등 사회규범으로서의 사회자본 역시 사회갈등을 예방하고 사회통합을 통해 안정적 경제활동과 포용적 경제성장에 기여할 수 있다.

그 밖에도 사회자본은 경제 체질 강화를 위한 구조개혁을 가능하게 하는 자원이 된다. 예컨대 경제의 효율성과 성장잠재력을 높이기 위한 개혁의 교섭 과정에서, 기득권의 일부를 먼저 양보해야 할 세력이 있는 경우를 생각해 보자. 이들이 교섭 상대방이나 중재자에 대한 신뢰가 없어 이번의 양보가 결국 일방적인 희생에 그치게 될 것이라는 생각이 지배적이면 결코 개혁안을 수용하지 않을 것이다. 또한 체제전환국들이 시장경제와 민주주의를 수용하는 과정에서도 사회자본의 역할이 중요하다. 격변의 과정에서 국민들이 가진 기대치는 높지만, 이행과정 초기의 현실은 진통과 혼란이 불가피하다. 이행기 정부와 같은 변화 주도 세력에 대한 공적 신뢰가 뒷받침되어야 국민들이 개혁의 성과가 체감되기까지 기대에 못 미치는 초기의 현실을 인내하고 지속적인 지지를 보낼 수 있을 것이다.

끝으로 사회적 신뢰와 관여 등의 사회자본은 행복감과 같은 주관적 안녕감에도 중요한 역할을 한다. 행복에 영향을 미치는 요인 중 인간관계의 중요성은 사람들의 생애를 추적 조사한 연구에서 입증된 바 있다.

① 사회자본을 통한 정보의 비대칭성 극복
② 사회자본의 중요성과 형성 방안
③ 구조개혁 첨병으로서의 사회자본
④ 사회자본의 역할 및 중요성
⑤ 사회자본이 개인과 국가의 행복감에 미치는 영향

30. 다음 수열의 규칙에 따라 '?'에 들어갈 알맞은 숫자는?

| | 6 | 55 | 92 | 117 | 130 | (?) | 120 |

① 131　　　　　　　② 133　　　　　　　③ 135

④ 137　　　　　　　⑤ 139

31. 네 사람이 세단, SUV, 전기차, 하이브리드차를 소유하고 있다. 다음 〈조건〉에 따라 추론 가능한 내용을 〈보기〉에서 모두 고른 것은?

┤ 조건 ├

• 네 사람이 소유한 자동차는 총 6대이다.
• 1대 이상을 소유한 사람은 최소 3명 이상이다.
• 세단을 소유한 사람보다 전기차를 소유한 사람이 적다.
• SUV는 하이브리드차보다 그 수가 적다.
• 한 명이 한 종류의 차를 두 대 이상 소유하지는 않는다.

┤ 보기 ├

A : SUV와 세단, 하이브리드차를 함께 소유할 수 없다.
B : 전기차와 SUV를 함께 소유한 사람이 있다면, 세단과 하이브리드차를 함께 소유한 사람은 없다.
C : 하이브리드차와 SUV를 함께 소유한 사람이 없다면, 전기차와 하이브리드차를 함께 소유한 사람은 있을 수 있다.
D : 세단과 SUV를 함께 소유한 사람이 있다면, 네 사람 중 한 명은 자동차를 한 대도 소유하지 않을 수 있다.

① A, B　　　　　　　② A, C　　　　　　　③ A, D

④ B, D　　　　　　　⑤ C, D

32. 다음 〈보기〉에서 왼쪽에 제시된 문자의 개수는?

間

| 보기 |

聞 閉 間 開 聞 閏 問 開 間 問 開 間 閏 間 閘 開 閏 閘
閉 問 閘 閉 聞 問 開 閏 閘 問 間 問 開 閘 閏 開 閏 聞
閘 問 間 閉 聞 問 開 閏 聞 閘 開 間 聞 閏 問 間 問 閉

① 4개   ② 5개   ③ 6개

④ 7개   ⑤ 8개

33. 제시된 단어의 유의어가 아닌 것은?

채우다

① 메우다   ② 충원하다   ③ 충족시키다

④ 끼우다   ⑤ 보완하다

34. 사원 채용시험의 지원자에 대한 정보가 아래와 같을 때, 1차 면접에서 합격한 지원자는 몇 명인가?

- 1차 면접에서 합격한 지원자의 남녀 성비는 4 : 5이다.
- 이 중 2차 면접에서 합격한 지원자의 남녀 성비는 3 : 7이다.
- 2차 면접에서 불합격한 지원자의 남녀 성비는 21 : 23이다.
- 2차 면접에서 합격한 지원자의 수는 50명이다.

① 150명   ② 155명   ③ 165명

④ 220명   ⑤ 270명

35. 다음 규칙에 따라 '?'에 들어갈 도형으로 알맞은 것은?

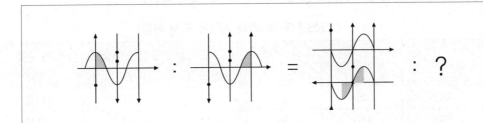

①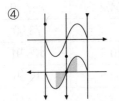

②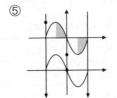

③

④

⑤

36. 다음은 2023년 우리나라의 지역별 도서(島嶼) 현황을 나타낸 자료이다. 제시된 표에 따라 빈칸을 채워 아래의 퍼즐을 완성한다고 할 때, A×B−C+D의 값은?

〈2023년 우리나라의 지역별 도서 현황〉

구분	도서 수(개)			도서 인구밀도 (명/km²)	도서 면적 (km²)
	합	유인도서	무인도서		
부산	45	3	42	3,613.8	41.90
인천	150	39	111	351.2	119.95
울산	3	0	3	0.0	0.03
경기	46	5	41	168.5	4.65
강원	32	0	32	0.0	0.24
충남	255	34	221	102.5	164.26
전북				159.1	37.00
전남	2,219	296	1,923	104.2	867.10
경북	49	4	45		73.00
경남	537	76	461	110.4	125.91
제주	63	8	55	300.5	15.56
전국		490	3,012	–	1,449.60

※ 도서 인구밀도 = $\dfrac{\text{도서 인구}}{\text{도서 면적}}$ ※ 제시되지 않은 지역은 도서가 없다.

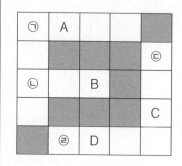

〈가로열쇠〉

㉠ 경북지역 도서 인구가 10,702명이라고 할 때, 경북 지역의 도서 인구밀도는 □□□.□명/km²이다(소수점 아래 둘째 자리에서 반올림).

㉡ 전북지역의 도서 수는 총 □□□개이다.

㉣ 전국 도서 수의 총합은 □,□□□개이다.

〈세로열쇠〉

㉠ 부산지역의 도서 인구는 약 □,□□□백 명이다(소수점 아래 첫째 자리에서 반올림).

㉢ 충남지역의 도서당 평균 면적은 0.□□□□km²이다(소수점 아래 다섯째 자리에서 반올림).

① 12   ② 13   ③ 14

④ 15   ⑤ 16

37. 다음 글의 주제로 가장 적절한 것은?

> 카페인은 주의력을 높이고 피로를 줄이는 역할도 하지만 다량 섭취 시(매일 400mg 이상) 심장과 혈관에 악영향을 미친다. 카페인이 들어 있는 식품으로는 대표적으로 커피를 꼽을 수 있으며, 콜라와 초콜릿에도 포함되어 있다. 하지만 녹차의 경우 1잔(티백 1개 기준)에 15mg 정도의 적은 양이 들어 있으며, 이는 약 70mg이 들어있는 커피의 $\frac{1}{4}$ 수준도 안 되는 분량이다. 일반적으로 카페인은 높은 온도에서 보다 쉽게 용출되는데, 보통 커피는 높은 온도에서 제조하지만 녹차는 이보다 낮은 온도에서 우려내기 때문에 찻잎 중 카페인 성분이 60 ~ 70%만 우러나오게 된다. 이러한 연유로 1일 섭취 기준치 이상의 카페인을 녹차를 통해 섭취하기 위해서는 하루 평균 20잔 이상의 녹차를 마셔야 한다.
>
> 더불어 녹차에 들어 있는 카페인은 녹차의 다른 성분인 카테킨에 의해 체내 흡수가 잘되지 않으며, 녹차에만 들어 있는 아미노산의 일종인 데아닌 성분에 의해 뇌에서 작용하는 것 또한 억제가 된다. 이 때문에 사람들은 카페인이 함유되어 있는 녹차를 마시더라도 오히려 흥분을 일으키기보다는 혈압이 낮아지고 마음이 가라앉는 기분을 느낄 수 있게 되는 것이다. 적정량의 카페인은 신체에 도움을 주므로, 카페인이 주는 장점만을 취하고자 한다면 커피보다 훨씬 유리한 녹차를 선택하는 것이 좋다.

① 카페인이 인체에 미치는 악영향
② 커피와 녹차의 최적온도에 대한 연구
③ 카페인 섭취 시 녹차와 커피의 비교우위성
④ 녹차에 들어 있는 카페인에 대한 오해와 진실
⑤ 카페인의 1일 권장량에 대한 연구

38. 다음 제시된 규칙에 따라, '?'에 들어갈 알맞은 것은?

> ㅏ2ㅜ4ㅑ8 → ㅕ4ㅣ6ㅗ10
> ㅓ7ㅏ3ㅗ1 → ㅛ9ㅕ5ㅠ3
> ㅕ5ㅛ4ㅏ2 → (?)

① ㅜ8ㅓ4ㅣ7
② ㅏ8ㅗ5ㅜ6
③ ㅜ7—6ㅕ4
④ ㅠ11ㅓ4ㅏ9
⑤ ㅛ4ㅕ8ㅓ7

39. ○○사의 기획예산부서에서는 2024년도 예산을 편성하기 위해 2023년에 시행되었던 정책을 평가하여 다음과 같은 결과를 얻었다. 전년도와 동일한 금액의 예산을 편성해야 하는 정책은 모두 몇 개인가?

〈정책 평가 결과〉

(단위 : 점)

정책	계획의 충실성	계획 대비 실적	성과지표 달성도
A	96	95	76
B	93	83	81
C	94	96	82
D	98	82	75
E	95	92	79
F	95	90	85

- 정책 평가 영역과 각 영역별 기준 점수는 다음과 같다.
  - 계획의 충실성 : 기준 점수 90점
  - 계획 대비 실적 : 기준 점수 85점
  - 성과지표 달성도 : 기준 점수 80점
- 평가 점수가 해당 영역의 기준 점수 이상인 경우 '통과'로 판단하고 기준 점수 미만인 경우 '미통과'로 판단한다.
- 모든 영역이 통과로 판단된 정책에는 전년과 동일한 금액을 편성하며, 2개 영역이 통과로 판단된 정책에는 전년 대비 10% 감액, 1개 영역만 통과로 판단된 정책에는 15% 감액하여 편성한다. 다만 '계획 대비 실적' 영역이 미통과인 경우 위 기준과 상관없이 15% 감액하여 편성한다.
- 2023년도 기획예산부서의 A ~ F 정책 예산은 각각 20억 원으로 총 120억 원이었다.

① 2개
② 3개
③ 4개
④ 5개
⑤ 6개

40. 다음의 학교급별 인원에 대한 자료를 적절하게 파악한 것은?

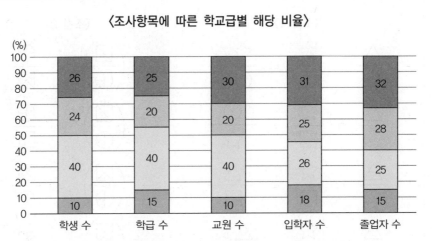

〈조사항목에 따른 학교급별 해당 비율〉

〈조사항목별 유치원·초등학교·중학교·고등학교 합계 현황〉

(단위 : 만 개, 만 명)

구분	학생 수	학급 수	교원 수	입학자 수	졸업자 수
합계	6,600	250	460	1,730	1,830

① 초등학교 학급당 학생 수는 25명이다.

② 교원 1명당 학생 수는 고등학교가 가장 많다.

③ 모든 조사항목에서 초등학교의 비율이 가장 높다.

④ 중학교 졸업자 수는 중학교 입학자 수보다 많다.

⑤ 전체 고등학교 학생 중에서 고등학교 졸업자의 비율은 30% 이하이다.

41. 〈조건 1〉과 〈조건 2〉의 규칙을 제시된 도형에 적용할 때 최종적으로 도출되는 도형은?

① ② ③ ④ ⑤

42. 세로의 길이가 120cm, 가로의 길이가 90cm인 벽에 남는 부분 없이 정사각형 모양의 타일을 붙이려고 한다. 타일을 최소한으로 사용하려고 할 때, 붙일 수 있는 타일 한 변의 길이는?

① 10cm   ② 15cm   ③ 20cm

④ 25cm   ⑤ 30cm

43. 다음 글의 내용 및 글쓴이의 의도를 바르게 이해하지 못한 사람은?

> 한국어 사용자들은 사람을 만날 때 대화에 앞서 상대를 높여야 하는지 낮춰도 되는지 먼저 고민한다. 언어가 그것을 요구한다. 한 문장을 말할 때마다 그렇게 상대와 자신의 지위를 확인한다. 상대방은 나에게 반말과 존댓말을 마음대로 쓸 수 있지만 나는 상대방에게 존댓말밖에 쓰지 못할 때 나는 금방 무력해진다. 순종적인 자세가 되고 만다. 그럴 때 존댓말은 어떤 내용을 제대로 실어 나르지 못한다. 세상을 바꿀 수도 있을 도전적인 아이디어들이 그렇게 한 사람의 머리 안에 갇혀 사라진다. 이 언어의 문제를 해결하지 못하면 상호 존중 문화를 만들 수 없고, 그 문화가 없으면 시민사회도, 민주주의도 이룰 수 없다고 믿는다. 이 적폐가 끊이지 않고 유전병처럼 후대로 이어질 것 같아 두렵다.
>
> 내가 제안하는 해결책은 가족이나 친구가 아닌 모든 성인, 예를 들면 점원, 후배, 부하 직원에게 존댓말을 쓰자는 것이다. 언어가 바뀌면 몸가짐도 바뀐다. 사회적 약자는 존댓말을 듣는 동안에는 자기 앞에 최소한의 존엄을 지키는 방어선이 있다고 느낀다. 그 선을 넘는 폭력의 언어를 공적인 장소에서 몰아내자는 것이다. 고객이 반말을 하면 콜센터 상담사들이 바로 전화를 끊을 수 있게 하자는 것이다. 그리고 반말은 가족과 친구간에 쓰는 쌍방의 언어로 그 영역을 축소하자는 것이다. '직장 후배지만, 정말 가족이나 친구처럼 친한 관계'라면 상대가 나에게 반말을 쓰는 것도 괜찮은지 자문하자. 상대가 입원했을 때 병원비를 내줄 수 있는지도 따져보자. 그럴 수 없다면 존댓말을 쓰자.
>
> 나는 몇 년 전부터 새로 알게 되는 사람에게는 무조건 존댓말을 쓰려 한다. 그럼에도 불구하고 앞서 말했듯이 상대의 나이는 여전히 살피게 된다. 반말을 쓰던 지인에게 갑자기 존댓말을 쓰는 것도 영 쑥스러워 하지 못한다. 존댓말과 반말이라는 감옥의 죄수라서 그렇다. 그러나 다음 세대를 위해 창살 몇 개 정도는 부러뜨리고 싶다. 다음 세대는 벽을 부수고, 다음다음 세대는 문을 열고, 그렇게 새 시대를 꿈꾸고 싶다.

① 아름 : 한국어는 상대와 자신의 지위를 확인할 수 있는 언어이군.

② 다운 : 상대에게 반말을 하면 그 사람이 입원했을 때 병원비를 내줘야 한다는 내용이네.

③ 우리 : 상호 간 존댓말은 존중받는다는 느낌을 줄 수 있군.

④ 나라 : 몇몇 고객에게 반말을 듣는 콜센터 상담사들은 무력감을 느낄 수 있겠어.

⑤ 한국 : 글쓴이의 실천으로 존댓말의 가치를 아는 한국어 세대가 오기를 바라고 있어.

44. 다음 수열의 일정한 규칙에 따라 '?'에 들어갈 알맞은 숫자는?

2	2	3	4	5	6	7	8	11	(?)

① 8   ② 10   ③ 12   ④ 13   ⑤ 15

45. 갑, 을, 병, 정, 무 5명의 사원이 소속된 영업부에는 A, B, C의 3개 팀이 있다. 다음 〈정보〉를 바탕으로 할 때 거짓인 문장은?

─┤ 정보 ├─

• 사원 갑, 을, 병, 정, 무는 A, B, C 팀 중 어느 하나에 소속된다.
• 팀의 최대 인원은 2명이다.
• 사원 을은 A 팀 소속이고, 사원 정은 C 팀 소속이다.
• 사원 을과 무는 같은 팀 소속이 아니다.
• 병은 B 팀 소속이 아니다.
• 사원 갑, 을, 병, 정, 무 중 C 팀 소속은 한 명이다.

① A 팀과 B 팀은 소속 사원이 2명이다.
② 사원 병과 정은 같은 팀 소속이 아니다.
③ 사원 갑과 병은 같은 팀 소속이다.
④ 사원 무는 B 팀 소속이다.
⑤ 사원 갑과 을은 같은 팀 소속이 아니다.

46. 다음 글에서 알파벳 'g'는 몇 번 나타나는가?

Amy is learning Korean. Both the letters and the sounds are strange for her, but she wants to be better at speaking. She is trying to speak the language with her Korean friends. Sometimes they don't understand what she says, but she keeps trying. Although Amy knows it can take a long time to speak Korean well, she never gives up.

① 9번   ② 10번   ③ 11번   ④ 12번   ⑤ 13번

47. 다음 글에서 설명하는 음운 규칙이 바르게 적용된 예시를 〈보기〉에서 모두 고른 것은?

음절의 끝소리 규칙은 받침으로 발음되는 자음은 'ㄱ, ㄴ, ㄷ, ㄹ, ㅁ, ㅂ, ㅇ'의 일곱 가지만 올 수 있다는 것으로 이외의 자음들이 음절 끝에 오게 되면 이들 중 하나로 바뀌는 규칙이다. 즉, '잎'은 [입]으로 'ㅍ'이 'ㅂ'으로 발음된다. 이는 겹받침인 경우에도 적용되는데 두 자음 중 하나가 대표음으로 발음된다. 또 받침 뒤에 모음으로 시작되는 조사, 어미, 접사가 오면 받침 이 온전히 발음되지만 '웃어른'의 '어른'처럼 실질적인 뜻을 지닌 모음으로 된 말이 오면 음절 의 끝소리 규칙을 적용한 후 다음 음절의 첫소리로 발음하여 [우더른]이 된다.

| 보기 |

㉠ '히읗'은 [히은]으로 발음된다.
㉡ '빗으로'는 [빈으로]로 발음된다.
㉢ '부엌'은 [부얻]으로 발음된다.
㉣ '웃옷'은 [우돋]으로 발음된다.

① ㉠, ㉢
② ㉠, ㉣
③ ㉡, ㉢
④ ㉡, ㉣
⑤ ㉢, ㉣

48. 10원짜리 동전 3개, 50원짜리 동전 1개, 100원짜리 동전 2개, 500원짜리 동전 1개를 가지고 만들 수 있는 가격의 경우의 수는? (단, 가격 0원은 경우에서 제외한다)

① 43가지
② 44가지
③ 45가지
④ 46가지
⑤ 47가지

49. 다음은 각 기호가 의미하는 변환 조건을 나타낸 것이다. 제시된 도형의 변화한 모습을 볼 때, 도형이 거쳤을 변환 과정은?

기호	변환 조건
☐	1번과 2번 도형을 시계방향으로 90° 회전함.
◼	1번과 4번 도형을 시계방향으로 90° 회전함.
◇	2번과 3번 도형을 시계방향으로 90° 회전함.
◆	2번과 4번 도형을 시계방향으로 90° 회전함.
◯	3번과 4번 도형을 시계방향으로 90° 회전함.

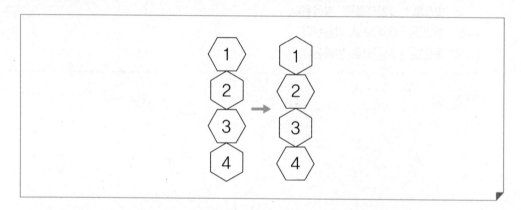

① ◇ ◯
② ◼ ◇
③ ◯ ◆
④ ☐ ◆
⑤ ◆ ☐

50. 다음 연도별 무역액 및 무역수지를 나타낸 표에 대한 옳은 설명을 〈보기〉에서 모두 고른 것은?

(단위 : 억 달러)

구분	수출	수입	무역수지
2019년	3,255	3,094	161
2020년	3,715	3,568	147
2021년	4,220	4,353	−133
2022년	3,635	3,231	404
2023년	4,674	4,257	417

※ 무역수지＝수출－수입

─| 보기 |─

㉠ 2021년부터 2023년까지 수출액의 평균과 수입액의 평균의 차이는 약 233억 달러이다.

㉡ 수출과 수입의 격차가 가장 큰 해는 2022년도이다.

㉢ 2024년의 수입이 14% 증가할 것이라 예상했을 때, 수입금액은 약 4,853억 달러이다.

㉣ 수출이 수입보다 적었던 해는 2020년이다.

㉤ 2023년 전체 무역금액에서 수출금액은 약 50% 이상을 차지한다.

① ㉠, ㉡ ② ㉠, ㉤ ③ ㉡, ㉢

④ ㉢, ㉤ ⑤ ㉣, ㉤

51. 다음 중 글쓴이의 핵심 주장에 대한 반박으로 가장 적절한 것은?

> 우리가 기술을 만들지만 기술은 우리 경험과 인간관계 및 사회적 권력관계를 바꿈으로써 우리를 새롭게 만든다. 어떤 기술은 인간 사회를 더 민주적으로 만드는 데 기여하지만 어떤 기술은 독재자의 권력을 강화하는 데 사용된다. 예를 들어 라디오는 누가, 어떻게, 왜 사용하는가에 따라서 다른 결과를 낳는다. 그렇지만 핵무기처럼 아무리 민주적으로 사용하고 싶어도 그렇게 사용할 수 없는 기술도 있다. 인간은 어떤 기술에 대해서는 이를 지배하고 통제하는 주인 노릇을 할 수 있다. 그렇지만 어떤 기술에는 꼼짝달싹 못하게 예속되어 버린다.
>
> 기술은 새로운 가능성을 열어 주지만 기존의 가능성 중 일부를 소멸시키기도 한다. 따라서 이렇게 도입된 기술은 우리를 둘러싼 기술 환경을 바꾸고, 결과적으로 사회 세력들과 조직들 사이의 역학 관계를 바꾼다. 새로운 기술 때문에 더 힘을 가지게 된 그룹과 힘을 잃게 된 그룹이 생기며 이를 바탕으로 사회 구조의 변화가 수반된다.
>
> 기술 중에는 우리가 잘 이해하고 통제하는 기술도 있지만 대규모 기술 시스템은 한두 사람의 의지만으로는 통제할 수 없다. '기술은 언제나 사람에게 진다'라고 계속해서 믿어서는 기술의 지배와 통제를 벗어나기 힘들다. 기술에 대한 비판적이면서 균형 잡힌 철학과 사상이 필요한 것은 이 때문이다.

① 전문가를 통해 충분히 기술을 통제할 수 있다.
② 기술의 양면성은 철학과 사상이 아닌 새로운 기술로 보완해야 한다.
③ 기술의 순기능만을 더 발전시켜야 한다.
④ 새로운 기술로 힘을 잃게 된 그룹을 지원해 주는 정책이 필요하다.
⑤ 철학과 사상은 기술을 지배하고 통제할 수 있다.

52. 다음 문자열은 일정한 규칙에 따라 나열되어 있다. 다음 중 나머지 문자열과 동일한 규칙이 적용되지 않은 문자열은?

① 크트츠프   ② NOMP   ③ 서셔샤소
④ 요죠보초   ⑤ IJHK

53. 박 사원은 회의실을 예약하라는 상사의 지시를 받았다. 〈회의실 예약 조건〉과 〈회의실 예약 현황〉 이 다음과 같을 때, 박 사원이 예약할 회의실의 요일과 시간으로 옳은 것은?

〈회의실 예약 조건〉

- 12 : 00 ~ 14 : 00은 점심시간으로 회의 불가
- 회의 시간은 3시간이 걸릴 것으로 예상되며 회의는 끊기지 않고 지속하여야 함.
- 회의에는 김 부장, 유 과장, 이 대리, 박 대리, 최 사원 중 3명 이상이 참여해야 함(단, 가능한 날짜와 시간이 여러 개라면 가장 많은 사람이 참여할 수 있는 시간을 선택)
  - 김 부장 : 월요일 재택근무, 목요일 휴가
  - 유 과장 : 월요일부터 수요일까지 휴가
  - 박 대리 : 화요일부터 금요일까지 출장
  - 최 사원 : 수요일부터 목요일까지 출장
- 금요일 오후는 직원 전체 워크숍으로 회의 진행 불가

〈회의실 예약 현황〉

- 월요일 14 : 00 ~ 16 : 00, 화요일 09 : 00 ~ 11 : 00, 목요일 10 : 00 ~ 12 : 00 총무팀 예약
- 화요일 오후 ~ 수요일 오전에 회의실 공사
  (단, 오전은 09 : 00 ~ 12 : 00, 오후는 14 : 00 ~ 18 : 00을 의미한다)

	월	화	수	목	금
09 : 00 ~ 10 : 00					
10 : 00 ~ 11 : 00					
11 : 00 ~ 12 : 00					
12 : 00 ~ 13 : 00					
13 : 00 ~ 14 : 00					
14 : 00 ~ 15 : 00					
15 : 00 ~ 16 : 00					
16 : 00 ~ 17 : 00					
17 : 00 ~ 18 : 00					

① 월요일 9 : 00 ~ 12 : 00
② 수요일 15 : 00 ~ 18 : 00
③ 목요일 14 : 00 ~ 17 : 00
④ 금요일 9 : 00 ~ 12 : 00
⑤ 금요일 15 : 00 ~ 18 : 00

54. 다음 자료에 대한 해석으로 가장 적절한 것은?

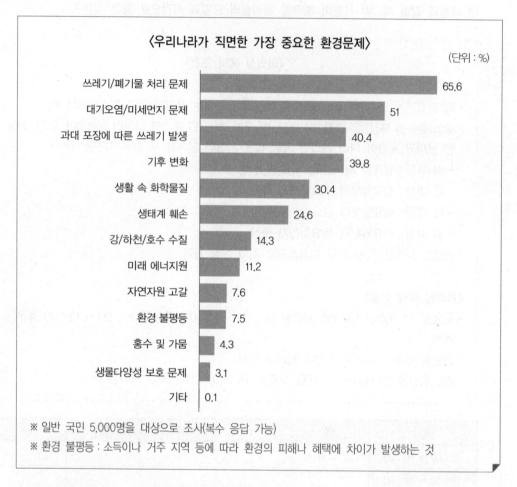

〈우리나라가 직면한 가장 중요한 환경문제〉

(단위 : %)

환경문제	%
쓰레기/폐기물 처리 문제	65.6
대기오염/미세먼지 문제	51
과대 포장에 따른 쓰레기 발생	40.4
기후 변화	39.8
생활 속 화학물질	30.4
생태계 훼손	24.6
강/하천/호수 수질	14.3
미래 에너지원	11.2
자연자원 고갈	7.6
환경 불평등	7.5
홍수 및 가뭄	4.3
생물다양성 보호 문제	3.1
기타	0.1

※ 일반 국민 5,000명을 대상으로 조사(복수 응답 가능)
※ 환경 불평등 : 소득이나 거주 지역 등에 따라 환경의 피해나 혜택에 차이가 발생하는 것

① '대기오염/미세먼지 문제'를 지적한 사람과 '홍수 및 가뭄'을 지적한 사람은 중복되지 않는다.
② '쓰레기/폐기물 처리 문제'를 지적한 응답자의 수는 3,280명이다.
③ 지역별 환경 피해 정도가 다르다는 것을 지적한 사람은 전체 응답자 중 7%도 되지 않는다.
④ 수질을 걱정하는 사람의 수는 '자연자원 고갈'을 지적한 사람 수의 2배 이상이다.
⑤ '홍수 및 가뭄'을 지적한 사람과 '생물다양성 보호 문제'를 지적한 사람은 중복된다.

55. 다음 그림 (가)는 철수가 탄 엘리베이터가 정지한 상태를, 그림 (나)는 이 엘리베이터가 일정한 속력 v로 위로 움직이고 있는 상태를 나타낸 것이다. 이에 대한 설명으로 옳지 않은 것은?

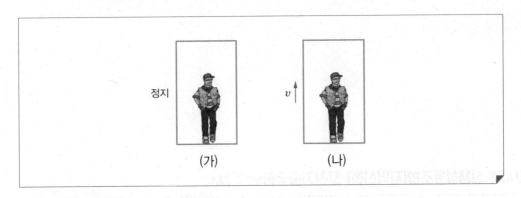

① 철수에게 작용하는 알짜힘(합력)은 모두 0이다.

② (가), (나)에서 엘리베이터의 바닥이 철수를 미는 힘의 방향은 같다.

③ (가)에서 철수에게 작용하는 중력의 크기는 (나)에서보다 크다.

④ 철수에게 작용하는 힘에는 중력과 수직 항력이 있다.

⑤ (가), (나)에서 가속도는 모두 0이다.

고시넷 신용협동조합(지역신협) 최신기출유형모의고사

파트 2 인성검사

01 인성검사의 이해
02 인성검사 연습

01 인성검사의 이해

1 인성검사, 왜 필요한가?

채용기업은 지원자가 '직무적합성'을 지닌 사람인지를 인성검사와 적성검사를 통해 판단한다. 인성검사에서 말하는 인성(人性)이란 그 사람의 성품, 즉 각 개인이 가지는 사고와 태도 및 행동 특성을 의미한다. 인성은 사람의 생김새처럼 사람마다 다르기 때문에 몇 가지 유형으로 분류하고 이에 맞추어 판단한다는 것 자체가 억지스럽고 어불성설일지 모른다. 그럼에도 불구하고 기업들의 입장에서는 입사를 희망하는 사람이 어떤 성품을 가졌는지 정보가 필요하다. 그래야 해당 기업의 인재상에 적합하고 담당할 업무에 적격한 인재를 채용할 수 있기 때문이다.

지원자의 성격이 외향적인지 아니면 내향적인지, 어떤 직무와 어울리는지, 조직에서 다른 사람과 원만하게 생활할 수 있는지, 업무 수행 중 문제가 생겼을 때 어떻게 대처하고 해결할 수 있는지에 대한 전반적인 개성은 자기소개서를 통해서나 면접을 통해서도 어느 정도 파악할 수 있다. 그러나 이것들만으로 인성을 충분히 파악할 수 없기 때문에 객관화되고 정형화된 인성검사로 지원자의 성격을 판단하고 있다.

채용기업은 필기시험을 높은 점수로 통과한 지원자라 하더라도 해당 기업과 거리가 있는 성품을 가졌다면 탈락시키게 된다. 일반적으로 필기시험 통과자 중 인성검사로 탈락하는 비율이 10% 내외가 된다고 알려져 있다. 물론 인성검사를 탈락하였다 하더라도 특별히 인성에 문제가 있는 사람이 아니라면 절망할 필요는 없다. 자신을 되돌아보고 다음 기회를 대비하면 되기 때문이다. 탈락한 기업이 원하는 인재상이 아니었다면 맞는 기업을 찾으면 되고, 경쟁자가 많았기 때문이라면 자신을 다듬어 경쟁력을 높이면 될 것이다.

2 인성검사의 특징

우리나라 대다수의 채용기업은 인재개발 및 인적자원을 연구하는 한국행동과학연구소(KIRBS), 에스에이치알(SHR), 한국사회적성개발원(KSAD), 한국인재개발진흥원(KPDI) 등 전문기관에 인성검사를 의뢰하고 있다.

이 기관들의 인성검사 개발 목적은 비슷하지만 기관마다 검사 유형이나 평가 척도는 약간의 차이가 있다. 또 지원하는 기업이 어느 기관에서 개발한 검사지로 인성검사를 시행하는지는 사전에 알 수 없다. 그렇지만 공통으로 적용하는 척도와 기준에 따라 구성된 여러 형태의 인성검사지로 사전 테스트를 해 보고 자신의 인성이 어떻게 평가되는가를 미리 알아보는 것은 가능하다.

인성검사는 필기시험 당일 직무능력평가와 함께 실시하는 경우와 직무능력평가 합격자에 한하여 면접과 함께 실시하는 경우가 있다. 인성검사의 문항은 100문항 내외에서부터 최대 500문항까지 다양하다. 인성검사에 주어지는 시간은 문항 수에 비례하여 30~100분 정도가 된다.

문항 자체는 단순한 질문으로 어려울 것은 없지만 제시된 상황에서 본인의 행동을 정하는 것이 쉽지만은 않다. 문항 수가 많을 경우 이에 비례하여 시간도 길게 주어지지만 단순하고 유사하며 반복되는 질문에 방심하여 집중하지 못하고 실수하는 경우가 있으므로 컨디션 관리와 집중력 유지에 노력하여야 한다. 특히 같거나 유사한 물음에 다른 답을 하는 경우가 가장 위험하다.

3 인성검사 척도 및 구성

1 미네소타 다면적 인성검사(MMPI)

MMPI(Minnesota Multiphasic Personality Inventory)는 1943년 미국 미네소타 대학교수인 해서웨이와 매킨리가 개발한 대표적인 자기 보고형 성향 검사로서 오늘날 가장 대표적으로 사용되는 객관적 심리검사 중 하나이다. MMPI는 약 550여 개의 문항으로 구성되며 각 문항을 읽고 '예(YES)' 또는 '아니오(NO)'로 대답하게 되어 있다.

MMPI는 4개의 타당도 척도와 10개의 임상척도로 구분된다. 500개가 넘는 문항들 중 중복되는 문항들이 포함되어 있는데 내용이 똑같은 문항도 10문항 이상 포함되어 있다. 이 반복 문항들은 응시자가 얼마나 일관성 있게 검사에 임했는지를 판단하는 지표로 사용된다.

구분	척도명	약자	주요 내용
타당도 척도 (바른 태도로 임했는지, 신뢰할 수 있는 결론인지 등을 판단)	무응답 척도 (Can not say)	?	응답하지 않은 문항과 복수로 답한 문항들의 총합으로 빠진 문항을 최소한으로 줄이는 것이 중요하다.
	허구 척도 (Lie)	L	자신을 좋은 사람으로 보이게 하려고 고의적으로 정직하지 못한 답을 판단하는 척도이다. 허구 척도가 높으면 장점까지 인정받지 못하는 결과가 발생한다.
	신뢰 척도 (Frequency)	F	검사 문항에 빗나간 답을 한 경향을 평가하는 척도로 정상적인 집단의 10% 이하의 응답을 기준으로 일반적인 경향과 다른 정도를 측정한다.
	교정 척도 (Defensiveness)	K	정신적 장애가 있음에도 다른 척도에서 정상적인 면을 보이는 사람을 구별하는 척도로 허구 척도보다 높은 고차원으로 거짓 응답을 하는 경향이 나타난다.
임상척도 (정상적 행동과 그렇지 않은 행동의 종류를 구분하는 척도로, 척도마다 다른 기준으로 점수가 매겨짐)	건강염려증 (Hypochondriasis)	Hs	신체에 대한 지나친 집착이나 신경질적 혹은 병적 불안을 측정하는 척도로 이러한 건강염려증이 타인에게 어떤 영향을 미치는지도 측정한다.
	우울증 (Depression)	D	슬픔·비관 정도를 측정하는 척도로 타인과의 관계 또는 본인 상태에 대한 주관적 감정을 나타낸다.
	히스테리 (Hysteria)	Hy	갈등을 부정하는 정도를 측정하는 척도로 신체 증상을 호소하는 경우와 적대감을 부인하며 우회적인 방식으로 드러내는 경우 등이 있다.
	반사회성 (Psychopathic Deviate)	Pd	가정 및 사회에 대한 불신과 불만을 측정하는 척도로 비도덕적 혹은 반사회적 성향 등을 판단한다.
	남성-여성특성 (Masculinity-Feminity)	Mf	남녀가 보이는 흥미와 취향, 적극성과 수동성 등을 측정하는 척도로 성에 따른 유연한 사고와 융통성 등을 평가한다.

편집증 (Paranoia)	Pa	과대 망상, 피해 망상, 의심 등 편집증에 대한 정도를 측정하는 척도로 열등감, 비사교적 행동, 타인에 대한 불만과 같은 내용을 질문한다.
강박증 (Psychasthenia)	Pt	과대 근심, 강박관념, 죄책감, 공포, 불안감, 정리정돈 등을 측정하는 척도로 만성 불안 등을 나타낸다.
정신분열증 (Schizophrenia)	Sc	정신적 혼란을 측정하는 척도로 자폐적 성향이나 타인과의 감정 교류, 충동 억제불능, 성적 관심, 사회적 고립 등을 평가한다.
경조증 (Hypomania)	Ma	정신적 에너지를 측정하는 척도로 생각의 다양성 및 과장성, 행동의 불안정성, 흥분성 등을 나타낸다.
사회적 내향성 (Social introversion)	Si	대인관계 기피, 사회적 접촉 회피, 비사회성 등의 요인을 측정하는 척도로 외향성 및 내향성을 구분한다.

2 캘리포니아 성격검사(CPI)

CPI(California Psychological Inventory)는 캘리포니아 대학의 연구팀이 개발한 성검사로 MMPI와 함께 세계에서 가장 널리 사용되고 있는 인성검사 툴이다. CPI는 다양한 인성 요인을 통해 지원자가 답변한 응답 왜곡 가능성, 조직 역량 등을 측정한다. MMPI가 주로 정서적 측면을 진단하는 특징을 보인다면, CPI는 정상적인 사람의 심리적 특성을 주로 진단한다.

CPI는 약 480개 문항으로 구성되어 있으며 다음과 같은 18개의 척도로 구분된다.

구분	척도명	주요 내용
제1군 척도 (대인관계 적절성 측정)	지배성(Do)	리더십, 통솔력, 대인관계에서의 주도권을 측정한다.
	지위능력성(Cs)	내부에 잠재되어 있는 내적 포부, 자기 확신 등을 측정한다.
	사교성(Sy)	참여 기질이 활달한 사람과 그렇지 않은 사람을 구분한다.
	사회적 자발성(Sp)	사회 안에서의 안정감, 자발성, 사교성 등을 측정한다.
	자기 수용성(Sa)	개인적 가치관, 자기 확신, 자기 수용력 등을 측정한다.
	행복감(Wb)	생활의 만족감, 행복감을 측정하며 긍정적인 사람으로 보이고자 거짓 응답하는 사람을 구분하는 용도로도 사용된다.
제2군 척도 (성격과 사회화, 책임감 측정)	책임감(Re)	법과 질서에 대한 양심, 책임감, 신뢰성 등을 측정한다.
	사회성(So)	가치 내면화 정도, 사회 이탈 행동 가능성 등을 측정한다.
	자기 통제성(Sc)	자기조절, 자기통제의 적절성, 충동 억제력 등을 측정한다.
	관용성(To)	사회적 신념, 편견과 고정관념 등에 대한 태도를 측정한다.
	호감성(Gi)	타인이 자신을 어떻게 보는지에 대한 민감도를 측정하며, 좋은 사람으로 보이고자 거짓 응답하는 사람을 구분한다.
	임의성(Cm)	사회에 보수적 태도를 보이고 생각 없이 적당히 응답한 사람을 판단하는 척도로 사용된다.

제3군 척도 (인지적, 학업적 특성 측정)	순응적 성취(Ac)	성취동기, 내면의 인식, 조직 내 성취 욕구 등을 측정한다.
	독립적 성취(Ai)	독립적 사고, 창의성, 자기실현을 위한 능력 등을 측정한다.
	지적 효율성(Le)	지적 능률, 지능과 연관이 있는 성격 특성 등을 측정한다.
제4군 척도 (제1~3군과 무관한 척도의 혼합)	심리적 예민성(Py)	타인의 감정 및 경험에 대해 공감하는 정도를 측정한다.
	융통성(Fx)	개인적 사고와 사회적 행동에 대한 유연성을 측정한다.
	여향성(Fe)	남녀 비교에 따른 흥미의 남향성 및 여향성을 측정한다.

3 SHL 직업성격검사(OPQ)

OPQ(Occupational Personality Questionnaire)는 세계적으로 많은 외국 기업에서 널리 사용하는 CEB 사의 SHL 직무능력검사에 포함된 직업성격검사이다. 4개의 질문이 한 세트로 되어 있고 총 68세트 정도 출제되고 있다. 4개의 질문 안에서 '자기에게 가장 잘 맞는 것'과 '자기에게 가장 맞지 않는 것'을 1개씩 골라 '예', '아니오'로 체크하는 방식이다. 단순하게 모든 척도가 높다고 좋은 것은 아니며, 척도가 낮은 편이 좋은 경우도 있다.

기업에 따라 척도의 평가 기준은 다르다. 희망하는 기업의 특성을 연구하고, 채용 기준을 예측하는 것이 중요하다.

척도	내용	질문 예
설득력	사람을 설득하는 것을 좋아하는 경향	- 새로운 것을 사람에게 권하는 것을 잘한다. - 교섭하는 것에 걱정이 없다. - 기획하고 판매하는 것에 자신이 있다.
지도력	사람을 지도하는 것을 좋아하는 경향	- 사람을 다루는 것을 잘한다. - 팀을 아우르는 것을 잘한다. - 사람에게 지시하는 것을 잘한다.
독자성	다른 사람의 영향을 받지 않고, 스스로 생각해서 행동하는 것을 좋아하는 경향	- 모든 것을 자신의 생각대로 하는 편이다. - 주변의 평가는 신경 쓰지 않는다. - 유혹에 강한 편이다.
외향성	외향적이고 사교적인 경향	- 다른 사람의 주목을 끄는 것을 좋아한다. - 사람들이 모인 곳에서 중심이 되는 편이다. - 담소를 나눌 때 주변을 즐겁게 해 준다.
우호성	친구가 많고, 대세의 사람이 되는 것을 좋아하는 경향	- 친구와 함께 있는 것을 좋아한다. - 무엇이라도 얘기할 수 있는 친구가 많다. - 친구와 함께 무언가를 하는 것이 많다.
사회성	세상 물정에 밝고 사람 앞에서도 낯을 가리지 않는 성격	- 자신감이 있고 유쾌하게 발표할 수 있다. - 공적인 곳에서 인사하는 것을 잘한다. - 사람들 앞에서 발표하는 것이 어렵지 않다.

겸손성	사람에 대해서 겸손하게 행동하고 누구라도 똑같이 사귀는 경향	- 자신의 성과를 그다지 내세우지 않는다. - 절제를 잘하는 편이다. - 사회적인 지위에 무관심하다.
협의성	사람들에게 의견을 물으면서 일을 진행하는 경향	- 사람들의 의견을 구하며 일하는 편이다. - 타인의 의견을 묻고 일을 진행시킨다. - 친구와 상담해서 계획을 세운다.
돌봄	측은해 하는 마음이 있고, 사람을 돌봐 주는 것을 좋아하는 경향	- 개인적인 상담에 친절하게 답해 준다. - 다른 사람의 상담을 진행하는 경우가 많다. - 후배의 어려움을 돌보는 것을 좋아한다.
구체적인 사물에 대한 관심	물건을 고치거나 만드는 것을 좋아하는 경향	- 고장 난 물건을 수리하는 것이 재미있다. - 상태가 안 좋은 기계도 잘 사용한다. - 말하기보다는 행동하기를 좋아한다.
데이터에 대한 관심	데이터를 정리해서 생각하는 것을 좋아하는 경향	- 통계 등의 데이터를 분석하는 것을 좋아한다. - 표를 만들거나 정리하는 것을 좋아한다. - 숫자를 다루는 것을 좋아한다.
미적가치에 대한 관심	미적인 것이나 예술적인 것을 좋아하는 경향	- 디자인에 관심이 있다. - 미술이나 음악을 좋아한다. - 미적인 감각에 자신이 있다.
인간에 대한 관심	사람의 행동에 동기나 배경을 분석하는 것을 좋아하는 경향	- 다른 사람을 분석하는 편이다. - 타인의 행동을 보면 동기를 알 수 있다. - 다른 사람의 행동을 잘 관찰한다.
정통성	이미 있는 가치관을 소중히 여기고, 익숙한 방법으로 사물을 대하는 것을 좋아하는 경향	- 실적이 보장되는 확실한 방법을 취한다. - 낡은 가치관을 존중하는 편이다. - 보수적인 편이다.
변화 지향	변화를 추구하고, 변화를 받아들이는 것을 좋아하는 경향	- 새로운 것을 하는 것을 좋아한다. - 해외여행을 좋아한다. - 경험이 없더라도 시도해 보는 것을 좋아한다.
개념성	지식에 대한 욕구가 있고, 논리적으로 생각하는 것을 좋아하는 경향	- 개념적인 사고가 가능하다. - 분석적인 사고를 좋아한다. - 순서를 만들고 단계에 따라 생각한다.
창조성	새로운 분야에 대한 공부를 하는 것을 좋아하는 경향	- 새로운 것을 추구한다. - 독창성이 있다. - 신선한 아이디어를 낸다.
계획성	앞을 생각해서 사물을 예상하고, 계획적으로 실행하는 것을 좋아하는 경향	- 과거를 돌이켜보며 계획을 세운다. - 앞날을 예상하며 행동한다. - 실수를 돌아보며 대책을 강구하는 편이다.

치밀함	정확한 순서를 세워 진행하는 것을 좋아하는 경향	– 사소한 실수는 거의 하지 않는다. – 정확하게 요구되는 것을 좋아한다. – 사소한 것에도 주의하는 편이다.
꼼꼼함	어떤 일이든 마지막까지 꼼꼼하게 마무리 짓는 경향	– 맡은 일을 마지막까지 해결한다. – 마감 시한은 반드시 지킨다. – 시작한 일은 중간에 그만두지 않는다.
여유	평소에 릴랙스하고, 스트레스에 잘 대처하는 경향	– 감정의 회복이 빠르다. – 분별없이 함부로 행동하지 않는다. – 스트레스에 잘 대처한다.
근심 · 걱정	어떤 일이 잘 진행되지 않으면 불안을 느끼고, 중요한 일을 앞두면 긴장하는 경향	– 예정대로 잘되지 않으면 근심 · 걱정이 많다. – 신경 쓰이는 일이 있으면 불안하다. – 중요한 만남 전에는 기분이 편하지 않다.
호방함	사람들이 자신을 어떻게 생각하는지를 신경 쓰지 않는 경향	– 사람들이 자신을 어떻게 생각하는지 그다지 신경 쓰지 않는다. – 상처받아도 동요하지 않고 아무렇지 않은 태도를 취한다. – 사람들의 비판에 크게 영향받지 않는다.
억제력	감정을 표현하지 않는 경향	– 쉽게 감정적으로 되지 않는다. – 분노를 억누른다. – 격분하지 않는다.
낙관적	사물을 낙관적으로 보는 경향	– 낙관적으로 생각하고 일을 진행시킨다. – 문제가 일어나도 낙관적으로 생각한다.
비판적	비판적으로 사물을 생각하고, 이론 · 문장 등의 오류에 신경 쓰는 경향	– 이론의 모순을 찾아낸다. – 계획이 갖춰지지 않은 것이 신경 쓰인다. – 누구도 신경 쓰지 않는 오류를 찾아낸다.
행동력	운동을 좋아하고, 민첩하게 행동하는 경향	– 동작이 날렵하다. – 여가를 활동적으로 보낸다. – 몸을 움직이는 것을 좋아한다.
경쟁성	지는 것을 싫어하는 경향	– 승부를 겨루게 되면 지는 것을 싫어한다. – 상대를 이기는 것을 좋아한다. – 싸워 보지 않고 포기하는 것을 싫어한다.
출세 지향	출세하는 것을 중요하게 생각하고, 야심적인 목표를 향해 노력하는 경향	– 출세 지향적인 성격이다. – 곤란한 목표도 달성할 수 있다. – 실력으로 평가받는 사회가 좋다.
결단력	빠르게 판단하는 경향	– 답을 빠르게 찾아낸다. – 문제에 대한 빠른 상황 파악이 가능하다. – 위험을 감수하고도 결단을 내리는 편이다.

🔍 4 인성검사 합격 전략

1 포장하지 않은 솔직한 답변

"다른 사람을 험담한 적이 한 번도 없다.", "물건을 훔치고 싶다고 생각해 본 적이 없다."

이 질문에 당신은 '그렇다', '아니다' 중 무엇을 선택할 것인가? 채용기업이 인성검사를 실시하는 가장 큰 이유는 '이 사람이 어떤 성향을 가진 사람인가'를 효율적으로 파악하기 위해서이다.

인성검사는 도덕적 가치가 빼어나게 높은 사람을 판별하려는 것도 아니고, 성인군자를 가려내기 위함도 아니다. 인간의 보편적 성향과 상식적 사고를 고려할 때, 도덕적 질문에 지나치게 겸손한 답변을 체크하면 오히려 솔직하지 못한 것으로 간주되거나 인성을 제대로 판단하지 못해 무효 처리가 되기도 한다. 자신의 성격을 포장하여 작위적인 답변을 하지 않도록 솔직하게 임하는 것이 예기치 않은 결과를 피하는 첫 번째 전략이 된다.

2 필터링 함정을 피하고 일관성 유지

앞서 강조한 솔직함은 일관성과 연결된다. 인성검사를 구성하는 많은 척도는 여러 형태의 문장 속에 동일한 요소를 적용해 반복되기도 한다. 예컨대 '나는 매우 활동적인 사람이다'와 '나는 운동을 매우 좋아한다'라는 질문에 '그렇다'고 체크한 사람이 '휴일에는 집에서 조용히 쉬며 독서하는 것이 좋다'에도 '그렇다'고 체크한다면 일관성이 없다고 평가될 수 있다.

그러나 일관성 있는 답변에만 매달리면 '이 사람이 같은 답변만 체크하기 위해 이 부분만 신경 썼구나'하는 필터링 함정에 빠질 수도 있다. 비슷하게 보이는 문장이 무조건 같은 내용이라고 판단하여 똑같이 답하는 것도 주의해야 한다. 일관성보다 중요한 것은 솔직함이다. 솔직함이 전제되지 않은 일관성은 허위 척도 필터링에서 드러나게 되어 있다. 유사한 질문의 응답이 터무니없이 다르거나 양극단에 치우치지 않는 정도라면 약간의 차이는 크게 문제되지 않는다. 중요한 것은 솔직함과 일관성이 하나의 연장선에 있다는 점을 명심하자.

3 지원한 직무와 연관성을 고려

다양한 분야의 많은 계열사와 큰 조직을 통솔하는 대기업은 여러 사람이 조직적으로 움직이는 만큼 각 직무에 걸맞은 능력을 갖춘 인재가 필요하다. 그래서 기업은 매년 신규채용으로 입사한 신입사원들의 젊은 패기와 참신한 능력을 성장 동력으로 활용한다.

기업은 사교성 있고 활달한 사람만을 원하지 않는다. 해당 직군과 직무에 따라 필요로 하는 사원의 능력과 개성이 다르기 때문에, 지원자가 희망하는 계열사나 부서의 직무가 무엇인지 제대로 파악하여 자신의 성향과 맞는지에 대한 고민은 반드시 필요하다. 같은 질문이라도 기업이 원하는 인재상이나 부서의 직무에 따라 판단 척도가 달라질 수 있다.

4 평상심 유지와 컨디션 관리

역시 솔직함과 연결된 내용이다. 한 질문에 오래 고민하고 신경 쓰면 불필요한 생각이 개입될 소지가 크다. 이는 직관을 떠나 이성적 판단에 따라 포장할 위험이 높아진다는 뜻이기도 하다. 긴 시간 생각하지 말고 자신의 평상시 생각과 감정대로 답하는 것이 중요하며, 가능한 건너뛰지 말고 모든 질문에 답하도록 한다. 300 ~ 400개 정도 문항을 출제하는 기업이 많기 때문에, 끝까지 집중하여 임하는 것이 중요하다.

특히 적성검사와 같은 날 실시하는 경우, 적성검사를 마친 후 연이어 보기 때문에 신체적·정신적으로 피로한 상태에서 자세가 흐트러질 수도 있다. 따라서 컨디션을 유지하면서 문항당 7 ~ 10초 이상 쓰지 않도록 하고, 문항 수가 많을 때는 답안지에 바로바로 표기하자.

02 인성검사 연습

🧑 1 인성검사 출제유형

신용협동조합(지역신협)의 인성검사는 온라인으로 실시하며 지정된 시간까지 검사가 완료되어야 한다. 신용협동조합(지역신협)의 인성검사는 256문항으로 구성되며(2023 상반기 기준) 지원자가 신협의 인재상인 '몰입하는 인재', '협동하는 인재', '글로벌한 인재', '신뢰받는 인재', '변화하는 인재'에 걸맞은 인재인지를 평가한다. 또한 응시자 개인의 사고방식과 태도, 행동 특성 등을 정확하게 평가하기 위하여 유사 질문의 반복을 통한 거짓말 척도 등으로 그 진실성을 평가한다. 따라서 정직하고 성실한 태도로 인성검사에 임하는 것이 필요하다.

🧑 2 문항군 개별 항목 체크

1 각 문항의 내용을 읽고 자신이 동의하는 정도에 따라 '① 매우 그렇지 않다 ② 그렇지 않다 ③ 그렇다 ④ 매우 그렇다' 중 해당되는 것을 표시한다.

2 작성된 검사지에 문항 수가 많으면 일관된 답변이 어려울 수도 있으므로 최대한 꾸밈없이 자신의 가치관과 신념을 바탕으로 솔직하게 답하도록 노력한다.

📢 인성검사 Tip

1. 직관적으로 솔직하게 답한다.
2. 모든 문제를 신중하게 풀도록 한다.
3. 비교적 일관성을 유지할 수 있도록 한다.
4. 평소의 경험과 선호도를 자연스럽게 답한다.
5. 각 문항에 너무 골똘히 생각하거나 고민하지 않는다.
6. 지원한 분야와 나의 성격의 연관성을 미리 생각하고 분석해 본다.

인적성검사

3 모의 연습

※ 자신의 모습 그대로 솔직하게 응답하십시오. 솔직하고 성의 있게 응답하지 않을 경우 결과가 무효 처리됩니다.

[001~256] 모든 문항에는 옳고 그른 답이 없습니다. 다음 문항을 잘 읽고 ① ~ ④ 중 본인에게 해당되는 부분에 표시해 주십시오.

번호	문항	응답			
		전혀 그렇지 않다	그렇지 않다	그렇다	매우 그렇다
001	고객을 만족시키기 위해서 거짓말을 할 수 있다.	①	②	③	④
002	일을 통해 나의 지식과 기술로 후대에 기여하고 싶다.	①	②	③	④
003	내 의견을 이해하지 못하는 사람은 상대하지 않는다.	①	②	③	④
004	사회에서 인정받을 수 있는 사람이 되고 싶다.	①	②	③	④
005	착한 사람은 항상 손해를 보게 되어 있다.	①	②	③	④
006	내가 잘한 일은 남들이 꼭 알아줬으면 한다.	①	②	③	④
007	나와 다른 의견도 끝까지 듣는다.	①	②	③	④
008	어떤 말을 들을 때 다른 생각이 자꾸 떠오른다.	①	②	③	④
009	조직에서 될 수 있으면 비중 있는 일을 담당하려 노력한다.	①	②	③	④
010	싸운 후 다시 화해하는 데까지 시간이 많이 걸린다.	①	②	③	④
011	인정에 이끌려 내 생각을 변경한 적이 많다.	①	②	③	④
012	상처를 잘 받지 않고 실패나 실수를 두려워하지 않는다.	①	②	③	④
013	나만의 공간에 다른 사람이 침범하는 것을 싫어한다.	①	②	③	④
014	약속을 잊어버려 당황할 때가 종종 있다.	①	②	③	④
015	정해진 내용과 범위에 따라 일하는 것을 좋아한다.	①	②	③	④
016	지시를 받기 전에 먼저 일을 찾아서 하는 성향이다.	①	②	③	④
017	내 뜻에 맞지 않으면 조목조목 따진다.	①	②	③	④
018	하고 싶은 말이 있으면 꼭 해야만 마음이 편하다.	①	②	③	④
019	일 때문에 다른 것을 포기할 때가 많다.	①	②	③	④
020	상대방을 격려하고 고무시키는 일을 잘 못한다.	①	②	③	④
021	잘못을 저질렀을 때 요령 있게 상황을 잘 넘긴다.	①	②	③	④
022	문제를 많이 가지고 있는 사람일수록 덜 행복할 것이다.	①	②	③	④
023	현실에서 벗어나고 싶다는 생각이 들 때가 많다.	①	②	③	④
024	주변에는 감사할 일들이 별로 없다.	①	②	③	④
025	어떤 경우라도 남을 미워하지 않는다.	①	②	③	④

번호	문항	응답			
		전혀 그렇지 않다	그렇지 않다	그렇다	매우 그렇다
026	미래를 예측하거나 추상적인 개념 정립을 좋아한다.	①	②	③	④
027	회사의 일거리를 집에까지 가져가서 일하고 싶지는 않다.	①	②	③	④
028	웬만해서는 자신의 감정을 표현하지 않는다.	①	②	③	④
029	약속을 한 번도 어긴 적이 없다.	①	②	③	④
030	지루하거나 심심한 것은 잘 못 참는다.	①	②	③	④
031	자신의 논리와 법칙에 따라 행동한다.	①	②	③	④
032	옳다고 생각하면 다른 사람과 의견이 달라도 끝까지 의견을 고수한다.	①	②	③	④
033	확실하지 않은 것은 처음부터 시작하지 않는다.	①	②	③	④
034	성공할 것이라고 생각되는 확실한 계획만 실행에 옮긴다.	①	②	③	④
035	지인이나 친구의 부탁을 쉽게 거절하지 못한다.	①	②	③	④
036	잘못한 상대와는 다시 상대하지 않는 편이다.	①	②	③	④
037	나는 무슨 일이든지 잘할 수 있다.	①	②	③	④
038	양보와 타협보다 내 이익이 우선이다.	①	②	③	④
039	속고 사는 것보다 차라리 남을 속이는 것이 좋다.	①	②	③	④
040	새로운 유행이 시작되면 먼저 시도해 본다.	①	②	③	④
041	내 의견과 다르더라도 집단의 의견과 결정에 순응한다.	①	②	③	④
042	사람이 많이 모인 곳에 나가기가 어렵다.	①	②	③	④
043	기분에 따라 행동하는 경우는 거의 없다.	①	②	③	④
044	문제를 해결할 때 제일 먼저 떠오른 생각에 따른다.	①	②	③	④
045	작은 기쁨에도 지나치게 기뻐한다.	①	②	③	④
046	세상에는 감사할 일들이 너무 많다.	①	②	③	④
047	조심스럽게 운전하는 사람을 보면 짜증이 난다.	①	②	③	④
048	타고난 천성은 근본적으로 변화시킬 수 없다.	①	②	③	④
049	혼자보다 함께 일할 때 더 신이 난다.	①	②	③	④
050	식사 전에는 꼭 손을 씻는다.	①	②	③	④
051	문제가 생겼을 때 그 원인을 남에 비해 쉽게 알아낸다.	①	②	③	④
052	세상은 부정부패로 가득 차 있다.	①	②	③	④
053	하고 싶은 일을 하지 않고는 못 배긴다.	①	②	③	④
054	에너지가 넘친다는 말을 자주 듣는다.	①	②	③	④
055	거래처를 방문할 때 조그마한 선물 준비는 기본 예의다.	①	②	③	④

번호	문항	응답			
		전혀 그렇지 않다	그렇지 않다	그렇다	매우 그렇다
056	타인이 나를 비판하는 것을 견디지 못한다.	①	②	③	④
057	다른 사람의 일에는 절대 참견하지 않는다.	①	②	③	④
058	경제적 이득이 없더라도 인맥 구축을 위해 모임에 참석한다.	①	②	③	④
059	많은 사람의 도움이 없었다면 지금의 나도 없었을 것이다.	①	②	③	④
060	기분파라는 말을 자주 듣는다.	①	②	③	④
061	상대방을 생각해서 하고 싶은 말을 다 못할 때가 많다.	①	②	③	④
062	수줍음이 많아 앞에 잘 나서질 못한다.	①	②	③	④
063	내키지 않는 약속이라도 철저히 지킨다.	①	②	③	④
064	모임에서 함께 어울려 놀기보다 조용히 구경하는 것을 더 좋아한다.	①	②	③	④
065	조그마한 소리에도 잘 놀란다.	①	②	③	④
066	부자와 가난한 사람의 주된 차이는 운이다.	①	②	③	④
067	다양한 사람을 만나 소통하는 것을 좋아한다.	①	②	③	④
068	먼저 뛰어 들기보다 남들이 하는 것을 우선 관찰해본다.	①	②	③	④
069	살아있는 하루하루에 대해 감사함을 느낀다.	①	②	③	④
070	다른 사람에 비해 열등감을 많이 느낀다.	①	②	③	④
071	국제적, 정치적 문제에 보수적인 태도를 취한다.	①	②	③	④
072	깊이 생각하는 문제보다 쉽게 다룰 수 있는 문제를 선호한다.	①	②	③	④
073	통제하는 것보다 통제받는 것을 더 선호한다.	①	②	③	④
074	우선순위가 상황에 따라 자주 바뀐다.	①	②	③	④
075	주위 환경이 나를 괴롭히거나 불행하게 만든다.	①	②	③	④
076	좋고 싫음에 대해 내색을 잘하지 못한다.	①	②	③	④
077	갈등이 생기면 간접적이고 우회적으로 접근한다.	①	②	③	④
078	필요하다면 어떤 상대도 내 편으로 만들 수 있다.	①	②	③	④
079	남이 시키는 일을 하는 것이 편하다.	①	②	③	④
080	미래의 비전보다는 구체적인 현안 해결을 중시한다.	①	②	③	④
081	순간적인 기분으로 행동할 때가 많다.	①	②	③	④
082	사소한 법이라도 어긴 적이 없다.	①	②	③	④
083	누군가 나를 감시(미행)하고 있다는 느낌이 들 때가 있다.	①	②	③	④
084	현재의 나는 그렇게 행복한 삶을 살고 있지 않다.	①	②	③	④
085	상대에게 상처가 되더라도 진실을 이야기한다.	①	②	③	④

번호	문항	응답			
		전혀 그렇지 않다	그렇지 않다	그렇다	매우 그렇다
086	내가 행복해지려면 주변의 많은 것들이 변해야 한다.	①	②	③	④
087	일이나 타인의 부탁에 대해 끊고 맺음이 분명하다.	①	②	③	④
088	성격이 급하다는 말을 자주 듣는다.	①	②	③	④
089	아무 이유 없이 눈물이 나기도 한다.	①	②	③	④
090	다른 사람의 사랑 없이 나는 행복해질 수 없다.	①	②	③	④
091	조직의 이익보다는 내 입장이 우선이다.	①	②	③	④
092	본인에게 중요하지 않은 대화는 안 하는 편이다.	①	②	③	④
093	상대방이 불편해 하면 비위를 맞추려고 노력한다.	①	②	③	④
094	관심 있는 세미나나 강연회가 있으면 열심히 찾아가서 듣는다.	①	②	③	④
095	살아갈수록 감사할 일들이 많아진다.	①	②	③	④
096	사고하는 문제보다 쉽게 풀 수 있는 문제를 좋아한다.	①	②	③	④
097	눈치가 빠르며 상황을 빨리 파악하는 편이다.	①	②	③	④
098	현재의 나에 대해 매우 만족한다.	①	②	③	④
099	자존심이 상하면 화를 잘 참지 못한다.	①	②	③	④
100	부담을 주는 상대는 되도록 피한다.	①	②	③	④
101	일의 성사를 위해 연고(지연, 학연, 혈연 등)관계를 적극 활용할 필요가 있다.	①	②	③	④
102	어떤 일에 집중하느라 약속을 잊어버릴 때가 가끔 있다.	①	②	③	④
103	자진해서 발언하는 일이 별로 없다.	①	②	③	④
104	쓸데없는 잔걱정이 끊이질 않는다.	①	②	③	④
105	공정과 정의보다 사랑과 용서가 더 중요하다.	①	②	③	④
106	의사결정을 할 때 주도적 역할을 한다.	①	②	③	④
107	다툼을 피하기 위해 상대에게 져주는 편이다.	①	②	③	④
108	갈등이나 마찰을 피하기 위해 대부분 양보하는 편이다.	①	②	③	④
109	무엇이든 직선적으로 대응하는 방식을 선호한다.	①	②	③	④
110	자료를 분석하고 예측하는 일을 잘한다.	①	②	③	④
111	행운이 없이는 능력 있는 지도자가 될 수 없다.	①	②	③	④
112	뜻을 정하면 좀처럼 흔들리지 않는다.	①	②	③	④
113	혁신적이고 급진적인 사고방식에 거부감이 있다.	①	②	③	④
114	완벽한 능력이 있고, 성공을 해야만 내 가치를 인정받을 수 있다.	①	②	③	④
115	세상일은 절대로 내 뜻대로 되지 않는다.	①	②	③	④

번호	문항	응답			
		전혀 그렇지 않다	그렇지 않다	그렇다	매우 그렇다
116	조금은 엉뚱하게 생각하곤 한다.	①	②	③	④
117	불편한 상황은 그대로 넘기지 않고 시시비비를 따지는 편이다.	①	②	③	④
118	아무 목적 없이 여행하고 방랑했던 기억이 몇 차례 있다.	①	②	③	④
119	남들이 생각하지 못한 독특한 의견을 개진하곤 한다.	①	②	③	④
120	사람들과 헤어질 때 불안을 느낀다.	①	②	③	④
121	과거의 영향에서 벗어난다는 것은 거의 불가능하다.	①	②	③	④
122	세상에서 행복해지려면 반드시 돈이 많아야 한다.	①	②	③	④
123	상대방의 의견에 잘 맞추어 행동한다.	①	②	③	④
124	이롭지 않은 약속은 무시할 때가 종종 있다.	①	②	③	④
125	새롭게 느껴지는 문제를 해결하는 것을 좋아한다.	①	②	③	④
126	궂은일이나 애로사항이 생기면 도맡아서 처리한다.	①	②	③	④
127	다른 사람이 한 말의 숨은 뜻을 쉽게 알아차릴 수 있다.	①	②	③	④
128	잘못된 규정이라도 일단 확정되면 규정에 따라야 한다.	①	②	③	④
129	새로운 것을 보면 그냥 지나치지 못한다.	①	②	③	④
130	다시 태어나도 현재와 같은 삶을 살고 싶다.	①	②	③	④
131	나와 맞지 않다고 생각되는 사람하고는 굳이 친해지려고 하지 않는다.	①	②	③	④
132	양심적으로 살면 불이익을 당하는 경우가 많다.	①	②	③	④
133	가까운 사람에게 선물을 주는 것을 좋아한다.	①	②	③	④
134	남들이 당연하게 여기는 것도 의문을 품는 경향이 있다.	①	②	③	④
135	어렵고 힘든 일을 자진해서 떠맡는 편이다.	①	②	③	④
136	주변 환경이나 사물에 별로 관심이 없다.	①	②	③	④
137	나는 모든 사람으로부터 사랑받고 인정받아야 한다.	①	②	③	④
138	마음이 안심될 때까지 확인한다.	①	②	③	④
139	정서적으로 예민하고 유행에 민감하다.	①	②	③	④
140	조직이 원한다면 많은 희생을 감수할 수 있다.	①	②	③	④
141	다른 사람에 비해 유행이나 변화에 민감하지 못한 편이다.	①	②	③	④
142	명절에 거래처에서 주는 상품권이나 선물은 금액이 많지 않다면 받아도 된다.	①	②	③	④
143	질문을 많이 하고 의문을 많이 가진다.	①	②	③	④
144	감수성이 풍부하고 감정의 기복이 심하다.	①	②	③	④
145	공정한 사람보다 인정 많은 사람으로 불리고 싶다.	①	②	③	④

번호	문항	응답			
		전혀 그렇지 않다	그렇지 않다	그렇다	매우 그렇다
146	목표 달성을 위해서라면 사소한 규칙은 무시해도 된다.	①	②	③	④
147	남이 부탁하면 거절하지 못하고 일단 맡아 놓고 본다.	①	②	③	④
148	나의 미래는 희망으로 가득 차 있다.	①	②	③	④
149	기존의 방법과 다른 방향으로 생각하려 노력한다.	①	②	③	④
150	아무리 바빠도 시간을 내서 독서를 한다.	①	②	③	④
151	내 생각과 달라도 어른이나 상사의 행동이나 지시를 잘 따르는 편이다.	①	②	③	④
152	나와 관련 없는 것은 관심을 갖지 않는다.	①	②	③	④
153	항상 스스로 실수를 인정한다.	①	②	③	④
154	발이 넓고 활동적이어서 늘 바쁘다.	①	②	③	④
155	시간이 지난 후에야 어떤 일이나 사람에 대해 감사함을 느끼게 된다.	①	②	③	④
156	다른 사람들보다 옳고 그름에 대해 엄격한 편이다.	①	②	③	④
157	세세한 것에 신경 쓰다 큰 그림을 놓치는 경향이 있다.	①	②	③	④
158	사정에 따라 우선순위를 자주 바꾸는 경향이 있다.	①	②	③	④
159	흥분을 잘하지만 또 금방 풀어진다.	①	②	③	④
160	세상은 그저 스쳐지나가는 것이라는 느낌이 자주 든다.	①	②	③	④
161	내 근심을 덜어 줄 사람은 아무도 없다.	①	②	③	④
162	하고 싶은 말을 잘 참지 못한다.	①	②	③	④
163	위험을 회피하고 확실한 길만 간다.	①	②	③	④
164	내 주장이 맞다고 생각하면 양보하지 않는다.	①	②	③	④
165	분노를 표현하는 데 주저하지 않는다.	①	②	③	④
166	나는 주는 것보다 받은 것이 너무 많다.	①	②	③	④
167	특별한 용건이 없는 한 사람들을 잘 만나지 않는다.	①	②	③	④
168	인생은 허무하고 공허할 뿐이다.	①	②	③	④
169	상대 잘못으로 갈등이 생겨도 먼저 가서 화해를 청한다.	①	②	③	④
170	나에 대한 가치는 다른 사람의 평가에 달려 있다.	①	②	③	④
171	다른 사람의 일까지 맡아서 하는 경우가 많다.	①	②	③	④
172	다른 사람들과 똑같은 생각이나 행동을 하기 싫다.	①	②	③	④
173	내키지 않는 하찮은 일을 하기가 어렵다.	①	②	③	④
174	지배당하는 것보다 지배하는 삶이 훨씬 가치 있다.	①	②	③	④
175	문제가 생기면 해결사 역할을 도맡아 한다.	①	②	③	④

번호	문항	응답			
		전혀 그렇지 않다	그렇지 않다	그렇다	매우 그렇다
176	꼼꼼히 하는 것보다 빨리하는 것을 좋아한다.	①	②	③	④
177	나는 언제나 잘될 것이라고 생각한다.	①	②	③	④
178	남을 의심해 본 적이 없다.	①	②	③	④
179	도전해 볼 만한 일이라면 실패 위험을 감수한다.	①	②	③	④
180	어찌 됐든 규정을 어겼다면 처벌을 받아야 한다.	①	②	③	④
181	다른 사람의 좋은 점을 말하고 칭찬하기를 좋아한다.	①	②	③	④
182	미래가 암담하게 느껴질 때가 많다.	①	②	③	④
183	다른 사람이 선뜻 나서지 않는 문제를 먼저 자원해서 해결한다.	①	②	③	④
184	세상의 모든 불공정한 일에 대해 생각할 때 괴롭다.	①	②	③	④
185	일과 사람(공과 사)의 구분이 명확하다.	①	②	③	④
186	조그마한 실수나 결점에 매우 민감하다.	①	②	③	④
187	복잡하고 어려운 문제에 도전하는 것이 재미있다.	①	②	③	④
188	종종 내 삶은 무의미한 것 같다.	①	②	③	④
189	서로 대립할 때 중재 역할을 잘 못한다.	①	②	③	④
190	협력하는 일보다 개인 중심 업무를 선호한다.	①	②	③	④
191	다른 사람이 참견하고 간섭하는 것을 싫어한다.	①	②	③	④
192	개인 활동보다 팀 활동을 선호한다.	①	②	③	④
193	건물에 들어가면 비상구를 항상 확인해 둔다.	①	②	③	④
194	어떤 경기든 홈그라운드의 이점은 있어야 한다.	①	②	③	④
195	상대가 공격해오면 곧바로 되받아친다.	①	②	③	④
196	상대방이 실수를 해도 싫은 말을 잘 못한다.	①	②	③	④
197	확인되고 증명된 것만을 믿는다.	①	②	③	④
198	나의 일상은 흥미진진한 일들로 가득 차 있다.	①	②	③	④
199	회사에 지장을 주지 않는 선에서 다른 일을 겸하는 것은 문제되지 않는다.	①	②	③	④
200	좋은 소식은 물론 나쁜 소식도 솔직하게 공유한다.	①	②	③	④
201	우울해지면 며칠 혹은 몇 주 동안 아무것도 못하고 보내버린다.	①	②	③	④
202	사람을 접대하고 응대하는 일을 잘한다.	①	②	③	④
203	일이나 생활에서 정해진 시간에 맞춰 일하는 것을 잘 못한다.	①	②	③	④
204	무슨 일이든 빨리 해결하려는 경향이 있다.	①	②	③	④
205	정보나 감정을 나누는 데 서툰 편이다.	①	②	③	④

번호	문항	응답			
		전혀 그렇지 않다	그렇지 않다	그렇다	매우 그렇다
206	사소한 잘못은 지혜롭게 변명하고 넘어간다.	①	②	③	④
207	나에게는 좋지 못한 습관이 있다.	①	②	③	④
208	정직한 사람은 평생 가난하게 산다.	①	②	③	④
209	개인의 목표보다 조직의 목표가 우선이다.	①	②	③	④
210	어떤 현상에 대해 비판적 시각으로 접근한다.	①	②	③	④
211	내 생각과 견해가 다른 규칙(또는 규정)은 따르기가 어렵다.	①	②	③	④
212	남들과 다른 방식으로 생각하기를 좋아한다.	①	②	③	④
213	자신을 잘 드러내지 않고 사적인 이야기를 거의 하지 않는다.	①	②	③	④
214	정해진 틀(규정이나 절차) 안에서 움직이길 싫어한다.	①	②	③	④
215	주변의 조그만 변화도 빨리 알아챈다.	①	②	③	④
216	항상 나 자신이 만족스럽다.	①	②	③	④
217	관심이나 관련 없는 지루한 말도 끝까지 잘 들어준다.	①	②	③	④
218	격식의 틀을 싫어하고 구속받는 것을 싫어한다.	①	②	③	④
219	사람을 사귈 때 어느 정도 거리를 두고 사귄다.	①	②	③	④
220	앞에 나서기보다 뒤에서 도와주는 역할을 선호한다.	①	②	③	④
221	다소 원칙을 벗어나도 결과가 좋으면 다 해결된다.	①	②	③	④
222	남에게 일을 가르치거나 지도하기를 좋아한다.	①	②	③	④
223	상대가 불쾌한 자극을 주어도 잘 참는 편이다.	①	②	③	④
224	남과 어울려서 일하면 집중이 잘 안 된다.	①	②	③	④
225	한 자리에 오랫동안 앉아있지 못한다.	①	②	③	④
226	좋고 나쁨에 대한 감정을 확실히 표현하며 잘 흥분한다.	①	②	③	④
227	모든 것이 현실이 아닌 것처럼 느껴질 때가 종종 있다.	①	②	③	④
228	자신의 이익을 주장하지 못하는 것은 무능한 것이다.	①	②	③	④
229	느린 속도의 안정보다 빠른 속도의 변화를 선호한다.	①	②	③	④
230	다른 사람들이 나를 이해하지 못하는 것 같다.	①	②	③	④
231	급한 성격 탓에 작은 실수를 범하곤 한다.	①	②	③	④
232	의견이 서로 다를 때 대부분 양보하는 편이다.	①	②	③	④
233	남이 잘되는 것을 보고 시샘한 적이 없다.	①	②	③	④
234	타인의 느낌이나 관심에 민감하다.	①	②	③	④
235	나와 다른 의견을 가진 사람들을 설득하는 것을 잘한다.	①	②	③	④

1회 기출유형

2회 기출유형

3회 기출유형

4회 기출유형

5회 기출유형

인성검사

면접가이드

번호	문항	응답			
		전혀 그렇지 않다	그렇지 않다	그렇다	매우 그렇다
236	약속을 겹치게 잡는 경우가 종종 있다.	①	②	③	④
237	다른 사람의 비판에 매우 민감한 편이다.	①	②	③	④
238	좋아하는 사람과 싫은 사람의 경계가 분명하다.	①	②	③	④
239	내 자신이 초라하게 느껴질 때가 종종 있다.	①	②	③	④
240	살아있는 것이 기적이라고 생각한다.	①	②	③	④
241	기분이 상황에 따라 자주 바뀐다.	①	②	③	④
242	회사 규정을 준수하는 것보다 고객 만족이 우선이다.	①	②	③	④
243	주변에 못마땅해 보이는 사람들이 많다.	①	②	③	④
244	나는 절대로 욕을 하지 않는다.	①	②	③	④
245	미래에 일어날 일들에 대해 많은 걱정을 한다.	①	②	③	④
246	인정을 받으려면 항상 일을 잘해야만 한다.	①	②	③	④
247	흥정이나 협상하는 일을 잘한다.	①	②	③	④
248	경기에서 편파 판정은 어느 정도 인정하고 가야 한다.	①	②	③	④
249	나는 항상 밝은 면을 보려고 노력한다.	①	②	③	④
250	다른 사람과 너무 다르거나 이상한 주장은 피하고 싶다.	①	②	③	④
251	타인의 비판에 적극적으로 대응한다.	①	②	③	④
252	덜렁거리고 신중하지 못한 경향이 있다.	①	②	③	④
253	평소 이미지 관리에 신경을 많이 쓴다.	①	②	③	④
254	의사결정을 할 때에는 사람들과 의논한다.	①	②	③	④
255	팀에서 사람들과의 화합이 중요하다고 생각한다.	①	②	③	④
256	나는 공식이나 법칙을 다루는 것이 좋다.	①	②	③	④

Memo

미래를 창조하기에 꿈만큼 좋은 것은 없다.
오늘의 유토피아가 내일 현실이 될 수 있다.

**There is nothing like dream to create the future.
Utopia today, flesh and blood tomorrow.**

빅토르 위고 Victor Hugo

파트 3 면접가이드

01 면접의 이해
02 구조화 면접 기법
03 면접 최신 기출 주제

01 면접의 이해

※ 능력중심 채용에서는 타당도가 높은 구조화 면접을 적용한다.

1 면접이란?

일을 하는 데 필요한 능력(직무역량, 직무지식, 인재상 등)을 지원자가 보유하고 있는지를 다양한 면접기법을 활용하여 확인하는 절차이다. 자신의 환경, 성취, 관심사, 경험 등에 대해 이야기하여 본인이 적합하다는 것을 보여 줄 기회를 제공하고, 면접관은 평가에 필요한 정보를 수집하고 평가하는 것이다.

- 지원자의 태도, 적성, 능력에 대한 정보를 심층적으로 파악하기 위한 선발 방법
- 선발의 최종 의사결정에 주로 사용되는 선발 방법
- 전 세계적으로 선발에서 가장 많이 사용되는 핵심적이고 중요한 방법

2 면접의 특징

서류전형이나 인적성검사에서 드러나지 않는 것들을 볼 수 있는 기회를 제공한다.

- 직무수행과 관련된 다양한 지원자 행동에 대한 관찰이 가능하다.
- 면접관이 알고자 하는 정보를 심층적으로 파악할 수 있다.
- 서류상의 미비한 사항과 의심스러운 부분을 확인할 수 있다.
- 커뮤니케이션, 대인관계행동 등 행동·언어적 정보도 얻을 수 있다.

3 면접의 평가요소

1 인재적합도

해당 기관이나 기업별 인재상에 대한 인성 평가

2 조직적합도

조직에 대한 이해와 관련 상황에 대한 평가

3 직무적합도

직무에 대한 지식과 기술, 태도에 대한 평가

🔍 4 면접의 유형

구조화된 정도에 따른 분류

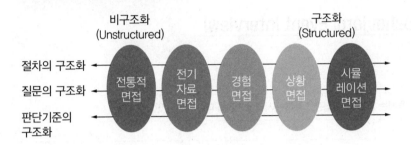

1 구조화 면접(Structured Interview)

사전에 계획을 세워 질문의 내용과 방법, 지원자의 답변 유형에 따른 추가 질문과 그에 대한 평가역량이 정해져 있는 면접 방식(표준화 면접)

- 표준화된 질문이나 평가요소가 면접 전 확정되며, 지원자는 편성된 조나 면접관에 영향을 받지 않고 동일한 질문과 시간을 부여받을 수 있음.
- 조직 또는 직무별로 주요하게 도출된 역량을 기반으로 평가요소가 구성되어, 조직 또는 직무에서 필요한 역량을 가진 지원자를 선발할 수 있음.
- 표준화된 형식을 사용하는 특성 때문에 비구조화 면접에 비해 신뢰성과 타당성, 객관성이 높음.

2 비구조화 면접(Unstructured Interview)

면접 계획을 세울 때 면접 목적만 명시하고 내용이나 방법은 면접관에게 전적으로 일임하는 방식(비표준화 면접)

- 표준화된 질문이나 평가요소 없이 면접이 진행되며, 편성된 조나 면접관에 따라 지원자에게 주어지는 질문이나 시간이 다름.
- 면접관의 주관적인 판단에 따라 평가가 이루어져 평가 오류가 빈번히 일어남.
- 상황 대처나 언변이 뛰어난 지원자에게 유리한 면접이 될 수 있음.

02 구조화 면접 기법

※ 능력중심 채용에서는 타당도가 높은 구조화 면접을 적용한다.

1 경험면접(Behavioral Event Interview)

면접 프로세스

안내 ┤ 지원자는 입실 후, 면접관을 통해 인사말과 면접에 대한 간단한 안내를 받음.

질문 ┤ 지원자는 면접관에게 평가요소(직업기초능력, 직무수행능력 등)와 관련된 주요 질문을 받게 되며, 질문에서 의도하는 평가요소를 고려하여 응답할 수 있도록 함.

세부질문 ┤
- 지원자가 응답한 내용을 토대로 해당 평가기준들을 충족시키는지 파악하기 위한 세부질문이 이루어짐.
- 구체적인 행동·생각 등에 대해 응답할수록 높은 점수를 얻을 수 있음.

- **방식**

  해당 역량의 발휘가 요구되는 일반적인 상황을 제시하고, 그러한 상황에서 어떻게 행동했었는지(과거경험)를 이야기하도록 함.

- **판단기준**

  해당 역량의 수준, 경험 자체의 구체성, 진실성 등

- **특징**

  추상적인 생각이나 의견 제시가 아닌 과거 경험 및 행동 중심의 질의가 이루어지므로 지원자는 사전에 본인의 과거 경험 및 사례를 정리하여 면접에 대비할 수 있음.

- **예시**

지원분야		지원자		면접관		(인)
경영자원관리 조직이 보유한 인적자원을 효율적으로 활용하여, 조직 내 유·무형 자산 및 재무자원을 효율적으로 관리한다.						
주질문						
A. 어떤 과제를 처리할 때 기존에 팀이 사용했던 방식의 문제점을 찾아내 이를 보완하여 과제를 더욱 효율적으로 처리했던 경험에 대해 이야기해 주시기 바랍니다.						
세부질문						
[상황 및 과제] 사례와 관련해 당시 상황에 대해 이야기해 주시기 바랍니다. [역할] 당시 지원자께서 맡았던 역할은 무엇이었습니까? [행동] 사례와 관련해 구성원들의 설득을 이끌어 내기 위해 어떤 노력을 하였습니까? [결과] 결과는 어땠습니까?						

기대행동	평점
업무진행에 있어 한정된 자원을 효율적으로 활용한다.	① - ② - ③ - ④ - ⑤
구성원들의 능력과 성향을 파악해 효율적으로 업무를 배분한다.	① - ② - ③ - ④ - ⑤
효과적 인적/물적 자원관리를 통해 맡은 일을 무리 없이 잘 마무리한다.	① - ② - ③ - ④ - ⑤

척도해설

1 : 행동증거가 거의 드러나지 않음	2 : 행동증거가 미약하게 드러남	3 : 행동증거가 어느 정도 드러남	4 : 행동증거가 명확하게 드러남	5 : 뛰어난 수준의 행동증거가 드러남
관찰기록 :				
총평 :				

※ 실제 적용되는 평가지는 기업/기관마다 다름.

🐾 2 상황면접(Situational Interview)

면접 프로세스

안내 ▸ 지원자는 입실 후, 면접관을 통해 인사말과 면접에 대한 간단한 안내를 받음.

⌄

질문 ▸ • 지원자는 상황질문지를 검토하거나 면접관을 통해 상황 및 질문을 제공받음.
• 면접관의 질문이나 질문지의 의도를 파악하여 응답할 수 있도록 함.

⌄

세부질문 ▸ • 지원자가 응답한 내용을 토대로 해당 평가기준들을 충족시키는지 파악하기 위한 세부질문이 이루어짐.
• 구체적인 행동·생각 등에 대해 응답할수록 높은 점수를 얻을 수 있음.

• 방식
직무 수행 시 접할 수 있는 상황들을 제시하고, 그러한 상황에서 어떻게 행동할 것인지(행동의도)를 이야기하도록 함.

• 판단기준
해당 상황에 맞는 해당 역량의 구체적 행동지표

• 특징
지원자의 가치관, 태도, 사고방식 등의 요소를 평가하는 데 용이함.

• 예시

지원분야		지원자		면접관	(인)

유관부서협업
타 부서의 업무협조요청 등에 적극적으로 협력하고 갈등 상황이 발생하지 않도록 이해관계를 조율하며 관련 부서의 협업을 효과적으로 이끌어 낸다.

주질문

당신은 생산관리팀의 팀원으로, 2개월 뒤에 제품 A를 출시하기 위해 생산팀의 생산 계획을 수립한 상황입니다. 그러나 원가가 곧 실적으로 이어지는 구매팀에서는 최대한 원가를 줄여 전반적 단가를 낮추려고 원가절감을 위한 제안을 하였으나, 연구개발팀에서는 구매팀이 제안한 방식으로 제품을 생산할 경우 대부분이 구매팀의 실적으로 산정될 것이므로 제대로 확인도 해보지 않은 채 적합하지 않은 방식이라고 판단하고 있습니다. 당신은 어떻게 하겠습니까?

세부질문

[상황 및 과제] 이 상황의 핵심적인 이슈는 무엇이라고 생각합니까?
[역할] 당신의 역할을 더 잘 수행하기 위해서는 어떤 점을 고려해야 하겠습니까? 왜 그렇게 생각합니까?
[행동] 당면한 과제를 해결하기 위해서 구체적으로 어떤 조치를 취하겠습니까? 그 이유는 무엇입니까?
[결과] 그 결과는 어떻게 될 것이라고 생각합니까? 그 이유는 무엇입니까?

척도해설

1 : 행동증거가 거의 드러나지 않음	2 : 행동증거가 미약하게 드러남	3 : 행동증거가 어느 정도 드러남	4 : 행동증거가 명확하게 드러남	5 : 뛰어난 수준의 행동증거가 드러남

관찰기록 :

총평 :

※ 실제 적용되는 평가지는 기업/기관마다 다름.

3 발표면접(Presentation)

면접 프로세스

안내
• 입실 후 지원자는 면접관으로부터 인사말과 발표면접에 대해 간략히 안내받음.
• 면접 전 지원자는 과제 검토 및 발표 준비시간을 가짐.

발표
• 지원자들이 과제 주제와 관련하여 정해진 시간 동안 발표를 실시함.
• 면접관은 발표내용 중 평가요소와 관련해 나타난 가점 및 감점요소들을 평가하게 됨.

질문응답
• 발표 종료 후 면접관은 정해진 시간 동안 지원자의 발표내용과 관련해 구체적인 내용을 확인하기 위한 질문을 함.
• 지원자는 면접관의 질문의도를 정확히 파악하여 적절히 응답할 수 있도록 함.
• 응답 시 명확하고 자신있게 전달할 수 있도록 함.

- **방식**
  지원자가 특정 주제와 관련된 자료(신문기사, 그래프 등)를 검토하고, 그에 대한 자신의 생각을 면접관 앞에서 발표하며, 추가 질의응답이 이루어짐.

- **판단기준**
  지원자의 사고력, 논리력, 문제해결능력 등

- **특징**
  과제를 부여한 후, 지원자들이 과제를 수행하는 과정과 결과를 관찰 · 평가함. 과제수행의 결과뿐 아니라 과제수행 과정에서의 행동을 모두 평가함.

4 토론면접(Group Discussion)

면접 프로세스

안내
- 입실 후, 지원자들은 면접관으로부터 토론 면접의 전반적인 과정에 대해 안내받음.
- 지원자는 정해진 자리에 착석함.

토론
- 지원자들이 과제 주제와 관련하여 정해진 시간 동안 토론을 실시함(시간은 기관별 상이).
- 지원자들은 면접 전 과제 검토 및 토론 준비시간을 가짐.
- 토론이 진행되는 동안, 지원자들은 다른 토론자들의 발언을 경청하여 적절히 본인의 의사를 전달할 수 있도록 함. 더불어 적극적인 태도로 토론면접에 임하는 것도 중요함.

마무리
(5분 이내)
- 면접 종료 전, 지원자들은 토론을 통해 도출한 결론에 대해 첨언하고 적절히 마무리 지음.
- 본인의 의견을 전달하는 것과 동시에 다른 토론자를 배려하는 모습도 중요함.

- **방식**
  상호갈등적 요소를 가진 과제 또는 공통의 과제를 해결하는 내용의 토론 과제(신문기사, 그래프 등)를 제시하고, 그 과정에서의 개인 간의 상호작용 행동을 관찰함.

- **판단기준**
  팀워크, 갈등 조정, 의사소통능력 등

- **특징**
  면접에서 최종안을 도출하는 것도 중요하나 주장의 옳고 그름이 아닌 결론을 도출하는 과정과 말하는 자세 등도 중요함.

5 역할연기면접(Role Play Interview)

- 방식

  기업 내 발생 가능한 상황에서 부딪히게 되는 문제와 역할을 가상적으로 설정하여 특정 역할을 맡은 사람과 상호작용하고 문제를 해결해 나가도록 함.

- 판단기준

  대처능력, 대인관계능력, 의사소통능력 등

- 특징

  실제 상황과 유사한 가상 상황에서 지원자의 성격이나 대처 행동 등을 관찰할 수 있음.

6 조별활동(GA : Group Activity)

- 방식

  지원자들이 팀(집단)으로 협력하여 정해진 시간 안에 활동 또는 게임을 하며 면접관들은 지원자들의 행동을 관찰함.

- 판단기준

  대인관계능력, 팀워크, 창의성 등

- 특징

  기존 면접보다 오랜 시간 관찰을 하여 지원자들의 평소 습관이나 행동들을 관찰하려는 데 목적이 있음.

03 면접 최신 기출 주제

신용협동조합(지역신협)의 면접은 각 모집신협별로 진행되기에 그 과정이 모집신협별로 상이하나 일반적으로 1차 혹은 2차에 걸쳐 진행한다. 신협중앙회 및 모집신협의 실무진과 임원 등이 면접관으로 참여하며, 지원자의 이력과 가치관, 신협에 대한 지식 등을 평가하기 위한 질의응답을 하는 방식으로 진행된다. 또한 각 모집신협에 대한 지식을 묻는 경우가 많으므로 지원자가 지원한 모집신협에 대한 정보 등을 알고 임하는 것이 유리하다.

1 2023 상반기 면접 실제 기출 주제

- 구체적인 사례를 들어서 본인의 장점과 단점을 말해 보시오.
- 만일 친구가 돈을 빌려달라고 한다면 본인이 가진 돈의 몇 %까지 빌려주겠는가?
- 사회 생활을 하면서 힘들었던 경험을 말해 보시오.
- 본가가 어디인가?
- 본인만의 스트레스 해소 방법이 있다면 말해 보시오.
- 입사한다면 어떤 업무가 하고 싶은가?
- 본인이 원하는 직무가 아닌 다른 일을 하게 된다면 어떻게 하겠는가?
- 제1금융권에 지원한 경험이 있는가? 신협에 지원한 이유는 무엇인가?
- 조합원 제도에 대해서 설명해 보시오.
- 신협과 시중은행의 차이점은 무엇인가?
- 본인이 알고 있는 신협의 상품을 말해 보시오.
- 신협을 방문해 본 경험이 있는가?
- 신협에 대해서 본인이 알고 있는 것을 말해 보시오.
- 금융세일즈와 다른 세일즈의 차이점이 무엇이라고 생각하는가?
- 신협과 관련된 기사를 읽은 것 있다면 말해 보시오.
- 금융사에서 발생하는 사건의 책임 소재는 어디에 있다고 생각하는가?
- 운전면허가 있는가?
- 미국의 금리가 오른다면 한국은 어떻게 대응해야 하는가?
- (지원자가 지원한)○○신협이 앞으로 나아가야 할 방향은 무엇이라고 생각하는가?
- 주말에도 일을 해야 하는 경우가 있다. 워라밸이 깨질 수 있는데 괜찮겠는가?

2 2022 상 · 하반기 면접 실제 기출 주제

- 다양한 계약직 경험을 하였는데 정규직이 되지 못한 이유가 무엇이라고 생각하는가?
- 특히 신협에 지원한 이유가 있는가?
- 본인의 전공과 거리가 먼 분야인데 왜 지원하였는가?
- 본인이 생각하는 행원이 가져야 하는 덕목은 무엇인가?
- 협동조합의 의미가 무엇인지 알고 있는가?
- (지원자가 지원한)○○신협에 대해서 알고 있는 것을 말해 보시오.
- 금융자격증을 취득하지 않은 이유가 있는가?
- 진상고객이 찾아온다면 어떤 식으로 대처하겠는가?
- 다양한 아르바이트 경험이 있다고 하였는데 영업과 관련된 경험도 있는가?
- 본인이 외향적이라고 생각하는가? 내향적이라고 생각하는가?
- 한국의 금리가 오른다면 사회에 어떤 영향이 있는가?
- 본인의 가치관과 직장의 문화가 맞지 않는다면 어떻게 하겠는가?
- 현재 주거래 은행이 어디인가?
- 파출업무에 대해서 어떻게 생각하는가?
- 조합원과 갈등 상황이 생길 경우 어떻게 대처하겠는가?
- 어른신들과 갈등이 생긴다면 어떻게 대처할 것인가?
- 결혼식을 한다면 친구가 몇 명 정도 올 것 같은가?
- 가장 최근에 읽은 책이 무엇인가?
- 취미가 무엇인가?
- 전에 다닌 직장은 어떠했는가?
- 본인이 가장 중요하게 여기는 가치가 있다면 무엇인가?
- 마지막으로 하지 못한 말이 있다면 말해 보시오.

적성검사

문번	답란	문번	답란	문번	답란	문번	답란
1	① ② ③ ④ ⑤	16	① ② ③ ④ ⑤	31	① ② ③ ④ ⑤	46	① ② ③ ④ ⑤
2	① ② ③ ④ ⑤	17	① ② ③ ④ ⑤	32	① ② ③ ④ ⑤	47	① ② ③ ④ ⑤
3	① ② ③ ④ ⑤	18	① ② ③ ④ ⑤	33	① ② ③ ④ ⑤	48	① ② ③ ④ ⑤
4	① ② ③ ④ ⑤	19	① ② ③ ④ ⑤	34	① ② ③ ④ ⑤	49	① ② ③ ④ ⑤
5	① ② ③ ④ ⑤	20	① ② ③ ④ ⑤	35	① ② ③ ④ ⑤	50	① ② ③ ④ ⑤
6	① ② ③ ④ ⑤	21	① ② ③ ④ ⑤	36	① ② ③ ④ ⑤	51	① ② ③ ④ ⑤
7	① ② ③ ④ ⑤	22	① ② ③ ④ ⑤	37	① ② ③ ④ ⑤	52	① ② ③ ④ ⑤
8	① ② ③ ④ ⑤	23	① ② ③ ④ ⑤	38	① ② ③ ④ ⑤	53	① ② ③ ④ ⑤
9	① ② ③ ④ ⑤	24	① ② ③ ④ ⑤	39	① ② ③ ④ ⑤	54	① ② ③ ④ ⑤
10	① ② ③ ④ ⑤	25	① ② ③ ④ ⑤	40	① ② ③ ④ ⑤	55	① ② ③ ④ ⑤
11	① ② ③ ④ ⑤	26	① ② ③ ④ ⑤	41	① ② ③ ④ ⑤		
12	① ② ③ ④ ⑤	27	① ② ③ ④ ⑤	42	① ② ③ ④ ⑤		
13	① ② ③ ④ ⑤	28	① ② ③ ④ ⑤	43	① ② ③ ④ ⑤		
14	① ② ③ ④ ⑤	29	① ② ③ ④ ⑤	44	① ② ③ ④ ⑤		
15	① ② ③ ④ ⑤	30	① ② ③ ④ ⑤	45	① ② ③ ④ ⑤		

gosinet (주)고시넷

잘라서 활용하세요.

신용협동조합

2회 기출유형문제

작성검사

감독관
확인란

성명표기란

수험번호

(주민등록 앞자리 생년제외) 월일

수험생 유의사항

※ 답인은 반드시 컴퓨터용 사인펜으로 보기와 같이 바르게 표기해야 합니다.
〈보기〉 ① ② ③ ❶ ⑤

※ 성명표기란 위 칸에는 성명을 한글로 쓰고 아래 칸에는 성명을 정확하게 표기하십시오. (맨 왼쪽 칸부터 성과 이름은 붙여 씁니다)

※ 수험번호/월일 위 칸에는 아라비아 숫자로 쓰고 아래 칸에는 숫자와 일치하게 표기한 시오.

※ 월일은 반드시 본인 주민등록번호의 생년월일을 제외한 월 두 자리, 일 두 자리를 표기하십시오. (예) 1994년 1월 12일 → 0112

문번	답란	문번	답란	문번	답란	문번	답란
1	① ② ③ ④ ⑤	16	① ② ③ ④ ⑤	31	① ② ③ ④ ⑤	46	① ② ③ ④ ⑤
2	① ② ③ ④ ⑤	17	① ② ③ ④ ⑤	32	① ② ③ ④ ⑤	47	① ② ③ ④ ⑤
3	① ② ③ ④ ⑤	18	① ② ③ ④ ⑤	33	① ② ③ ④ ⑤	48	① ② ③ ④ ⑤
4	① ② ③ ④ ⑤	19	① ② ③ ④ ⑤	34	① ② ③ ④ ⑤	49	① ② ③ ④ ⑤
5	① ② ③ ④ ⑤	20	① ② ③ ④ ⑤	35	① ② ③ ④ ⑤	50	① ② ③ ④ ⑤
6	① ② ③ ④ ⑤	21	① ② ③ ④ ⑤	36	① ② ③ ④ ⑤	51	① ② ③ ④ ⑤
7	① ② ③ ④ ⑤	22	① ② ③ ④ ⑤	37	① ② ③ ④ ⑤	52	① ② ③ ④ ⑤
8	① ② ③ ④ ⑤	23	① ② ③ ④ ⑤	38	① ② ③ ④ ⑤	53	① ② ③ ④ ⑤
9	① ② ③ ④ ⑤	24	① ② ③ ④ ⑤	39	① ② ③ ④ ⑤	54	① ② ③ ④ ⑤
10	① ② ③ ④ ⑤	25	① ② ③ ④ ⑤	40	① ② ③ ④ ⑤	55	① ② ③ ④ ⑤
11	① ② ③ ④ ⑤	26	① ② ③ ④ ⑤	41	① ② ③ ④ ⑤		
12	① ② ③ ④ ⑤	27	① ② ③ ④ ⑤	42	① ② ③ ④ ⑤		
13	① ② ③ ④ ⑤	28	① ② ③ ④ ⑤	43	① ② ③ ④ ⑤		
14	① ② ③ ④ ⑤	29	① ② ③ ④ ⑤	44	① ② ③ ④ ⑤		
15	① ② ③ ④ ⑤	30	① ② ③ ④ ⑤	45	① ② ③ ④ ⑤		

문번	답란	문번	답란	문번	답란	문번	답란
1	① ② ③ ④ ⑤	16	① ② ③ ④ ⑤	31	① ② ③ ④ ⑤	46	① ② ③ ④ ⑤
2	① ② ③ ④ ⑤	17	① ② ③ ④ ⑤	32	① ② ③ ④ ⑤	47	① ② ③ ④ ⑤
3	① ② ③ ④ ⑤	18	① ② ③ ④ ⑤	33	① ② ③ ④ ⑤	48	① ② ③ ④ ⑤
4	① ② ③ ④ ⑤	19	① ② ③ ④ ⑤	34	① ② ③ ④ ⑤	49	① ② ③ ④ ⑤
5	① ② ③ ④ ⑤	20	① ② ③ ④ ⑤	35	① ② ③ ④ ⑤	50	① ② ③ ④ ⑤
6	① ② ③ ④ ⑤	21	① ② ③ ④ ⑤	36	① ② ③ ④ ⑤	51	① ② ③ ④ ⑤
7	① ② ③ ④ ⑤	22	① ② ③ ④ ⑤	37	① ② ③ ④ ⑤	52	① ② ③ ④ ⑤
8	① ② ③ ④ ⑤	23	① ② ③ ④ ⑤	38	① ② ③ ④ ⑤	53	① ② ③ ④ ⑤
9	① ② ③ ④ ⑤	24	① ② ③ ④ ⑤	39	① ② ③ ④ ⑤	54	① ② ③ ④ ⑤
10	① ② ③ ④ ⑤	25	① ② ③ ④ ⑤	40	① ② ③ ④ ⑤	55	① ② ③ ④ ⑤
11	① ② ③ ④ ⑤	26	① ② ③ ④ ⑤	41	① ② ③ ④ ⑤		
12	① ② ③ ④ ⑤	27	① ② ③ ④ ⑤	42	① ② ③ ④ ⑤		
13	① ② ③ ④ ⑤	28	① ② ③ ④ ⑤	43	① ② ③ ④ ⑤		
14	① ② ③ ④ ⑤	29	① ② ③ ④ ⑤	44	① ② ③ ④ ⑤		
15	① ② ③ ④ ⑤	30	① ② ③ ④ ⑤	45	① ② ③ ④ ⑤		

잘라서 활용하세요.

신용협동조합

4회 기출유형문제

적성검사

감독관
확인란

성명기란

수험번호

주민등록 앞자리 생년제외의 월일

수험생 유의사항

※ 답안은 반드시 컴퓨터용 사인펜으로 보기와 같이 바르게 표기해야 합니다.
　〈보기〉 ① ② ③ ❹ ⑤
※ 성명표기란 위 칸에는 성명을 한글로 쓰고 아래 칸에는 성명을 정확하게 표기하십시오. (맨 왼쪽 칸부터 성과 이름은 붙여 씁니다)
※ 수험번호/월일 위 칸에는 아라비아 숫자로 쓰고 아래 칸에는 숫자와 일치하게 표기하십시오.
※ 월일은 반드시 본인 주민등록번호의 생년을 제외한 월 두 자리, 일 두 자리를 표기하십시오. (예) 1994년 1월 12일 → 0112

문번	답란	문번	답란	문번	답란	문번	답란
1	① ② ③ ④ ⑤	16	① ② ③ ④ ⑤	31	① ② ③ ④ ⑤	46	① ② ③ ④ ⑤
2	① ② ③ ④ ⑤	17	① ② ③ ④ ⑤	32	① ② ③ ④ ⑤	47	① ② ③ ④ ⑤
3	① ② ③ ④ ⑤	18	① ② ③ ④ ⑤	33	① ② ③ ④ ⑤	48	① ② ③ ④ ⑤
4	① ② ③ ④ ⑤	19	① ② ③ ④ ⑤	34	① ② ③ ④ ⑤	49	① ② ③ ④ ⑤
5	① ② ③ ④ ⑤	20	① ② ③ ④ ⑤	35	① ② ③ ④ ⑤	50	① ② ③ ④ ⑤
6	① ② ③ ④ ⑤	21	① ② ③ ④ ⑤	36	① ② ③ ④ ⑤	51	① ② ③ ④ ⑤
7	① ② ③ ④ ⑤	22	① ② ③ ④ ⑤	37	① ② ③ ④ ⑤	52	① ② ③ ④ ⑤
8	① ② ③ ④ ⑤	23	① ② ③ ④ ⑤	38	① ② ③ ④ ⑤	53	① ② ③ ④ ⑤
9	① ② ③ ④ ⑤	24	① ② ③ ④ ⑤	39	① ② ③ ④ ⑤	54	① ② ③ ④ ⑤
10	① ② ③ ④ ⑤	25	① ② ③ ④ ⑤	40	① ② ③ ④ ⑤	55	① ② ③ ④ ⑤
11	① ② ③ ④ ⑤	26	① ② ③ ④ ⑤	41	① ② ③ ④ ⑤		
12	① ② ③ ④ ⑤	27	① ② ③ ④ ⑤	42	① ② ③ ④ ⑤		
13	① ② ③ ④ ⑤	28	① ② ③ ④ ⑤	43	① ② ③ ④ ⑤		
14	① ② ③ ④ ⑤	29	① ② ③ ④ ⑤	44	① ② ③ ④ ⑤		
15	① ② ③ ④ ⑤	30	① ② ③ ④ ⑤	45	① ② ③ ④ ⑤		

신용협동조합

5회 기출유형문제

적성검사

성명표기란

수험번호

수험생 유의사항

※ 답안은 반드시 컴퓨터용 사인펜으로 보기와 같이 바르게 표기해야 합니다.
〈보기〉 ① ② ③ ❹ ⑤

※ 성명표기란 위 칸에는 성명을 한글로 쓰고 아래 칸에는 성명을 정확하게 표기하십시오. (맨 왼쪽 칸부터 성과 이름은 붙여 씁니다)

※ 수험번호/월일 위 칸에는 아라비아 숫자로 쓰고 아래 칸에는 숫자와 일치하게 표기하십시오.

※ 월일은 반드시 본인 주민등록번호의 생년월일 제외한 월 두 자리, 일 두 자리를 표기하십시오.
(예) 1994년 1월 12일 → 0112

(주민등록 앞자리 생년제외) 월일

문번	답란	문번	답란	문번	답란	문번	답란
1	① ② ③ ④ ⑤	16	① ② ③ ④ ⑤	31	① ② ③ ④ ⑤	46	① ② ③ ④ ⑤
2	① ② ③ ④ ⑤	17	① ② ③ ④ ⑤	32	① ② ③ ④ ⑤	47	① ② ③ ④ ⑤
3	① ② ③ ④ ⑤	18	① ② ③ ④ ⑤	33	① ② ③ ④ ⑤	48	① ② ③ ④ ⑤
4	① ② ③ ④ ⑤	19	① ② ③ ④ ⑤	34	① ② ③ ④ ⑤	49	① ② ③ ④ ⑤
5	① ② ③ ④ ⑤	20	① ② ③ ④ ⑤	35	① ② ③ ④ ⑤	50	① ② ③ ④ ⑤
6	① ② ③ ④ ⑤	21	① ② ③ ④ ⑤	36	① ② ③ ④ ⑤	51	① ② ③ ④ ⑤
7	① ② ③ ④ ⑤	22	① ② ③ ④ ⑤	37	① ② ③ ④ ⑤	52	① ② ③ ④ ⑤
8	① ② ③ ④ ⑤	23	① ② ③ ④ ⑤	38	① ② ③ ④ ⑤	53	① ② ③ ④ ⑤
9	① ② ③ ④ ⑤	24	① ② ③ ④ ⑤	39	① ② ③ ④ ⑤	54	① ② ③ ④ ⑤
10	① ② ③ ④ ⑤	25	① ② ③ ④ ⑤	40	① ② ③ ④ ⑤	55	① ② ③ ④ ⑤
11	① ② ③ ④ ⑤	26	① ② ③ ④ ⑤	41	① ② ③ ④ ⑤		
12	① ② ③ ④ ⑤	27	① ② ③ ④ ⑤	42	① ② ③ ④ ⑤		
13	① ② ③ ④ ⑤	28	① ② ③ ④ ⑤	43	① ② ③ ④ ⑤		
14	① ② ③ ④ ⑤	29	① ② ③ ④ ⑤	44	① ② ③ ④ ⑤		
15	① ② ③ ④ ⑤	30	① ② ③ ④ ⑤	45	① ② ③ ④ ⑤		

잘라서 활용하세요.

신용형통조합

기출유형문제_연습용

적성검사

문번	답란					문번	답란					문번	답란					문번	답란				
1	①	②	③	④	⑤	16	①	②	③	④	⑤	31	①	②	③	④	⑤	46	①	②	③	④	⑤
2	①	②	③	④	⑤	17	①	②	③	④	⑤	32	①	②	③	④	⑤	47	①	②	③	④	⑤
3	①	②	③	④	⑤	18	①	②	③	④	⑤	33	①	②	③	④	⑤	48	①	②	③	④	⑤
4	①	②	③	④	⑤	19	①	②	③	④	⑤	34	①	②	③	④	⑤	49	①	②	③	④	⑤
5	①	②	③	④	⑤	20	①	②	③	④	⑤	35	①	②	③	④	⑤	50	①	②	③	④	⑤
6	①	②	③	④	⑤	21	①	②	③	④	⑤	36	①	②	③	④	⑤	51	①	②	③	④	⑤
7	①	②	③	④	⑤	22	①	②	③	④	⑤	37	①	②	③	④	⑤	52	①	②	③	④	⑤
8	①	②	③	④	⑤	23	①	②	③	④	⑤	38	①	②	③	④	⑤	53	①	②	③	④	⑤
9	①	②	③	④	⑤	24	①	②	③	④	⑤	39	①	②	③	④	⑤	54	①	②	③	④	⑤
10	①	②	③	④	⑤	25	①	②	③	④	⑤	40	①	②	③	④	⑤	55	①	②	③	④	⑤
11	①	②	③	④	⑤	26	①	②	③	④	⑤	41	①	②	③	④	⑤						
12	①	②	③	④	⑤	27	①	②	③	④	⑤	42	①	②	③	④	⑤						
13	①	②	③	④	⑤	28	①	②	③	④	⑤	43	①	②	③	④	⑤						
14	①	②	③	④	⑤	29	①	②	③	④	⑤	44	①	②	③	④	⑤						
15	①	②	③	④	⑤	30	①	②	③	④	⑤	45	①	②	③	④	⑤						

수험번호

성명표기란

수험생 유의사항

기출유형문제_연습용

성명표기란

수험번호

수험생 유의사항

※ 답안은 반드시 컴퓨터용 사인펜으로 보기의 같이 바르게 표기해야 합니다.

〈보기〉 ① ② ③ ❹ ⑤

※ 성명표기란 위 칸에는 성명을 한글로 쓰고 아래 칸에는 성명을 정확하게 표기하십시오. (맨 왼쪽 칸부터 성과 이름은 붙여 씁니다)

※ 수험번호/월일 위 칸에는 아라비아 숫자로 쓰고 아래 칸에는 숫자와 일치하게 표기하십시오.

※ 월일은 반드시 본인 주민등록번호의 생년월일 제외한 월 두 자리, 일 두 자리를 표기하십시오. (예) 1994년 1월 12일 → 0112

잘라서 활용하세요.

적성검사						
문번	답란					
1	①	②	③	④	⑤	
2	①	②	③	④	⑤	
3	①	②	③	④	⑤	
4	①	②	③	④	⑤	
5	①	②	③	④	⑤	
6	①	②	③	④	⑤	
7	①	②	③	④	⑤	
8	①	②	③	④	⑤	
9	①	②	③	④	⑤	
10	①	②	③	④	⑤	
11	①	②	③	④	⑤	
12	①	②	③	④	⑤	
13	①	②	③	④	⑤	
14	①	②	③	④	⑤	
15	①	②	③	④	⑤	

문번	답란				
16	①	②	③	④	⑤
17	①	②	③	④	⑤
18	①	②	③	④	⑤
19	①	②	③	④	⑤
20	①	②	③	④	⑤
21	①	②	③	④	⑤
22	①	②	③	④	⑤
23	①	②	③	④	⑤
24	①	②	③	④	⑤
25	①	②	③	④	⑤
26	①	②	③	④	⑤
27	①	②	③	④	⑤
28	①	②	③	④	⑤
29	①	②	③	④	⑤
30	①	②	③	④	⑤

문번	답란				
31	①	②	③	④	⑤
32	①	②	③	④	⑤
33	①	②	③	④	⑤
34	①	②	③	④	⑤
35	①	②	③	④	⑤
36	①	②	③	④	⑤
37	①	②	③	④	⑤
38	①	②	③	④	⑤
39	①	②	③	④	⑤
40	①	②	③	④	⑤
41	①	②	③	④	⑤
42	①	②	③	④	⑤
43	①	②	③	④	⑤
44	①	②	③	④	⑤
45	①	②	③	④	⑤

문번	답란				
46	①	②	③	④	⑤
47	①	②	③	④	⑤
48	①	②	③	④	⑤
49	①	②	③	④	⑤
50	①	②	③	④	⑤
51	①	②	③	④	⑤
52	①	②	③	④	⑤
53	①	②	③	④	⑤
54	①	②	③	④	⑤
55	①	②	③	④	⑤

문번	답란					문번	답란					문번	답란					문번	답란				
1	①	②	③	④	⑤	16	①	②	③	④	⑤	31	①	②	③	④	⑤	46	①	②	③	④	⑤
2	①	②	③	④	⑤	17	①	②	③	④	⑤	32	①	②	③	④	⑤	47	①	②	③	④	⑤
3	①	②	③	④	⑤	18	①	②	③	④	⑤	33	①	②	③	④	⑤	48	①	②	③	④	⑤
4	①	②	③	④	⑤	19	①	②	③	④	⑤	34	①	②	③	④	⑤	49	①	②	③	④	⑤
5	①	②	③	④	⑤	20	①	②	③	④	⑤	35	①	②	③	④	⑤	50	①	②	③	④	⑤
6	①	②	③	④	⑤	21	①	②	③	④	⑤	36	①	②	③	④	⑤	51	①	②	③	④	⑤
7	①	②	③	④	⑤	22	①	②	③	④	⑤	37	①	②	③	④	⑤	52	①	②	③	④	⑤
8	①	②	③	④	⑤	23	①	②	③	④	⑤	38	①	②	③	④	⑤	53	①	②	③	④	⑤
9	①	②	③	④	⑤	24	①	②	③	④	⑤	39	①	②	③	④	⑤	54	①	②	③	④	⑤
10	①	②	③	④	⑤	25	①	②	③	④	⑤	40	①	②	③	④	⑤	55	①	②	③	④	⑤
11	①	②	③	④	⑤	26	①	②	③	④	⑤	41	①	②	③	④	⑤						
12	①	②	③	④	⑤	27	①	②	③	④	⑤	42	①	②	③	④	⑤						
13	①	②	③	④	⑤	28	①	②	③	④	⑤	43	①	②	③	④	⑤						
14	①	②	③	④	⑤	29	①	②	③	④	⑤	44	①	②	③	④	⑤						
15	①	②	③	④	⑤	30	①	②	③	④	⑤	45	①	②	③	④	⑤						

대기업 적성검사

저마다의 일생에는,

특히 그 일생이 동터 오르는 여명기에는

모든 것을 결정짓는 한 순간이 있다.

그 순간을 다시 찾아내는 것은 어렵다.

그것은 다른 수많은 순간들의 퇴적 속에

깊이 묻혀있다.

- 장 그르니에, 섬 LES ILES

인적성검사

2024

전국신협
공동채용
대비

최신
기출유형
모의고사

5회

고시넷 대기업

지역신협 인적성검사
최신 기출유형 모의고사

Credit Union Aptitude Test

정답과 해설

gosinet
(주)고시넷

최신 대기업 인적성검사

20대기업
온·오프라인 인적성검사
통합기본서

핵심정리_핸드북 제공

최신기출유형+실전문제

파트 1 언어능력

파트 2 수리능력

파트 3 추리능력

파트 4 공간지각능력

파트 5 사무지각능력

파트 6 인성검사

• 핵심정리[핸드북]

인적성검사

2024

전국신협
공동채용
대비

최신
기출유형
모의고사

5회

고시넷 대기업

지역신협 인적성검사
최신 기출유형 모의고사

Credit Union Aptitude Test

정답과 해설

gosinet
(주)고시넷

적성검사 기출유형모의고사

1회 기출유형문제

문제 16쪽

01	③	02	①	03	④	04	④	05	①
06	⑤	07	③	08	⑤	09	①	10	②
11	②	12	③	13	③	14	⑤	15	③
16	②	17	①	18	④	19	④	20	④
21	①	22	⑤	23	②	24	③	25	④
26	⑤	27	②	28	②	29	⑤	30	②
31	③	32	③	33	①	34	⑤	35	①
36	④	37	②	38	②	39	②	40	②
41	①	42	⑤	43	③	44	①	45	④
46	④	47	③	48	⑤	49	④	50	③
51	③	52	②	53	②	54	④	55	④

01

|정답| ③

|해설| 드론을 활용한 메뚜기떼 방제 작업은 인도에서 실시하였다.

|오답풀이|

① 세 번째 문단에서 사막 메뚜기가 인간의 식량까지 모두 없애 버리기 때문에 공포의 대상이며 그 피해가 아프리카를 넘어 아시아까지 확산된다는 내용을 통해 확인할 수 있다.

02

|정답| ①

|해설|

$$70 \xrightarrow{\times 2^1} 140 \xrightarrow{\div 2^2} 35 \xrightarrow{\times 2^3} 280 \xrightarrow{\div 2^4} ? \xrightarrow{\times 2^5} 560$$

따라서 ?에 들어갈 숫자는 17.5이다.

03

|정답| ④

|해설| A의 취미는 미술관 방문이므로(네 번째 조건) A는 5층에서 근무한다. C는 등산이 취미인 직원(4층)보다 위층에서 근무한다고 하였으므로 6층에서 근무한다. 다음으로 D는 영화 감상이 취미인 직원(3층)보다 아래층에서 근무하고(세 번째 조건) 운동이 취미이므로(여섯 번째 조건) 2층에서 근무함을 알 수 있으며, 이에 따라 B는 4층에서 근무한다. 이를 정리하면 다음과 같다.

층수	취미	직원
6층	게임	C
5층	미술관 방문	A
4층	등산	B
3층	영화 감상	F or E
2층	테니스	D
1층	독서	E or F

B는 4층에서 근무하고 F는 1층 혹은 3층에서 근무하므로 B가 F보다 높은 층에서 근무하는 것은 항상 참이다.

04

|정답| ④

|해설| 하지만 기술 혁신을 통한 생산성 향상 시도가 곧바로 수익성 증가로 이어지는 것은 아니다. 기술 혁신 과정에서 비용이 급격히 증가하거나 생각지도 못한 위험이 수반되는 경우가 종종 있기 때문이다. 만약 필킹턴 사 경영진이 플로트 공정의 총개발비를 사전에 알았더라면 기술 혁신을 시도하지 못했을 것이라는 필킹턴 경(卿)의 회고는 이를 잘보여 준다. 필킹턴 사는 플로트 공정의 즉각적인 활용에도 불구하고 그동안의 엄청난 투자 때문에 무려 12년 동안 손익 분기점에 도달하지 못했다고 한다.

이와 같이 기술 혁신의 과정은 과다한 비용 지출이나 실패의 위험이 도사리고 있는 험난한 길이기도 하다. 그렇지만 그러한 위험을 감수하면서 기술 혁신에 도전했던 기업가와 기술자의 노력 덕분에 산업의 생산성은 지속적으로 향상되었고, 지금 우리는 그 혜택을 누리고 있다. 우리가 기술

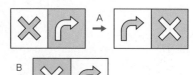

혁신의 역사를 돌아보고 그 의미를 되짚는 이유는, 그러한 위험 요인들을 예측하고 적절히 통제할 수 있는 능력을 갖춘 자만이 앞으로 다가올 기술 혁신을 주도할 수 있으리라는 믿음 때문이다.

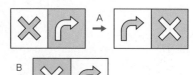

05

|정답| ①

|해설| 제시된 문장과 ①의 '씻다'의 의미는 '현재의 좋지 않은 상태에서 벗어나다'로 동일하다.

|오답풀이|

② 물이나 휴지 따위로 때나 더러운 것을 없게 하다.

③ 관계 따위를 끊다.

④ 누명, 오해, 죄과 따위에서 벗어나 다른 사람 앞에서 떳떳한 상태가 되다.

⑤ 이익 따위를 혼자 차지하거나 가로채고서는 시치미를 떼다.

06

|정답| ⑤

|해설| 박스의 칸을 선택할 수 있는 모든 경우의 수는 25가지이고, 이 중 빈칸은 20개이므로 처음 선택 시 빈칸을 고를 확률은 $\frac{20}{25}$이다. 그리고 두 번째 선택에서 쿠폰이 있는 칸을 고를 확률은 처음 선택한 빈칸을 제외한 $\frac{5}{24}$가 된다.

따라서 두 번째 선택에서 쿠폰이 있는 칸을 고를 확률은 $\frac{20}{25} \times \frac{5}{24} = \frac{1}{6}$, 즉 16.666…%로 약 17%가 된다.

보충 플러스+

1. 동시에 일어나거나 '그리고'로 연결되는 경우는 확률을 곱한다.
2. '또는'으로 연결되는 경우는 확률을 더한다.
3. 어떠한 사건이 일어나지 않을 확률은 (1-사건이 일어날 확률)이다.

07

|정답| ③

|해설| 각 규칙은 다음과 같다.

A : 좌우 위치 교체 후 색 반전

B : 좌우 위치 교체

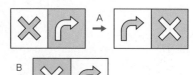

08

|정답| ⑤

|해설| 부서별로 인원수가 다르므로 전체 평균 계산 시 가중치를 고려해야 한다.

• 전 부서원의 정신적 스트레스 지수 평균점수 :

$$\frac{100 \times 1.83 + 200 \times 1.79 + 100 \times 1.79}{400} = 1.80(점)$$

• 전 부서원의 신체적 스트레스 지수 평균점수 :

$$\frac{100 \times 1.95 + 200 \times 1.89 + 100 \times 2.05}{400} = 1.945(점)$$

따라서 두 평균점수의 차이는 0.145점으로 0.16점 미만이다.

09

|정답| ①

|해설| 괴테의 일화와 마지막 문장의 '일정한 주제의식이나 문제의식을 가지고 독서를 할 때, 보다 창조적이고 주체적인 독서 행위가 성립된다'를 통해 이 글이 목적이나 문제의식을 가지고 하는 독서의 효율성에 관한 내용임을 알 수 있다.

10

| 정답 | ②

| 해설 | ②를 제외한 나머지는 앞 문자에 +2, +3, +5가 차례대로 적용된다.

② KMOS : 11, 13, 15, 19

| 오답풀이 |

① BDGL : 2, 4, 7, 12

③ GILQ : 7, 9, 12, 17

④ MORW : 13, 15, 18, 23

⑤ OQTY : 15, 17, 20, 25

11

| 정답 | ②

| 해설 | ㄱ. 총 3번의 대결을 하면서 각 대결에서 승리할 확률이 가장 높은 전략을 순서대로 선택한다면, 사람은 C 전략 1회(90%) → B 전략 1회(70%) → A 전략 1회(60%) 순서로 세 전략을 각각 1회씩 사용해야 한다.

ㄷ. 1개의 전략만을 사용해 3번의 대결을 하여 3번 모두 승리할 확률을 각 전략별로 구하면 다음과 같다.

- A 전략 : $(0.6×0.5×0.4)×100=12(\%)$
- B 전략 : $(0.7×0.3×0.2)×100=4.2(\%)$
- C 전략 : $(0.9×0.4×0.1)×100=3.6(\%)$

따라서 승리할 확률이 가장 높은 A 전략을 사용해야 한다.

| 오답풀이 |

ㄴ. 총 5번의 대결을 하면서 각 대결에서 승리할 확률이 가장 높은 전략을 순서대로 선택한다면, 사람은 C 전략 1회(90%) → B 전략 1회(70%) → A 전략 1회(60%) → A 전략 2회(50%) → C 전략 2회 혹은 A 전략 3회(40%) 순서대로 사용해야 한다. 즉 5번째 대결에서 사람은 A 전략 혹은 C 전략을 선택해야 한다.

ㄹ. 각 전략에서 2번의 대결을 하여 2번 모두 패배할 확률을 구하면 다음과 같다.

- A 전략 : $(0.4×0.5)×100=20(\%)$
- B 전략 : $(0.3×0.7)×100=21(\%)$
- C 전략 : $(0.1×0.6)×100=6(\%)$

따라서 패배할 확률이 가장 낮은 C 전략을 선택해야 한다.

12

| 정답 | ③

| 해설 | 기타에 해당하는 국적은 16개로 1개 국적당 평균 결혼이민자 수는 87.5명이다. 결혼이민자 수는 자연수이므로 87명 이하인 국적과 88명 이상인 국적이 하나 이상 존재해야 한다.

| 오답풀이 |

① 20X2년 대비 20X7년 결혼이민자 수는 $\dfrac{14,000-9,544}{9,544}$ ×100 ≒ 47(%) 증가하였다.

② 20X0년 대비 20X1년의 결혼이민자 수 증가율은 $\dfrac{8,399-5,600}{5,600}×100 ≒ 50(\%)$이다.

④ 20X7년 필리핀 국적의 결혼이민자 수는 해당 연도 전체 결혼이민자의 $\dfrac{1,260}{14,000}×100 = 9(\%)$이다.

⑤ 20X7년 중국(한국계)과 중국 국적의 결혼이민자 수의 합은 6,160명으로 전년도 전체 결혼이민자 수 대비 $\dfrac{6,160}{13,400}×100 ≒ 46(\%)$를 차지한다.

13

| 정답 | ③

| 해설 | 오각형의 각 꼭짓점과 중점을 이은 4줄의 선이 있고, 짧은 선은 시계방향으로 한 줄씩 돌아가며 나타난다. 또한 세 개의 굵은 선은 시계방향으로 한 줄씩 이동하고 있으며, 꼭짓점으로부터 뻗은 선 → 중점으로부터 뻗은 선 → 꼭짓점으로부터 뻗은 선으로 번갈아 바뀐다. 따라서 ?는 바로 전 도형에서 굵은 선 3줄, 짧은 선 1줄의 위치가 각각 시계방향으로 한 줄씩 이동하고, 굵은 선이 중점으로부터 뻗어 나간 도형이 와야 한다.

14

| 정답 | ⑤

| 해설 | 한 달 인터넷 사용시간을 x분이라 하면 다음과 같은 식이 성립한다.

$10,000+10×x=5,000+20×x$

$20x - 10x = 10,000 - 5,000$

$\therefore x = 500$(분)

따라서 한 달에 500분을 사용해야 두 통신사의 요금이 같아진다.

15

|정답| ③

|해설| 제시된 글의 핵심주장은 올바른 칭찬은 결과보다는 과정을 칭찬해야 한다는 것이다. 따라서 과정을 칭찬하는 데에만 집중하면 되레 결과를 소홀히 할 수 있다는 것이 가장 적절한 반박이다.

16

|정답| ②

|해설|

따라서 ?에 들어갈 숫자는 -13이다.

17

|정답| ①

|해설| 주어진 조건을 표로 정리하면 다음과 같다.

사원 기간	A	B	C	D	E
1			4지점		
2			1지점		4지점
3(현재)	3지점	4지점	2지점	1지점	5지점
4	4 또는 5지점		3지점		
5	5 또는 4지점	A의 첫 번째 근무지			

A는 4 · 5기간에 4 또는 5지점에서 근무하므로 1 · 2기간에는 1 또는 2지점에서 근무했음을 알 수 있다. 그러나 C가 2기간에 1지점에서 근무를 하였기 때문에 A는 이 기간에 1지점에서 근무할 수 없다. 그러므로 A는 1기간에 1지점, 2기간에 2지점에서 근무하였고 B는 5기간에 A의 첫 번째 근무지인 1지점에서 근무하게 된다. 마지막 조건에 의해 C는 이미 4지점에서 근무했으므로 남은 5기간에는 5지점에서 근무하게 된다.

사원 기간	A	B	C	D	E
1	1지점		4지점		
2	2지점		1지점		4지점
3(현재)	3지점	4지점	2지점	1지점	5지점
4	4 또는 5지점		3지점		
5	5 또는 4지점	1지점	5지점		

따라서 B와 C가 마지막으로 근무하는 지점은 1지점, 5지점이다.

18

|정답| ④

|해설| ◎ 통계청 고시 제2015-315호

「통계법」 제18조 제3항 및 같은 법 시행령 제26조 제4항의 규정에 의하여 다음과 같이 통계작성의 변경승인을 고시합니다.

2020년 05월 18일

통계청장

---

1. 통계의 명칭 : 인터넷이용실태조사

2. 통계작성기관의 명칭 : 미래창조과학부

3. 통계작성승인번호(작성승인일) : 제12017호(2003. 02. 25.)

4. 통계작성의 변경 연월일 : 2020. 05. 18.

5. 통계작성의 변경 내용과 사유 :

구분	변경 전	변경 후	변경사유
부가조사	없음.	부가조사(디지털 경제생활 부문) 추가 * 자세한 내용은 첨부 1 참조	인터넷 금융·쇼핑 등 경제생활 부문에 대해서 심도 깊은 통계가 필요함.
본조사 조사 항목	총 62문항 (가구 6, 가구원 56)	총 76문항 (가구 6, 가구원 70)	모바일·인터넷 실태 조사 통합, 디지털 경제생활 부문 부가조사 실시에 따라 항목조정 및 본조사의 결과활용도 제고를 위해 문항을 수정함.

〈첨부 1〉인터넷이용실태조사(디지털 경제생활 부문) 세부 내역

1. 통계의 명칭 : 인터넷이용실태조사(디지털 경제생활 부문)
2. 통계작성목적 : 핀테크, O2O 서비스, P2P중고거래 등 인터넷 금융·쇼핑 관련 최신 이슈·서비스의 이용행태를 파악하여 시의성 있는 ICT 정책 시사점 도출 및 관련 업계의 비즈니스 전략수립 등에 활용되는 통계생산
3. 통계작성대상 : 국내 만12세 이상 59세 이하의 인터넷 이용자
4. 통계작성주기 : 1년
5. 통계작성의 방법 : 조사통계

19

| 정답 | ④

| 해설 | '넉넉하다'는 수량이나 크기가 기준에 차고 남음이 있다는 뜻이고, '푼푼하다'는 모자람이 없이 넉넉하다는 뜻이므로 서로 유의어 관계이다. 따라서 환하고 맑게 깨끗하다는 뜻을 지닌 '말끔하다'와 유의어 관계인 것은 '단정하다'이다.

| 오답풀이 |

① 고상하다 : 품위나 몸가짐의 수준이 높고 훌륭하다.

② 숭고하다 : 뜻이 높고 고상하다.

③ 상스럽다 : 말이나 행동이 교양이 없고 천하다.

⑤ 또렷하다 : 엉클어지거나 흐리지 않고 분명하다.

20

| 정답 | ④

| 해설 | 3과 4의 최소공배수는 12이므로 주차장의 차는 12분 경과할 때마다 3대 나가고 8대가 들어온다. 즉, 12분이 지날 때마다 5대만큼 늘어난다. 따라서 48분 후에는 5×4＝20(대)가 늘어나 오후 2시 48분에는 78＋20＝98(대)가 되고, 3분 후에는 2대 늘어나 100대가 되므로 주차장은 2시 51분에 만차가 된다.

21

| 정답 | ①

| 해설 | 각 규칙은 다음과 같다.

A : 외부 도형 색 반전

B : 내부 도형 반시계방향으로 90° 회전

C : 내부 도형 상하 반전 후 색 반전

규칙 C를 적용한 후 ○ 위치 내부 도형의 색이 처음과 달라졌으므로 규칙 B를 적용해야 한다.

22

| 정답 | ⑤

| 해설 | '내수＝생산－수출＋수입'이므로 부품소재 산업동향의 빈칸에 들어갈 수치는 다음과 같다.

• 2019년 내수 : 658－280＋176＝554(조 원)
• 2020년 내수 : 660－294＋179＝545(조 원)
• 2023년 내수 : 658－301＋179＝536(조 원)

구분	2017년	2018년	2019년	2020년	2021년	2022년	2023년
생산	584	642	658	660	650	638	658
내수	491	545	(554)	(545)	538	532	(536)

'무역수지=수출−수입'이므로 2017 ~ 2023년의 무역수지를 구하면 다음과 같다.

- 2017년 무역수지 : 273−180=93(조 원)
- 2018년 무역수지 : 270−173=97(조 원)
- 2019년 무역수지 : 280−176=104(조 원)
- 2020년 무역수지 : 294−179=115(조 원)
- 2021년 무역수지 : 282−170=112(조 원)
- 2022년 무역수지 : 269−163=106(조 원)
- 2023년 무역수지 : 301−179=122(조 원)

조사기간 중 부품소재 무역수지는 지속적으로 증가하다가 2021, 2022년에는 감소하였다.

| 오답풀이 |

① 조사기간 중 전년 대비 부품소재 생산 규모 변화율은 다음과 같다.

- 2018년 : $\frac{642−584}{584} \times 100 ≒ 9.9(\%)$
- 2019년 : $\frac{658−642}{642} \times 100 ≒ 2.5(\%)$
- 2020년 : $\frac{660−658}{658} \times 100 ≒ 0.3(\%)$
- 2021년 : $\frac{650−660}{660} \times 100 ≒ -1.5(\%)$
- 2023년 : $\frac{638−650}{650} \times 100 ≒ -1.8(\%)$
- 2023년 : $\frac{658−638}{638} \times 100 ≒ 3.1(\%)$

2018년이 9.9%로 전년 대비 부품소재 생산 규모 증가율이 가장 높다.

② 2021년 부품소재 생산 규모는 660 → 650(조 원), 수출 규모는 294 → 282(조 원), 수입 규모는 179 → 170(조 원)으로 모두 전년 대비 하락하였다.

③ 조사기간 중 부품소재 생산 규모는 2017년 584조 원으로 600조 원대 이하였지만, 2018년부터 2023년까지는 600조 원 이상인 것을 볼 수 있다.

④ 조사기간 중 부품소재 무역수지 규모가 가장 큰 해는 무역수지가 122조 원인 2023년이다.

23

| 정답 | ②

| 해설 | 두 번째 문단의 마지막 부분을 살펴보면, 국회의원의 모든 권한은 국민으로부터 나오므로 헌법 제1조 제2항에 모순되지 않는다고 서술되어 있다.

| 오답풀이 |

①, ④ ㉠은 입법 활동 시에 대표자가 국민의 뜻에 따라야 한다는 것이고, ㉡은 대표자의 소신에 따라도 된다는 것이다. 즉, ㉠과 ㉡은 입법 활동을 할 때 누구의 의사가 우선시되어야 하는가에 따라 구분된다.

③ 대표자가 그의 권한을 국민의 뜻에 따라 행사해야 한다는 말은 국민이 국회의원의 입법 활동을 직접적으로 통제한다는 말과 상통한다.

⑤ ㉡에서 국민은 대표자 선출권을 통해 간접적으로 대표자를 통제한다고 하였으므로 국민의 의견이 간과되지 않음을 알 수 있다.

24

| 정답 | ③

| 해설 | ③을 제외한 나머지는 세 번째 문자가 나머지 문자보다 1이 크다.

③ 도도노도 : 3, 3, 2, 3

| 오답풀이 |

① 가가나가 : 1, 1, 2, 1

② AABA : 1, 1, 2, 1

④ HHIH : 8, 8, 9, 8

⑤ 류류르류 : 8, 8, 9, 8 (또는 18, 18, 19, 18)

25

| 정답 | ④

| 해설 | 회사를 출발하여 5곳의 협력사를 모두 방문하는 최단 거리는 지나간 도로를 두 번 거치지 않고 이동하는 경로가 될 것이며, 회사로의 복귀는 고려하지 않으므로 가능한 경로는 다음의 8가지가 있다.

1) 회사－E－A－B－C－D → 5+7+8+4+5=29(km)
2) 회사－E－D－C－B－A → 5+6+5+4+8=28(km)
3) 회사－B－A－E－D－C → 3+8+7+6+5=29(km)
4) 회사－B－C－D－E－A → 3+4+5+6+7=25(km)
5) 회사－D－E－A－B－C → 2+6+7+8+4=27(km)
6) 회사－D－C－B－A－E → 2+5+4+8+7=26(km)
7) 회사－C－D－E－A－B → 6+5+6+7+8=32(km)
8) 회사－C－B－A－E－D → 6+4+8+7+6=31(km)
따라서 4) 경로로 이동한 경우 25km로 최단 이동 경로가 된다.

26

| 정답 | ⑤

| 해설 | • 2021년 대비 2022년의 법인세 실효세율 증감률 :
$\frac{16.80-16.65}{16.65}\times100 ≒ 0.9(\%)$

• 2021년 대비 2022년의 근로소득세 실효세율 증감률 :
$\frac{11.14-11.00}{11.00}\times100 ≒ 1.27(\%)$

따라서 법인세보다 근로소득세의 증감률이 높다.

27

| 정답 | ③

| 해설 | 도형 전체가 시계방향으로 90°씩 회전하고 있으므로, ?에는 첫 번째 도형에서 시계방향으로 270° 회전한 도형이 와야 한다.

28

| 정답 | ②

| 해설 | 지영이에게 남아 있는 연필 길이는 $160\times(1-\frac{7}{8})=$ 20(mm)이고, 지훈이에게 남아 있는 연필 길이는 $160\times(1-$ $\frac{5}{8})=60$(mm)이다. 따라서 남아 있는 연필의 길이를 합하면 20+60=80(mm), 즉 8cm이다.

29

| 정답 | ⑤

| 해설 | 제시된 글의 중심내용은 언어결정론자들은 우리의 생각과 판단이 언어에 의해 결정된다고 주장하지만, 인간의 사고는 언어보다 경험에 의해 영향을 받는다는 것이다. 따라서 ⑤가 가장 적절하다.

30

| 정답 | ④

| 해설 |

$\frac{2}{7} \xrightarrow{\times\frac{1}{2}} \frac{2}{14}=\frac{1}{7} \xrightarrow{\times\frac{2}{3}} \frac{2}{21} \xrightarrow{\times\frac{3}{4}} \frac{6}{84}=\frac{1}{14}$

$\xrightarrow{\times\frac{4}{5}} \frac{4}{70}=\frac{2}{35} \xrightarrow{\times\frac{5}{6}} \frac{10}{210}=\frac{1}{21} \xrightarrow{\times\frac{6}{7}} ? \xrightarrow{\times\frac{7}{8}}$

$\frac{14}{392}=\frac{1}{28}$

따라서 ?에 들어갈 숫자는 $\frac{2}{49}$이다.

31

| 정답 | ③

| 해설 | 먼저 (라)에 의해 마케팅팀장은 A에 위치하며 E, F, G, H 라인에 생산, 법무, 감사, 물류팀장이 위치해야 하므로, 이를 바탕으로 (가)를 고려할 때 감사팀장은 E, 자금팀장은 D에 위치함을 추론할 수 있다. 이때 외환, 지원팀장의 자리는 B, C 또는 C, B가 되는데, (다)에 의해 B에는 지원팀장, G에는 물류팀장 그리고 (나)에 의해 C에는 외환팀장이 위치함을 추론할 수 있다. 남은 생산, 법무팀장의 자리는 F, H 또는 H, F임을 알 수 있다.

따라서 모든 조건을 참고할 때 성현의 의견이 항상 참이다.

32

|정답| ③

|해설|
1851344795148764782674814271042274688149536368517218268265125416370529206879723931128815381385815232467431578 3

33

|정답| ①

|해설| '선양'이란 단어에서 가장 먼저 연상되는 말은 '국위 선양'일 것인데, 이는 국가 원수가 외교적 성과를 거둔 경우 '국위를 선양하였다'와 같이 사용되곤 한다. 이를 통해 선양은 어떤 가치나 명예 등을 드높여 널리 알린다는 의미로 쓰임을 짐작할 수 있다.

• 선양(宣揚) : 명성이나 권위 등을 널리 떨치게 함.

• 고취(鼓吹) : 의견이나 사상 등을 열렬히 주장하여 불어 넣음.

|오답풀이|

② 선전(宣傳) : 주의나 주장, 사물의 존재, 효능 등을 많은 사람이 알고 이해하도록 잘 설명하여 널리 알림.

③ 고무(鼓舞) : 힘을 내도록 격려하여 용기를 북돋움.

④ 발전(發展) : 더 낫고 좋은 상태 또는 더 높은 단계로 나아감.

⑤ 독려(督勵) : 감독하며 격려함.

34

|정답| ⑤

|해설| 합이 5가 되는 경우(1번째, 2번째) : (1, 4), (2, 3), (3, 2), (4, 1)

합이 10이 되는 경우(1번째, 2번째) : (4, 6), (5, 5), (6, 4)

따라서 주사위를 두 번 던져 나온 눈의 합이 5의 배수가 되는 경우는 모두 7가지이다.

35

|정답| ①

|해설| 각 규칙은 다음과 같다.

☆ : 왼쪽 도형은 상하 대칭, 오른쪽 도형은 좌우 대칭

✳ : 내부 도형 좌우 교체

36

|정답| ④

|해설| A, B 기업의 202X년 2～3분기 매출액을 구하면 다음과 같다.

구분	202X년 2분기	202X년 3분기
A 기업	200×1.15 =230(억 원)	230×0.85 =195.5(억 원)
B 기업	150×1.25 =187.5(억 원)	187.5×1.1 =206.25(억 원)

A 기업의 202X년 매출액이 800억 원을 초과하려면 4분기 매출액이 800−200−230−195.5=174.5(억 원)을 초과해야 한다. 따라서 3분기 대비 매출액이 감소해도 된다.

|오답풀이|

③ 3분기 매출액 합계는 195.5+206.25=401. 75(억 원)
으로 2분기 매출액 합계인 230+187.5=417.5(억 원)
보다 작다.

⑤ 202X년 1 ~ 3분기 총 매출액은 A 기업이 625.5(억 원)
으로 543.75(억 원)인 B 기업보다 크다.

37

|정답| ②

|해설| 처음으로 창조 도시의 개념을 소개하고 있는 (가)가
오고, 그 다음으로 창조 도시의 주된 동력을 창조 산업으로
보는 (라)와 창조 계층의 관점으로 바라보는 (나)가 이어진
다. 마지막은 창조 산업과 창조 계층의 두 가지 관점보다
창조 환경이 먼저 마련되어야 한다는 주장의 (다)로 마무리
된다. 따라서 글의 순서는 (가)-(라)-(나)-(다)이다.

38

|정답| ②

|해설|

- C와 E 사이의 문자 : 1개
- E와 H 사이의 문자 : 2개
- H와 L 사이의 문자 : 3개
- L과 ? 사이의 문자 : 4개
- ?와 W 사이의 문자 : 5개

따라서 '?'에 들어갈 문자는 Q이다.

39

|정답| ②

|해설| 각 구분에 따른 점수를 산출하면 다음과 같다.

구분	이동 거리	수용 가능 인원	대관료	평점	빔 프로젝터 사용가능 여부	총점
A	4	2	4	2	1	13
B	3	3	5	3	1	15
C	5	1	2	4	1	13
D	1	5	3	3	0	12
E	2	4	1	5	0	12

따라서 15점으로 가장 높은 점수를 받은 B를 대여하게
된다.

40

|정답| ②

|해설| 거제의 소나무 수는 1,590천 그루이고 감염률은
50%이므로 거제의 감염된 소나무 수는 1,590×0.5=795
(천 그루)이다. 감염된 소나무 795천 그루 중 50%가 고사
했으므로 795×0.5=397.5(천 그루)가 고사했음을 알 수
있다.

제주의 소나무 수는 1,201천 그루이고 감염률은 80%이므
로 감염된 소나무 수는 1,201×0.8=960.8(천 그루)이다.
감염된 소나무 960.8천 그루 중 40%가 고사했으므로
960.8×0.4=384.32(천 그루)가 고사했음을 알 수 있다.
따라서 제주의 고사한 소나무 수는 거제의 고사한 소나무
수의 $\frac{384.32}{397.5}$ ≒ 1.0(배)이다.

41

|정답| ①

|해설| 첫 번째 박스에서 하나뿐인 형태가 두 번째 박스에
서는 2개가 되며 새로운 형태가 하나 나타난다. 따라서 ?에
는 사다리꼴이 두 개이고 직사각형이 한 개인 도형이 들어
간다.

42

|정답| ⑤

|해설| 맞힌 문제를 x개, 틀린 문제를 $(20-x)$개라고 하면

다음과 같은 식을 세울 수 있다.

$5x-5(20-x)=60$

$10x-100=60$

$\therefore x=16(개)$

따라서 맞힌 문제는 16개이다.

43

| 정답 | ③

| 해설 | 제시된 글은 지속가능한 노동시장의 경쟁력과 고용가능성을 갖추는 것은 개인뿐 아니라 국가 차원에서도 중요한 문제로 대두되고 있다고 설명하면서, 이를 위해 국가 차원에서 체계적인 정책 수립이 필요하다고 언급하고 있다. 또한 전 생애에 걸쳐 지속가능한 경력개발과 고용가능성 함양을 위해 정책적 지원이 요구되고 있다고 주장하고 있으므로 '생애경력개발을 위한 정책 지원의 필요성'이 글의 제목으로 적절하다.

| 오답풀이 |

① 거시적 관점에서 노동시장 변화에 대해 언급한 내용이 없으므로 제목으로 적절하지 않다.

② 노동시장의 유연화는 제시된 글에서 언급한 환경 변화의 한 예이며, 글의 제목으로서는 적절하지 않다.

④ 청소년의 경우 4차 산업혁명에 따른 변화에 대비할 수 있는 방안을 지원해야 한다는 내용이 제시되어 있지만, 4차 산업혁명으로 인한 고용시장의 변화와 전망이 글 전체의 핵심 내용은 아니므로 적절하지 않다.

⑤ 생산가능인구 감소 시대의 경제성장과 노동시장에 대한 내용은 언급되지 않았으므로 적절하지 않다.

44

| 정답 | ①

| 해설 |

$11 \xrightarrow{\times 3} 33 \xrightarrow{+3} 36 \xrightarrow{\div 3} 12 \xrightarrow{\times 4} 48 \xrightarrow{+4} ?$

$\xrightarrow{\div 4} 13 \xrightarrow{\times 5} 65 \xrightarrow{+5} 70 \xrightarrow{\div 5} 14$

따라서 ?에 들어갈 숫자는 52이다.

45

| 정답 | ④

| 해설 | 예상치 A ~ D를 표로 나타내면 다음과 같다.

구분	국내 주식	원자재	부동산	손실 위험
A	○	○	○	높다
B	×	○	○	높다
C	×	×	○	낮다
D	○	○	×	높다

B, D만을 고려해 보면 둘 다 손실 위험이 높다는 결과가 나왔는데, 국내 주식과 부동산 투자는 상반되지만 원자재 투자가 공통적으로 포함되어 있음을 알 수 있다. 따라서 원자재 투자가 펀드 손실의 주원인이라고 판단할 수 있다.

46

| 정답 | ④

| 해설 | 사회와 격리된 인간을 상상할 수 없듯이 언어와 격리된 인간도 상상하기 어렵다. 인간이 사회적인 그물망으로 엮여 있는 동물이고 그 사회적 그물망을 연결시켜 주는 역할을 하는 것이 언어이기 때문이다. 이는 사회를 떠난 인간이 존재할 수 없듯이 사회와 유리된 언어가 존재할 수 없다는 것을 의미하는 동시에, 사회가 달라지면 언어 사용 양상도 달라진다는 것을 의미한다.

47

| 정답 | ③

| 해설 | '거'는 '것'을 구어적으로 표현하는 의존 명사로 '좋을 거 같다'와 같이 띄어 써야 한다.

| 오답풀이 |

① '해보니까'는 본용언과 보조용언의 구성으로 띄어 쓰는 것이 원칙이나 붙여 쓰는 것도 허용된다.

② 접사 '-들'은 명사의 뒤에 붙어 '복수'의 뜻을 나타내는 것으로 앞말과 붙여 쓰지만, 의존 명사 '들'은 열거한 사물 모두를 가리키는 것으로 앞말과 띄어 쓴다.

④ 의존 명사 '등'은 앞말과 띄어 써야 한다.

⑤ '보란 듯이'의 '듯'은 의존 명사이므로 앞말과 띄어 써야 한다.

이를 적용하면 다음과 같다.

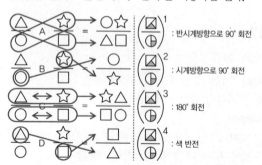

48

| 정답 | ③

| 해설 | 전체 작업량을 1이라 하면, A 복사기가 1분 동안 하는 일의 양은 $\frac{1}{12}$, B 복사기가 1분 동안 하는 일의 양은 $\frac{1}{8}$ 이다. 따라서 2분간 A 복사기의 작업량은 $\frac{1}{12} \times 2 = \frac{2}{12}$ 이고, 남은 작업량은 $1 - \frac{2}{12} = \frac{10}{12}$ 이다. 남은 작업량을 마치는 데 걸리는 시간을 x분이라 하면

$$\left(\frac{1}{12} + \frac{1}{8} \right) \times x = \frac{10}{12} \qquad x = 4$$

따라서 A, B 두 대로 동시에 복사한 시간은 4분이며 전체 걸린 시간은 2+4=6(분)이다.

49

| 정답 | ④

| 해설 | 〈조건 1〉과 〈조건 2〉의 해석은 다음과 같으며, 〈조건 2〉를 먼저 도출한 후 〈조건 1〉을 적용하면 된다.

50

| 정답 | ③

| 해설 | 다른 도시에서 전입해 온 서울의 인구는 3,225+2,895+8,622+3,022=17,764(명)인데, 이는 서울의 전체 전입 인구인 207,829명의 10% 이상이 아니므로 적절하지 않다.

51

| 정답 | ③

| 해설 | 성과지향적 조직은 관리자에 대한 평가가 업무수행 능력 등의 객관적인 요소에 따라 달라지므로, 전문적 권력을 통해 '무엇'을 할 수 있는가를 보여줌으로써 조직에서 겪는 어려움을 극복하려고 하는 여성관리자에 대한 인식에 긍정적으로 작용할 것이라고 하였다.

| 오답풀이 |

① 가족적 조직문화는 남성관리자에 대한 인식에 긍정적으로 작용할 수 있다.

② 성과지향적 조직문화에서는 성별과 같은 사회적 배경이 작용할 여지가 줄어든다.

④ 성과지향성이 낮은 조직에서는 구성원 간 성차별 가능성이 높다.

⑤ 성과지향성이 낮은 조직에서는 여성관리자의 전문적 권력이 발휘될 가능성이 낮다.

www.gosinet.co.kr

1회 기출유형

2회 기출유형

3회 기출유형

4회 기출유형

5회 기출유형

52

| 정답 | ②

| 해설 | 알파벳 순서를 이용하여 푼다.

10	10+6=16(P)	5	5+2=7(G)	9	9+?=13(M)
6	10−6=4(D)	2	5−2=3(C)	(?)	9−?=5(E)

따라서 '?'에 들어갈 숫자는 4이다.

53

| 정답 | ②

| 해설 | 먼저 11월 1일부터 11월 5일까지는 김 부장이 당번을 맡고, 11월 8일부터 11월 12일까지는 박 과장이 당번을 맡는다. 11월 15일부터 11월 19일까지는 이 과장이 당번을 맡아야 하는데, 휴가예정일이 두 주에 걸쳐 있으므로 다음 당번인 김 부장과 순서를 바꿔 김 부장이 당번을 맡는다. 11월 22일부터 11월 26일까지는 최 대리가 당번을 맡고, 11월 29일부터 12월 3일까지는 이 과장이 당번을 맡게 된다.

54

| 정답 | ④

| 해설 | 대출 A의 금리는 4%대, 가계대출의 금리는 7%대를 계속 유지하면서 매년 2%p 이상의 차이를 계속 유지한다.

| 오답풀이 |

① 대출 A의 상반기 공급액은 2021년에 처음으로 연간 목표액의 50%를 초과했으나, 제시된 자료만으로는 2021년 하반기를 포함한 대출 A의 연간 공급액을 알 수 없다.

② 2015년 대출 A의 연간 목표액은 20,000천만 원을 초과하고, 2023년 대출 A의 상반기 공급액은 20,000천만 원 미만을 기록하였다.

③ 2018년 대출 A의 연간 목표액은 약 30,000천만 원이며, 2018년 대출 A의 금리가 5% 미만이므로 2018년 대출 A의 연 목표 대출이자수익은 30,000×0.05=1,500(천만 원) 미만이었다.

⑤ 70천만 원을 대출했을 때 채무자가 부담해야 하는 이자지출이 2.8천만 원이 되기 위해서는 금리가 4%이어야 한다. 2019년 대출 A의 금리는 4%대, 가계대출의 금리는 7%대이므로 두 상품의 금리 차이는 4%p 미만이다. 따라서 대출 A 대신 가계대출을 선택했을 때 채무자가 부담해야 했던 이자지출의 차이는 2.8천만 원 미만이다.

55

| 정답 | ④

| 해설 | (가)는 고체, (나)는 액체, (다)는 기체의 분자 모양이다. 액체나 고체에 비해 분자 간의 간격이 넓은 기체는 압력이나 온도에 따른 부피의 변화가 가장 크다. 일정한 공간 안에서 고체는 분자의 수도 많고 간격이 가장 조밀하여 압력이나 온도에 따른 부피의 변화가 제일 작다. 따라서 부피 변화가 큰 순서대로 나열하면 (다)−(나)−(가)이다.

2회 기출유형문제

문제 50쪽

01	③	02	①	03	④	04	③	05	④
06	②	07	④	08	②	09	③	10	②
11	①	12	⑤	13	④	14	③	15	⑤
16	②	17	②	18	③	19	④	20	①
21	②	22	⑤	23	①	24	③	25	③
26	①	27	②	28	③	29	③	30	⑤
31	①	32	③	33	④	34	①	35	③
36	④	37	⑤	38	①	39	④	40	④
41	③	42	①	43	④	44	②	45	①
46	④	47	②	48	⑤	49	⑤	50	②
51	②	52	②	53	⑤	54	①	55	③

01

|정답| ③

|해설| ③은 이 글의 입장을 나타내는 것으로, 반박하는 진술이 아니다. 1문단과 3문단을 통해 알 수 있다.

|오답풀이|

① 4문단을 보면 구체적인 정책적 해결 방안을 말하기 보다는 전체적으로 둘러서 말하고 있다.

② 3문단에서 글쓴이는 부동산 문제 해결이 가장 시급한 사안이라고 하면서 부동산 문제가 모든 경제 사회적 불안과 부정의의 가장 중요한 원인으로 작용하고 있다고 하였다. 이에 대해 그 원인이 부동산 문제만은 아니라고 반박할 수 있다.

⑤ 1문단에서 글쓴이는 경제력을 독점하고 있는 소수 계층이 각계에 영향력을 행사하며 국민들의 의사에 반하는 결정들을 관철시키고 있다고 하였으며, 이에 대한 반박으로서 소수 전문가에 의한 결정이 필요한 경우도 있으며 때때로 이는 더 효율적이라는 주장은 적절하다.

02

|정답| ①

|해설|

$$7 \xrightarrow{+3} 10 \xrightarrow{+2} 12 \xrightarrow{+4} 16 \xrightarrow{+1} 17 \xrightarrow{+5} 22 \xrightarrow{+0} ?$$

$$7 \xrightarrow{-1} 10 \xrightarrow{+2} 12 \xrightarrow{-3} 16 \xrightarrow{+4} 17 \xrightarrow{-5} 22$$

따라서 ?에 들어갈 숫자는 22이다.

03

|정답| ④

|해설| 상대적으로 정보가 많은 A의 좌석을 고정하면 보다 쉽게 자리를 파악할 수 있다.

먼저 A와 C, 을이 창가에 앉았고 B는 A의 뒷자리이므로 B까지 창가에 앉았음을 알 수 있다.

		앞		
A		통로		C/을
B				C/을
		뒤		

갑과 정은 뒷좌석에 앉고 정의 앞좌석에 D가 위치한다는 것을 알 수 있다. 이때 두 번째 조건에 따라 남자 사원과 여자 사원이 짝을 이뤄 앉아야 하므로 D는 A 옆에 앉을 수 없고 을과 함께 앞좌석에 앉아야 한다. 남은 A 옆자리는 병이 앉게 된다. 이를 정리하면 다음과 같다.

		앞		
A	병	통로	D	을
B	갑		정	C
		뒤		

다른 경우의 수는 자리의 좌우만 바뀔 뿐 짝은 동일하게 구성된다. 따라서 C 사원과 짝을 이루어 앉는 사원은 정이다.

04

|정답| ③

|해설| 다양한 세대론을 규정짓는 신조어는 대부분 언론에 의해 만들어졌다. 신조어가 언론에서 지속적으로 생겨나는

이유에 대해 문화평론가인 경희대학교 영미문화전공 이택광 교수는 20대를 상대화함으로써 기성세대가 자기 세대의 정체성을 더욱 선명하게 부각시킬 수 있기 때문이라고 하면서, '우리 때는 이러지 않았다'는 식으로 발화함으로써 도덕적 우위를 점할 수 있는 이점이 있기 때문이라고 말했다. 또한 20대를 특징짓는 시도를 '20대에 대한 이데올로기적 포섭 전략'으로 보고 자신의 규정에 해당되지 못하는 20대를 정상적 범주가 아닌 것으로 생각하게 만드는 역할을 하기도 한다고 밝혔다.

20대 세대론이 지속되는 이유를 '언론의 정치적 필요'로 보는 시각도 있다. 즉, 언론사의 세대론을 20대에 대해 자기들끼리 갑론을박한 다음 마지못해 그들의 가치관을 들어주는 척하는 것과 비슷하다는 것이다. 다른 관점으로는 세태를 규정하는 일을 맡아야 하는 것이 언론의 숙명이라고 보는 견해도 있다. 즉, 언론에서는 새로운 세대의 모습을 짚어내려는 노력이 필요하다는 것이다.

05

| 정답 | ④

| 해설 | '곡필(曲筆)'은 '사실을 바른대로 쓰지 아니하고 왜곡하여 씀. 또는 그런 글'을 의미하므로 반의어는 '무엇에도 영향을 받지 아니하고 사실을 그대로 적음. 또는 그렇게 적은 글'을 의미하는 '직필(直筆)'이다.

| 오답풀이 |

① 자필(自筆) : 자기가 직접 글씨를 씀. 또는 그 글씨

② 대서(代書) : 남을 대신하여 글씨나 글을 씀. 또는 그 글씨나 글

③ 수필(隨筆) : 일정한 형식을 따르지 않고 인생이나 자연 또는 일상생활에서의 느낌이나 체험을 생각나는 대로 쓴 산문 형식의 글

⑤ 육필(肉筆) : 손으로 직접 쓴 글씨

06

| 정답 | ②

| 해설 | 두 팀이 승부차기를 하려면 경기가 끝났을 때 점수가 같아야 한다. 즉, 두 팀의 점수가 0 : 0이나 1 : 1이 될 확률이 승부차기까지 갈 확률이 된다. 0 : 0이 될 확률은

두 팀 모두 골을 넣지 못한 확률이므로 (A 팀이 골을 넣지 못할 확률)×(B 팀이 골을 넣지 못할 확률)=0.3×0.6=0.18이며, 1 : 1이 될 확률은 (A 팀이 골을 넣을 확률)×(B 팀이 골을 넣을 확률)=0.7×0.4=0.28이 된다.

따라서 두 팀이 승부차기까지 갈 확률은 0.18+0.28=0.46이다.

07

| 정답 | ④

| 해설 | 각 규칙은 다음과 같다.

1 : 반시계방향으로 90° 회전

2 : 좌우 대칭

3 : 색 반전 후, 중앙에 흰색 원 추가

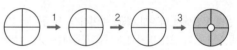

08

| 정답 | ②

| 해설 | 연령대별 참여도를 보면, 모든 연령대에서 '주변인과 대화' 유형의 참여도가 가장 높은 것을 알 수 있다.

| 오답풀이 |

① 정치참여 유형에서 여자보다 남자의 참여율이 더 높은 유형은 '주변인과 대화', '온라인상 의견피력', '탄원서 제출', '시위/집회 참여', '공무원에 민원전달' 총 5개로, 정치참여 유형의 과반수이다.

③ '공무원에 민원전달' 유형의 정치 참여도는 2023년에 5.6%, 2020년에 11.3%로, 2020년보다 5%p 이상 감소하였다.

④ 연령대별 참여도를 보면, '온라인상 의견피력', '서명운동 참여', '시위/집회 참여'는 연령대가 낮을수록 참여도가 높다.

⑤ 2023년에는 '주변인과 대화(74.1%)', '서명운동 참여(14.5%)', '시위/집회 참여(14.4%)' 순으로 참여도가 높았다.

09

| 정답 | ③

| 해설 | 두 번째 문단에서 식수가 분변으로 오염되어 있다면 분변에 있는 병원체 수와 비례하여 존재하는 비병원성 세균을 지표생물로 이용한다고 하면서, 이에 대표적인 것은 대장균이라고 하였다. 따라서 채취된 시료 속의 총대장균군의 세균 수와 병원체 수는 비례하여 존재한다는 것을 알 수 있다.

| 오답풀이 |

① 두 번째 문단에서 '분변에 있는 병원체 수와 비례하여 존재하는 비병원성 세균'을 지표생물로 이용한다고 하였다. 따라서 온혈동물의 분변에서 기원되는 균을 모두 지표생물로 이용할 수 있는 것은 아니다.

② 세 번째 문단에서 총대장균군은 염소 소독과 같은 수질 정화과정에서도 병원체와 유사한 저항성을 가진다고 하고 있다.

④ 첫 번째 문단에서 병원성 세균, 바이러스, 원생동물, 기생체 소낭 등과 같은 병원체를 직접 검출하는 것은 비싸고 시간이 많이 걸릴 뿐 아니라 숙달된 기술을 요구하지만 지표생물을 이용하면 이러한 문제를 많이 해결할 수 있다고 하고 있다.

⑤ 세 번째 문단에서 분변성 연쇄상구균군은 잔류성이 높고 장 밖에서는 증식하지 않기 때문에 시료에서도 그 수가 일정하게 유지되어 좋은 상수소독 처리지표로 활용된다고 하고 있다.

10

| 정답 | ②

| 해설 | 제시된 문자들은 다음과 같은 규칙이 있다.

가	– 한글 첫 번째	1	– 숫자 첫 번째
다	– 한글 세 번째	3	– 숫자 세 번째
라	– 한글 네 번째	4	– 숫자 네 번째
?		2	– 숫자 두 번째

Z	– 알파벳 뒤에서 첫 번째
X	– 알파벳 뒤에서 세 번째
W	– 알파벳 뒤에서 네 번째
?	

따라서 첫 번째 ?에는 한글 두 번째인 '나', 두 번째 ?에는 알파벳 뒤에서 두 번째인 'Y'가 들어가야 한다.

11

| 정답 | ①

| 해설 | C의 진술에 따라 C는 독일어, 일본어, 중국어를 구사할 수 있으며, A와 D의 진술에 따라 A, D는 스페인어를 구사할 수 있다. 다음으로 B의 진술에 따라 B는 일본어, 중국어를 구사할 수 있다. 마지막으로 E의 진술에 따라 E는 B와 비교했을 때 C만 구사할 수 있는 언어를 구사할 수 있다고 하였으므로 E는 독일어만 구사할 수 있다. 이를 정리하면 다음과 같다.

구분	A	B	C	D	E
구사 가능한 언어	스페인어	일본어, 중국어	독일어, 일본어, 중국어	스페인어	독일어

12

| 정답 | ⑤

| 해설 | 대중교통을 이용하는 사원 중 환승 횟수가 한 번 이상인 사원은 전체 사원의 27+23+8=58(%)이다.

| 오답풀이 |

① 자가용을 이용하는 사원은 60×0.25=15(명)이다.

② 버스를 이용하는 사원은 대중교통을 이용하는 사원 60×0.75=45(명)의 31%인 45×0.31≒14(명)이다.

③ 환승 횟수가 3번 이상인 사원은 60×0.08≒5(명)이다.

④ 대중교통을 이용하는 사원 중 한 번도 환승을 하지 않는 사원은 60×0.42≒25(명) 가운데 자가용 이용 사원 15명을 뺀 10명이다.

13

| 정답 | ④

| 해설 | 색칠된 칸이 시계방향으로 2칸씩 이동하는 규칙이다.

14

|정답| ③

|해설| 양 끝에 나무가 있으므로 깃발 9개를 세우면 간격의 수는 9+1=10(개)이다.

∴ 160÷10=16(m)

15

|정답| ⑤

|해설| 최근의 경쟁제한 규제 상황에 대한 언급은 없다. 따라서 ⑤는 주어진 글을 통해 알 수 없는 내용이다.

|오답풀이|

① 첫 번째 문단에서 '금융안전망은 ~ 금융위기의 발생을 조기에 차단하는 것을 목적으로 한다'를 통해 알 수 있다.

② 두 번째 문단에서 사전적 조치는 건전성 규제와 경쟁제한 규제로 구분할 수 있다고 하였다.

③ 첫 번째 문단을 통해 사후적 조치에 최종대부자기능과 예금자보호기능이 포함됨을 알 수 있다.

④ 금융위기 세 번째 단계인 뱅크런에 대한 설명이며, 첫 번째 문단을 통해 알 수 있다.

16

|정답| ②

|해설|

$$? \xrightarrow[\times 2 + 0.5]{} 9.5 \xrightarrow[\times 2 + 0.5]{} 19.5 \xrightarrow[\times 2 + 0.5]{} 39.5 \xrightarrow[\times 2 + 0.5]{} 79.5$$

따라서 ?에 들어갈 숫자는 4.5이다.

17

|정답| ②

|해설| 두 번째 조건에 따라 A시에는 가 지점장이 근무하고 다섯 번째 조건에 따라 F시에는 마 지점장이 근무한다. 여섯 번째 조건에 따라 마 지점장과 가장 가까운 곳에서 근무하는 라 지점장은 E시에서 근무하고, 세 번째 조건에

따라 F시에서 근무하는 마 지점장과 마주 보는 C시에는 나 지점장이 근무한다. 네 번째 조건에 따라 B시에는 다 지점장이 근무하며, 남은 D시에는 바 지점장이 근무한다.

따라서 A시를 기준으로 시계방향으로 발령된 지점장의 순서를 나열하면 가-다-나-바-라-마이다.

18

|정답| ③

|해설| 속도는 기술 혁명이 인간에게 선사한 엑스터시(ecstasy)의 형태이다. 오토바이 운전자와는 달리, 뛰어가는 사람은 언제나 자신의 육체 속에 있으며, 뛰면서 생기는 미묘한 신체적 변화와 가쁜 호흡을 생각할 수밖에 없다. 뛰고 있을 때 그는 자신의 체중, 자신의 나이를 느끼며 그 어느 때보다도 더 자신과 자기 인생의 시간을 의식한다. 인간이 기계에 속도의 능력을 위임하고 나자 모든 게 변한다. 이때부터 그의 고유한 육체는 관심 밖에 있게 되고 그는 비신체적 속도, 비물질적 속도, 순수한 속도, 속도 그 자체, 속도 엑스터시에 몰입한다. 기묘한 결합테크닉의 싸늘한 몰개인성과 엑스터시 불꽃. 어찌하여 느림의 즐거움은 사라져 버렸는가?

19

|정답| ④

|해설| '용두사미'는 용의 머리와 뱀의 꼬리라는 뜻으로 처음은 좋지만 끝 좋지 않음을 이르는 말이다. 따라서 빈칸에 들어가기에 가장 적합하다.

|오답풀이|

① 계란유골 : 달걀에도 뼈가 있다는 뜻으로, 운수가 나쁜 사람은 모처럼 좋은 기회를 만나도 역시 일이 잘 안됨을 이르는 말이다.

② 오비이락 : 까마귀 날자 배 떨어진다는 뜻으로, 아무 관계도 없이 한 일이 공교롭게도 때가 같아 억울하게 의심을 받거나 난처한 위치에 서게 됨을 이르는 말이다.

③ 유유상종 : 같은 무리끼리 서로 사귐의 의미이다.

⑤ 내우외환 : 내부에서 일어나는 근심과 외부로부터 받는 근심이라는 뜻으로, 나라 안팎의 여러 근심 걱정을 이르는 말이다.

20

| 정답 | ①

| 해설 | 1시간 동안 Q 세균은 10번 분열하므로 그때의 Q 세균의 수는 $1 \times 2^{10} = 1,024$(마리)이다. 또 42분 동안은 7번 분열하므로 그때의 Q 세균의 수는 $1 \times 2^7 = 128$(마리)이다. 따라서 1시간 후 Q 세균의 수는 42분 후의 Q 세균의 수보다 $1,024 - 128 = 896$(마리) 더 많다.

21

| 정답 | ②

| 해설 | • 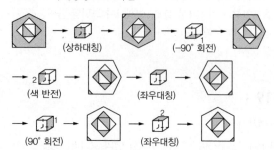 : 좌우대칭

• : 색 반전

• : 상하대칭

• : 반시계방향 90° 회전(-90°)

• : 시계방향 90° 회전

22

| 정답 | ⑤

| 해설 | 2020년 가장 피해 큰 도시는 부산이며, 2021년 부산의 피해 규모는 전체에서 11번째로 크다.

2021년 피해 규모 순서(피해가 큰 도시부터 나열) : 경북-강원-전북-충북-경기-충남-울산-전남-인천-경남-부산-제주

| 오답풀이 |

② $\dfrac{57,717,484}{187,302,271} \times 100 ≒ 31(\%)$

③ 2019년 피해가 가장 큰 지역인 경기와 두 번째로 큰 지역인 강원의 피해액 차이는 $86,713,516 - 79,037,030 = 7,676,486$(천 원)이다.

23

| 정답 | ①

| 해설 | 원시공동체에서는 사냥감을 저장할 수 없어 탐할 수 있는 이익이 많이 없었기 때문에 탐욕을 절제하는 생활을 할 수밖에 없었다. 하지만 신석기시대에 이르러 저장 가능한 가축과 곡물의 생산이 시작되고 잉여 생산물이 생겨나면서 약탈로부터 얻는 이익이 커졌고 이에 따라 착취와 전쟁이 본격적으로 시작되었다. 즉 이 글은 식량의 저장과 잉여 생산물의 탄생으로 인한 약탈의 본격화로 요약될 수 있다.

24

| 정답 | ③

| 해설 | 자음 순서를 이용하여 푼다.

5	2	5+2 =7	2+7 =9	7+9 =16	9+16 =25
5+1 =6(ㅂ)	2+2 =4(ㄹ)	7+3 =(?)	9+4 =13(ㅍ)	16+5 =21(ㅅ)	25+6 =31(ㄷ)

따라서 "?"에 들어갈 문자는 10에 해당하는 'ㅊ'이다.

25

| 정답 | ③

| 해설 | 숙소에서 출발하여 모든 여행지를 둘러보고 숙소로 돌아올 때, 최소의 길을 거치는 경로는 다음과 같다.

• 숙소-A-B-C-D-E-숙소
• 숙소-C-B-A-E-D-숙소
• 숙소-D-C-B-A-E-숙소
• 숙소-D-E-A-B-C-숙소
• 숙소-E-A-B-C-D-숙소
• 숙소-E-D-C-B-A-숙소

그런데 이 중 최저비용인 경로를 구해야 하며, 〈자료 3〉을 고려해봤을 때, 자전거는 시간당 경비가 무료이므로 자전 거를 최대한 많이 이용하는 경로가 비용 측면에서 가장 유 리할 것임을 추론할 수 있다. 이때 자전거로 이동 가능한 길은 D→E(또는 E→D), E→A(또는 A→E), B→C (또는 C→B)이고, 위 3가지 길을 모두 포함한 경로에 대한 비용을 구하면 다음과 같다.

- 숙소-C-B-A-E-D-숙소 : 6,000+2,000+4,000 =12,000(원)
- 숙소-D-E-A-B-C-숙소 : 위 경로와 순서만 역순 이므로 비용은 동일

따라서 교통비로 사용할 금액은 12,000원이다.

26

| 정답 | ①

| 해설 | 의류/신발, 가정용품/가사서비스, 교통, 오락/문화, 교육, 음식/숙박, 기타상품서비스의 7가지 항목이 해당한다.

| 오답풀이 |

② 1분위 가구는 식료품이 20.3%, 5분위 가구는 교통비 지출이 16.6%로 가장 큰 비중을 차지하는 항목이다.

③ 1분위 가구는 소득 하위 계층으로 식료품, 주거수도/광열, 보건 등의 분야에서 전국 평균보다 더 많은 지출을 하고 있음을 알 수 있다.

④ 제시된 세 가지 분야의 지출은 소득 상위(5분위)와 하위(1분위) 계층에서 2배 이상의 지출 비중 차이를 보이고 있다.

⑤ 전국 1분위, 5분위에서 모두 주류/담배 항목의 소비지출 비중이 가장 작다.

27

| 정답 | ②

| 해설 | 가로줄을 기준으로 색칠된 부분은 아래로 한 칸씩, 점은 위로 한 칸씩 이동한다. 이때, 색칠된 부분과 점이 겹칠 경우 점은 나타나지 않는다.

28

| 정답 | ③

| 해설 | 연봉이 3,750만 원이므로 월 세전 수령액은 $\frac{37,500,000}{12}=3,125,000$(원)이 된다. 세액 공제가 320,000원이므로 $3,125,000-320,000=2,805,000$(원)이 실수령액이 된다. 매달 실수령액의 10%가 적금액이 되므로 월 적금액은 $2,805,000\times0.1=280,500$(원)이 된다.

29

| 정답 | ③

| 해설 | (다)는 지역 및 계절별 강수량의 차이를 나타내는 것이 아니라, 겨울과 여름 계절풍으로 인해 기후적인 특징이 발생한다는 점을 나타내고 있다.

| 오답풀이 |

① 아시아가 세계 최대의 계절풍 지역이라고 설명하면서 아시아 계절풍의 특징에 대해 이야기하고 있다.

② 우리나라의 계절에 따른 풍향이 다르고 방향이 어떻게 바뀌는지 이야기하며 기압배치에 대해 설명하고 있다.

④ 계절풍에 따른 기후현상으로서 우계와 건계의 구분을 설명하고 있다.

⑤ 겨울 계절풍에 대해 설명하며 겨울이 되면 차가운 시베리아 기단이 우리나라에 영향을 미친다고 이야기하며 겨울의 대기에 대해 설명하고 있다.

30

| 정답 | ⑤

| 해설 |

```
        +1        +5        +9       +13
   ┌────┐   ┌────┐   ┌────┐   ┌────┐
16   12   17   15   22    ?   31   33   44
   └────┘   └────┘   └────┘   └────┘
      +3        +7        +11
```

따라서 ?에 들어갈 숫자는 22이다.

31

|정답| ①

|해설| 대기번호 순서대로 동시에 입장하면 1번이 테이블 한 개, 2번이 테이블 두 개, 3번이 테이블 두 개에 앉는다. 두 번째 조건에 따라 1 ~ 3번이 동시에 떠난 후 테이블을 한 번에 정리한다(1번). 이후 대기번호 4번이 테이블 두 개, 5번이 테이블 2개를 사용한다. 6번은 테이블 두 개를 사용해야 하는데, 남은 테이블은 한 개이므로 4 ~ 5번이 떠나 테이블을 정리한 후(2번) 입장할 수 있다. 따라서 6번 대기 손님이 입장했을 때 테이블을 정리한 횟수는 총 2번이다.

32

|정답| ③

|해설| Most of our electricity comes from the use of coal and oil, but there are two major problems with using them. First, they cause a lot of pollution. Second, they are limited resources. Our coal and oil supplies may only last another 50 years. What will we do then? We should develop different energy sources that are environment−friendly and last longer.

33

|정답| ④

|해설| '돌파구'는 '부닥친 장애나 어려움 따위를 해결하는 실마리'라는 의미이므로 어떤 일을 해결하는 의미의 단어와 유사하다고 볼 수 있다. 그러나 '타파하다'는 '부정적인 규정, 관습, 제도 따위를 깨뜨려 버리다'는 의미이므로 '돌파구'와 의미가 유사하지 않다.

|오답풀이|

① 타개하다 : 매우 어렵거나 막힌 일을 잘 처리하여 해결의 길을 열다.

② 해결하다 : 제기된 문제를 해명하거나 얽힌 일을 잘 처리하다.

③ 극복하다 : 악조건이나 고생 따위를 이겨 내다.

⑤ 답파하다 : 험한 길이나 먼 길을 끝까지 걸어서 돌파하다.

34

|정답| ①

|해설| 과일은 총 11개를 구매하고 다섯 종류의 과일을 각각 2개 이상 구매한다고 하였으므로 과일 한 종류만 3개, 나머지 네 종류의 과일은 2개씩 구입했음을 알 수 있다. 다섯 종류를 각각 2개씩 구입했을 때의 가격은 (10,000＋6,000＋3,000＋1,000＋500)×2＝41,000(원)인데 총 42,000원을 지불했다. 따라서 1,000원짜리 과일은 총 3개를 구입했다.

35

|정답| ③

|해설| 각 규칙은 다음과 같다.

a : 시계방향으로 90° 회전 후, 내·외부 도형 색 반전

b : 시계방향으로 90° 회전

c : 외부 도형은 반시계방향으로 90° 회전, 내부 도형은 시계방향으로 90° 회전

규칙을 적용하면 다음과 같다.

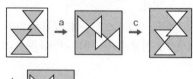

36

|정답| ④

|해설| © 외국 항공사 전체의 취항 노선 수 중에서 L 항공사의 취항 노선 수가 차지하는 비중은 $\frac{17}{89} \times 100$≒19.1(%)로, 20%를 넘지 않는다.

㉣ • 국내 A 항공사의 운항 횟수 중 화물 운항 횟수가 차지하는 비율: $\frac{123}{780} \times 100 ≒ 15.8(\%)$

• 국내 B 항공사의 운항 횟수 중 화물 운항 횟수가 차지하는 비율: $\frac{54}{555} \times 100 ≒ 9.7(\%)$

따라서 A 항공사의 화물 운항 횟수의 비율이 B 항공사의 비율보다 $15.8 - 9.7 = 6.1(\%p)$ 더 높다.

|오답풀이|

㉠ 국내 A 항공사의 여객 지수는 $\frac{657}{780} ≒ 0.8$이다. 외국 항공사의 여객 지수를 구하면 다음과 같다.

• C 항공사: $\frac{13}{17} ≒ 0.8$ • D 항공사: $\frac{0}{5} = 0$

• E 항공사: $\frac{7}{7} = 1$ • F 항공사: $\frac{14}{18} ≒ 0.8$

• G 항공사: $\frac{0}{14} = 0$ • H 항공사: $\frac{0}{31} = 0$

• I 항공사: $\frac{0}{28} = 0$ • J 항공사: $\frac{75}{76} ≒ 1$

• K 항공사: $\frac{82}{88} ≒ 0.9$ • L 항공사: $\frac{102}{111} ≒ 0.9$

따라서 국내 A 항공사보다 여객 지수가 높은 외국 항공사는 E, J, K, L 4곳이다.

㉡ '화물 지수=1-여객 지수'이므로 여객 지수가 0인 곳이 화물 지수가 1이 된다. 따라서 화물 지수가 1인 외국 항공사는 D, G, H, I 4곳이다.

37

|정답| ⑤

|해설| 제시된 글의 중심 소재는 '공포증'으로, 우선 (나)에서 공포증의 개념과 그 유발 대상에 대해 설명하고 있는데, 첫 문장의 '위의 경우에서 보듯이 ~'를 통해 어떤 상황이 앞에서 제시되었음을 알 수 있다. (마)가 공포증에 대한 사례를 제시하고 있으므로 (나)의 '위의 경우'가 (마)의 내용을 가리킴을 알 수 있다. 또한 (가)에 제시된 '이러한 공포증'이 (나)를 가리키고 있으므로 (나)의 뒤로 이어지면 된다. 다음으로 (다)는 부정적 상황을 겪었음에도 공포증으로 이어지지 않은 사람들의 상황 해석 방식을, (라)는 '반면에'

로 시작하면서 그 반대인 공포증을 겪는 사람들의 상황 해석 방식을 기술하고 있으므로, (가) 다음에 순서대로 오는 것이 자연스럽다. 따라서 (마)-(나)-(가)-(다)-(라) 순이 적절하다.

38

|정답| ①

|해설| 두 수의 십의 자리 수끼리 더한 값을 앞 두 자리에, 일의 자리 수끼리 더한 값을 뒤 두 자리에 배치하는 규칙이다. 단, 두 수의 십의 자리 수끼리 더한 값이 한 자리 숫자라면 앞에 0을 붙이지 않고, 두 수의 일의 자리 수끼리 더한 값이 한 자리 숫자라면 앞에 0을 붙인다.

• 3+9=12, 4+0=04 → 1204
• 8+7=15, 5+7=12 → 1512
• 5+1=6, 4+5=09 → 609
• 4+3=7, 8+9=17 → (?)

따라서 ?에 들어갈 숫자는 717이다.

39

|정답| ④

|해설| 첫 번째 기준에 의해 C 차량은 가격이 비싸 그 어떤 차량과도 함께 구입할 수 없으므로 조합에서 탈락한다. 배기량이 3,500cc 이상이어야 한다는 조건에 따라 A 차량도 탈락한다. D 차량을 2대 사는 것은 10명을 태워야 한다는 두 번째 조건을 만족하지 못하므로 남은 조합은 B와 D, B와 E, E 2대, D와 E 네 가지인데 이 중에서 최대출력의 평균이 큰 조합은 평균 205PS인 D와 E이다. 따라서 D와 E를 구입하게 된다.

40

|정답| ④

|해설| ㉡ 남자 수 : 여자 수$= a : b$라고 하면 $42.3a + 41.3b = 41.7(a+b)$가 되며, 이를 정리하면 $3a = 2b$

즉, $a:b=2:3$이다. 따라서 여자는 $\frac{3}{5}$, 즉 60%를 차지한다.

ⓔ 가족기업 수 : 일반기업 수= $c:d$라고 하면 $39.5c+43.5d=41.7(c+d)$가 되며, 이를 정리하면 $9d=11c$ 즉, $c:d=9:11$이다. 따라서 조사대상 중 가족기업의 비중은 $\frac{9}{20}$이므로 그 숫자는 $700\times\frac{9}{20}=315$(명)이다.

| 오답풀이 |

ⓐ 남자의 수는 $700\times\frac{2}{5}=280$(명)이다.

ⓒ 일반기업을 경영하는 사람은 $700\times\frac{11}{20}=385$(명)이다.

41

| 정답 | ③

| 해설 | ROSE 열과 LESP 열의 변화과정을 보면 ✚가 공통으로 들어가 있다. 처음의 ROSE와 LESP에서 각각 O와 S가 하나씩 더 생긴 것으로 보아 ✚는 두 번째 문자 혹은 세 번째 문자가 하나씩 더 추가된다는 의미임을 유추할 수 있다. 그런데 LESP 열에서 L이 삭제된 것을 통해 ▽는 첫 번째 문자를 삭제하라는 의미를 지녔을 가능성을 파악할 수 있다. 여기서 LESP ➡ ▽ ➡ ESP ➡ ✚ ➡ ESSP가 되어 ▽는 첫 번째 문자 삭제, ✚는 두 번째 문자를 하나 더 추가하는 암호로 정리할 수 있다. 따라서 ROSE ➡ ✚ ➡ ROOSE ➡ 〇 ➡ ROOES에서 〇는 끝에 있는 문자 2개의 순서를 바꾸는 암호로 추론할 수 있으며, 앞에서 파악된 〇과 ✚를 NDSL 열에 적용하면 NDSL ➡ 〇 ➡ NDLS ➡ ⬠ ➡ NDS ➡ ✚ ➡ NDDS가 되어, ⬠는 세 번째 문자를 삭제하는 암호가 된다. 또한 ✚와 ▽를 HKGS 열에 적용하면 HKGS ➡ ✚ ➡ HKKGS ➡ ☐ ➡ KKGSH ➡ ▽ ➡ KGSH가 되어, ☐는 첫 번째 문자를 맨 뒤로 보내는 암호임을 알 수 있다.

1. ✚ : 두 번째 문자 하나 더 추가하기

2. ▽ : 첫 번째 문자 삭제하기

3. 〇 : 마지막 문자를 바로 앞의 문자와 바꾸기

4. ⬠ : 세 번째 문자 삭제하기

5. ☐ : 첫 번째 문자 맨 뒤로 보내기

따라서 문제에서는 ⬠에 의해 세 번째 문자 M을 삭제하고, ✚에 의해 두 번째 문자 H를 하나 더 추가한 뒤, ▽에 의해 첫 번째 문자 D를 삭제한다.

DHMK ➡ ⬠ ➡ DHK ➡ ✚ ➡ DHHK ➡ ▽ ➡ HHK

42

| 정답 | ②

| 해설 | 8박 연속으로 예약한 경우와 6박과 2박 두 번으로 나누어 예약한 경우, 할인율이 달라지는 것은 색으로 표시한 부분이다.

숙박 누계	8박 연속의 할인율	6박+2박의 할인율	
1박	0.05	0.05	
2박	0.1	0.1	
3박	0.2	0.2	
4박	0.25	0.25	
5박	0.25	0.25	
6박	0.25	0.25	→6박
7박	0.25	0.05	
8박	0.25	0.1	→2박

• 할인율의 차이

8박 연속일 때 7, 8박   6박+2박일 때 7, 8박   할인율의 차이
$(0.25+0.25)$ $-$ $(0.05+0.1)$ $=$ 0.35

• 숙박요금 총액의 차이

1박의 숙박요금   할인율의 차이   숙박요금 총액의 차이
$12,000$원 $\times$ 0.35 $=$ $4,200$원

43

| 정답 | ④

| 해설 | 타이레놀에는 간 독성을 유발할 수 있는 아세트아미노펜 성분이 들어있다. 따라서 잘못된 추론이다.

| 오답풀이 |

① 아스피린은 '해열소염진통제'이고, 타이레놀은 '해열진통제'이므로 둘 다 해열 기능이 있음을 추론할 수 있다.

② 아스피린은 독감, 수두에 걸린 '15세 이하의 어린이'에게 부작용이 나타날 수 있다고 하였다. 따라서 연령도 선택 기준이라는 것을 추론할 수 있다.

③ 타이레놀은 '단일성분 제제'라는 언급이 있으며, 아세트아미노펜 성분으로 이루어져 있다고 하였으므로 옳은 설명이다.

⑤ '임산부가 진통 및 해열제가 필요한 경우에는 타이레놀을 복용하는 것이 좋다'를 통해 알 수 있다.

구분	A	B	C	D
티셔츠	분홍	초록색	분홍	분홍
바지	(남색 ×)	분홍	분홍	남색
기념품	텀블러	텀블러	텀블러	텀블러, 보조배터리

따라서 입은 옷의 색깔과 받은 기념품의 종류가 바르게 연결된 것은 ①이다.

44

| 정답 | ②

| 해설 |

$$2 \xrightarrow{\times \frac{1}{2}} 1 \xrightarrow{+2} 3 \xrightarrow{\times \frac{1}{2}} \frac{3}{2} \xrightarrow{+2} \frac{7}{2} \xrightarrow{\times \frac{1}{2}} \frac{7}{4} \xrightarrow{+2} \frac{15}{4} \xrightarrow{\times \frac{1}{2}} ?$$

따라서 ?에 들어갈 숫자는 $\frac{15}{8}$이다.

45

| 정답 | ①

| 해설 | A는 남색 티셔츠를 입고 있지 않고, C는 A의 티셔츠와 같은 색의 바지를 입고 있으므로, A의 티셔츠와 C의 바지는 티셔츠와 바지 모두에 해당하는 남색과 분홍색 중 분홍색임을 알 수 있다. 이때 C가 기념품으로 텀블러만을 받았으므로 텀블러에 대응하는 옷 색깔은 분홍색임을 알 수 있으며, A 역시 C와 같이 텀블러를 받았을 것임을 유추할 수 있다.

또한 D는 A와 같은 색깔의 티셔츠를 입고, 두 종류의 기념품을 모두 받았으므로 D의 티셔츠는 분홍색, 바지는 남색이 된다.

B는 C의 티셔츠 색과 같은 색의 바지를 입고 있으므로 B의 바지와 C의 티셔츠는 티셔츠와 바지 모두에 해당되는 색깔인 분홍색과 남색 중 하나임을 알 수 있다. 이때 C는 기념품으로 텀블러만을 받았으므로 남색은 입고 있지 않은 것이 되며, 따라서 C의 티셔츠 색깔은 바지와 같은 분홍색임을 유추할 수 있다. 마찬가지로 B의 바지 색깔 또한 분홍색이 된다. 이를 표로 정리하면 다음과 같다.

46

| 정답 | ④

| 해설 |

47

| 정답 | ②

| 해설 | '소환'과 '호출'은 어디로 오라고 하거나 불러내는 명령을 의미하며, 서로 유의관계에 있다. 따라서 무엇을 하라고 일러 시킨다는 의미인 '명령'과 '지시'가 같은 관계라고 할 수 있다. 나머지는 반의관계에 해당한다.

48

| 정답 | ②

| 해설 | 늘린 길이를 $x\,\text{cm}$라 하면 새로운 직사각형의 넓이가 기존보다 80% 증가하였으므로 다음과 같은 식이 성립한다.

$(10+x)(14+x)=10\times14\times1.8$

$x^2+24x-112=0$

$(x-4)(x+28)=0$

이때 x는 0보다 큰 값이므로, $x=4$

따라서 새로운 직사각형의 가로 길이는 $10+4=14$(cm)이다.

49

| 정답 | ⑤

| 해설 | 처음에 제시된 도형에 순서도의 규칙을 적용하여 변환·비교하면 다음과 같다.

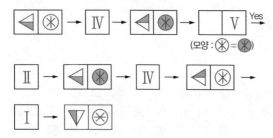

50

| 정답 | ②

| 해설 | 20X6년 이후 우리나라가 쿠웨이트로부터 수입한 석유를 가격으로 환산하면 다음과 같다.

- 20X6년 : $136.5×93.17=12,717.705$(백만 달러)
- 20X7년 : $141.9×48.66=6,904.854$(백만 달러)
- 20X8년 : $159.3×43.29=6,896.097$(백만 달러)
- 20X9년 : $160.4×50.8=8,148.32$(백만 달러)

따라서 20X6년 이후 쿠웨이트로부터 수입한 석유의 양은 매년 증가하나, 국제 유가를 고려하여 가격으로 환산하면 20X7, 20X8년에 오히려 감소하였다.

| 오답풀이 |

① 6개년 모두 우리나라가 사우디아라비아로부터 수입한 석유의 양이 가장 많다.

③ 국제 유가가 배럴당 95달러를 초과한 해는 20X5년이고, 20X5년에 우리나라의 석유 수입량이 가장 적은 국가는 이란이다.

④ 카타르와 아랍에미리트 중 우리나라가 석유를 더 많이 수입하는 국가는 20X4 ~ 20X5(아랍에미리트), 20X6

~ 20X7(카타르), 20X8 ~ 20X9(아랍에미리트)로 바뀌고 있다.

⑤ 국제 유가가 전년 대비 가장 많이 감소한 해는 20X7년으로, 20X7년에는 이란과 아랍에미리트를 제외한 모든 국가에서 석유 수입량이 증가했다.

51

| 정답 | ②

| 해설 | 영토 분할을 위임받은 로마 교회는 조세 수입이나 영토 면적보다는 '세속어'를 경계의 기준으로 삼는 것이 더 공정하다는 결론을 내렸다.

| 오답풀이 |

① 네 번째 줄에서 동맹군이었던 루이와 샤를의 승리로 전쟁이 끝났다고 하였다.

③ 두 번째 문단에 따르면 루이와 샤를은 서로의 동맹을 다지는 서약 문서를 상대방이 분할 받은 영토의 세속어로 작성하여 교환하였다고 했다. 샤를이 분할 받은 영토의 세속어는 로망어였으므로 루이는 로망어로 서약 문서를 작성했음을 알 수 있다.

④ 루이와 샤를은 각자 자신의 군사들로부터 분할 받은 영토의 세속어로 된 충성 맹세를 받았다고 했으므로 샤를은 로망어로 된 충성 맹세를 받았음을 추론할 수 있다.

⑤ 그들의 군대는 필요에 따라 여기저기서 수시로 징집된 다양한 언어권의 병사들로 구성되어 있었다.

52

| 정답 | ②

| 해설 | ②를 제외한 나머지는 알파벳을 숫자로 바꿨을 때 뒤 문자가 앞 문자에 비해 1씩 감소한다.

② QONM : 17, 15, 14, 13

| 오답풀이 |

① UTSR : 21, 20, 19, 18

③ LKJI : 12, 11, 10, 9

④ DCBA : 4, 3, 2, 1

⑤ HGFE : 8, 7, 6, 5

53

| 정답 | ⑤

| 해설 | 정해진 예산 내에서 칼로리의 합이 가장 높은 조합을 구매해야 한다. 따라서 '칼로리÷가격'이 높은 품목을 위주로 구매하는 것이 유리하다. 또한 2+1행사에 따라 추가적으로 사은품이 제공되는 품목은 이를 감안해야 한다. 각 품목별 '칼로리÷가격'을 구하면 다음과 같다.

	1개 구매 시	2개 구매 시 (2+1행사 감안)
피자	0.24	$\dfrac{600 \times 2 + 150}{5,000} = 0.27$
돈가스	0.1625	$\dfrac{650 \times 3}{8,000} ≒ 0.24$
도넛	0.25	행사 X
콜라	0.3	
아이스크림	0.175	$\dfrac{350 \times 3}{4,000} ≒ 0.26$

따라서 정해진 예산 내에서 칼로리의 합이 가장 높은 조합은 우선적으로 '칼로리÷가격'이 가장 높은 콜라 2개를 구매(1,000원)하고, 남은 예산으로 이어서 '칼로리÷가격'이 높은 피자 2개(5,000원)와 아이스크림 2개(4,000원)를 구매하는 것이다. 이때 비용은 10,000원이고 칼로리는 300+1,350+1,050=2,700(kcal)이다.

| 오답풀이 |

① 한 품목은 최대 2개 구매하므로 적절하지 않다.

② 돈가스 2개, 도넛 2개

〈가격〉 $(4,000 \times 2) + (1,000 \times 2) = 10,000$(원)

〈칼로리〉 $(650 \times 2 + 650) + (250 \times 2) = 2,450$(kcal)

③ 아이스크림 2개, 도넛 2개, 돈가스 1개

〈가격〉 $(2,000 \times 2) + (1,000 \times 2) + 4,000 = 10,000$(원)

〈칼로리〉 $(350 \times 2 + 350) + (250 \times 2) + 650 = 2,200$(kcal)

④ 돈가스 2개, 피자 1개, 콜라 1개

〈가격〉 $(4,000 \times 2) + (2,500 \times 1) + 500 = 11,000$(원)

〈칼로리〉 $(650 \times 2 + 650) + 600 + 150 = 2,700$(kcal)

물품 금액이 11,000원으로 10,000원을 넘어 제외된다.

54

| 정답 | ①

| 해설 | 국가별 전력 수출입 현황을 정리하면 다음과 같다.

- N 국 : 420+234+270=924(수출)

  153+277+105=535(수입)

- K 국 : 153+552+635=1,340(수출)

  420+432+215=1,067(수입)

- S 국 : 277+432+405=1,114(수출)

  234+552+330=1,116(수입)

- E 국 : 105+215+330=650(수출)

  270+635+405=1,310(수입)

가. 전력의 수출량이 수입량보다 많은 국가는 N 국과 K 국이다.

나. S 국은 수출량이 1,114천 kW, 수입량이 1,116천 kW로 전력 무역수지가 0에 가장 가깝다.

다. N 국의 총 전력 수입량은 535천 kW이며, K 국과 S 국은 그 두 배가 넘는 전력량을 수출한다.

| 오답풀이 |

라. N 국이 수출량을 절반으로 줄이면 각 국이 N 국으로부터 수입하는 양은 절반이 되므로 K국, S국, E국의 수입량은 각각 1,067−210=857, 1,116−117=999, 1,310−135=1,175가 되어 K 국과 S 국만 수입량이 1,000천 kW 이하로 줄어들게 된다.

55

| 정답 | ③

| 해설 | 첫 번째 가로열 · 첫 번째 세로열 · 두 번째 세로열에 공통으로 ◎가 들어가 있고 세 열 모두 마지막 그림이 색 반전되었으므로 ◎는 색 반전 기호임을 알 수 있다. 이를 첫 번째 가로열과 두 번째 세로열에 적용해보면 □는 반시계방향으로 90° 회전, ☆은 180° 회전 기호임을 알 수 있다. 첫 번째 세로열에 □과 ◎를 적용해보면,

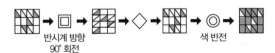

이 되므로 ◇는 시계방향으로 90° 회전 기호임을 알 수 있다. 마지막으로 두 번째 가로열에 ◇와 ☆을 적용하는데 시계방향으로 90° 회전과 180° 회전이 함께 진행되면, 결국 반시계방향으로 90° 회전하는 것과 같으므로

이 되고, ◯는 상하대칭(X축 대칭) 기호가 된다.

이를 종합해보면 다음과 같다.

▱ : 반시계방향으로 90° 회전

◎ : 색 반전

◇ : 시계방향으로 90° 회전

☆ : 180° 회전(원점 대칭)

◯ : 상하대칭(X축 대칭)

☆의 180° 회전과 ▱의 반시계방향 90° 회전은 시계방향으로 90° 회전과 같다.

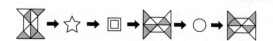

③회 기출유형문제 　　　　문제 86쪽

01	①	02	③	03	⑤	04	⑤	05	③
06	④	07	④	08	③	09	⑤	10	①
11	③	12	③	13	①	14	③	15	④
16	④	17	①	18	④	19	②	20	②
21	①	22	④	23	③	24	②	25	⑤
26	⑤	27	④	28	③	29	②	30	④
31	①	32	⑤	33	①	34	④	35	⑤
36	②	37	④	38	⑤	39	③	40	②
41	④	42	③	43	③	44	③	45	④
46	②	47	④	48	②	49	①	50	④
51	⑤	52	④	53	②	54	③	55	①

01

| 정답 | ①

| 해설 | 제시된 글은 이동통신에 사용되는 주파수 대역의 전자파가 성인에 비해 어린이들에게 더 많이 흡수되며, 이러한 전자파가 어린이들에게 안 좋은 영향을 미칠 수 있다는 내용을 담고 있다. 따라서 '휴대폰 전자파는 성인보다 어린이들에게 더 해로울 수 있다'로 요약할 수 있다.

| 오답풀이 |

② 휴대폰의 전자파가 어린이에게 좋지 않은 영향을 미친다고 하였지만, 어린이에게 휴대폰을 사용하게 해서는 안 된다는 당위적인 표현이 나타나 있지는 않다.

02

| 정답 | ③

| 해설 |

$$100 \xrightarrow{+2^1} 102 \xrightarrow{-3^1} 99 \xrightarrow{+2^2} 103 \xrightarrow{-3^2} ? \xrightarrow{+2^3} 102 \xrightarrow{-3^3} 75$$

따라서 ?에 들어갈 숫자는 94이다.

03

|정답| ⑤

|해설| 첫 번째 조건에 따라 여자 박 씨가 맨 끝자리에 앉는 경우와 남자 이 씨가 맨 끝자리에 앉는 경우를 나누어 생각하면 다음과 같다.

ⅰ) 여자 박 씨가 맨 끝자리에 앉는 경우

박(여)	이(여)	김(남)	이(남)	김(여)	박(남)

맨 끝자리가 왼쪽인지 오른쪽인지 명시되어 있지 않으므로, 좌우를 반전한 경우도 이와 동일하다. 모든 조건에 부합하므로 적절한 배치이다.

ⅱ) 남자 이 씨가 맨 끝자리에 앉는 경우

이(남)	김(남)	이(여)	박(여)	박(남)	김(여)

맨 끝자리가 왼쪽인지 오른쪽인지 명시되어 있지 않으므로, 좌우를 반전한 경우도 이와 동일하다. 남매끼리는 서로 옆에 앉지 않아야 하는데, 박 씨 남매가 서로 옆에 앉게 되므로 적절하지 않다.

따라서 적절한 좌석배치는 ⅰ) 경우이며, 이때, ㉠, ㉡, ㉢, ㉣ 모두 항상 참이다.

04

|정답| ⑤

|해설| 10대는 니코틴 중독에 성인보다 더욱 취약하고, 이는 금연을 하지 못하고 평생 흡연으로 이어질 가능성이 높아 청소년 흡연에 대한 경각심이 높아지고 있다. 하지만 미질병통제예방센터(CDC)가 작년 2월 발표한 2018년 청소년 흡연 실태 보고서에 따르면 고등학생의 27.1%, 중학생의 7.1%가 최근 30일 내에 담배 제품을 흡입한 적이 있고, 30일 내에 흡연 경험이 있는 10대는 2017년 360만 명에서 2018년 470만 명으로 증가했음을 알 수 있다. 한편 미국에서는 18세 이상이면 담배를 구입할 수 있는 현행법이 청소년 흡연율과 연관성이 있다는 주장이 지속적으로 제기되면서 담배 구입 가능 연령 상향 조정의 필요성이 제기되고 있다. 이에 하와이, 캘리포니아, 뉴저지, 오리건, 메인, 매사추세츠, 아칸소 주 등은 21세부터 담배 구매가 가능하도록 현행법을 바꾸었고, 오는 7월 1일부터 일리노이 주와 버지니아 주를 시작으로 워싱턴(2020년 1월 1일), 유타(2021년 7월 1일) 주에서도 담배 구매 가능 연령을 향후 상향할 것이라고 발표했다.

05

|정답| ③

|해설| 밑줄 친 '따른'과 ③ '따라'의 의미는 '어떤 일이 다른 일과 더불어 일어나다'이다.

|오답풀이|

①, ② '어떤 경우, 사실이나 기준 따위에 의거하다'라는 의미이다.

④ '앞선 것을 좇아 같은 수준에 이르다'라는 의미이다.

⑤ '다른 사람이나 동물의 뒤에서 그가 가는 대로 같이 가다'라는 의미이다.

06

|정답| ④

|해설| 1 ~ 100 사이의 홀수는 한 자릿수 숫자(1 ~ 9)가 5개, 두 자릿수 숫자(11 ~ 99)가 45개이고, 쉼표의 총 개수는 49개이므로 걸리는 시간은 다음과 같다.

• 한 자릿수 타이핑 시간 : $5 \times 0.2 = 1$(초)

• 두 자릿수 타이핑 시간 : $45 \times 2 \times 0.2 = 18$(초)

• 쉼표 타이핑 시간 : $49 \times 0.1 = 4.9$(초)

∴ $1 + 18 + 4.9 = 23.9$(초)

07

|정답| ④

|해설| 각 규칙은 다음과 같다.

A : 전체 도형 좌우 위치 교체

B : 내·외부 도형 색 반전

C : 내부 도형 좌우 위치 교체

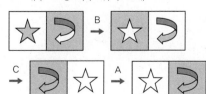

08

| 정답 | ③

| 해설 | 삶의 만족도가 한국보다 낮은 국가들(에스토니아, 포르투갈, 헝가리)의 장시간 근로자 비율의 산술평균은 $\frac{3.6+9.3+2.7}{3}=5.2(\%)$이다. 따라서 이탈리아의 장시간 근로자 비율인 5.4%보다 낮다.

| 오답풀이 |

① 삶의 만족도가 가장 높은 국가는 덴마크로 7.6점이다. 덴마크의 장시간 근로자 비율은 2.1%로 전체 국가 중에서 가장 낮다.

② 한국의 장시간 근로자 비율은 28.1%이고, 삶의 만족도가 가장 낮은 국가인 헝가리의 장시간 근로자 비율은 2.7%이다. 한국의 장시간 근로자 비율은 헝가리의 $\frac{28.1}{2.7}$≒10.4(배)에 이른다.

④ 여가·개인 돌봄시간이 가장 긴 국가는 덴마크로 16.1시간이고, 가장 짧은 국가는 멕시코로 13.9시간이다. 이 두 나라의 삶의 만족도는 각각 7.6점과 7.4점으로, 그 차이는 0.2점이다.

⑤ 미국의 장시간 근로자 비율은 11.4로, 이보다 낮은 국가는 덴마크, 프랑스, 이탈리아, 에스토니아, 포르투갈, 헝가리로 6개국이다. 미국의 여가·개인 돌봄시간은 14.3시간으로, 이 6개국의 여가·개인 돌봄시간은 모두 미국의 여가·개인 돌봄시간보다 길다. 미국보다 여가·개인 돌봄시간이 짧은 나라는 멕시코(13.9시간)뿐이다.

09

| 정답 | ⑤

| 해설 | 제시된 글에서는 간접 광고의 도입 과정과 그에 따라 제기된 비판, 간접 광고의 영향력에 대응하기 위한 방안을 차례로 소개하고 있으며, 주제는 가장 마지막 문장에 나와 있는 '미디어 교육의 중요성'이다. 따라서 ⑤가 적절하다.

10

| 정답 | ①

| 해설 | 숫자와 문자를 분리하여 푼다.

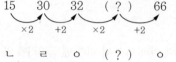

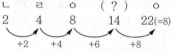

따라서 '?'에 들어갈 숫자는 64이고, '?'에 들어갈 문자는 숫자 14에 해당하는 ㅎ이므로, '?'에 들어가는 것은 64 ㅎ이다.

11

| 정답 | ③

| 해설 | 1라운드에서 지명 1순위는 정 또는 갑이 될 수 있으므로 두 경우를 나누어 생각한다.

ⅰ) 1라운드 : 정−갑−병−을, 2라운드 : 을−병−정−갑 순서로 지명하는 경우

구분	갑	을	병	정
1라운드	B	D	C	A
2라운드	G	E	F	H

ⅱ) 1라운드 : 갑−정−병−을, 2라운드 : 을−병−정−갑 순서로 지명하는 경우

구분	갑	을	병	정
1라운드	B	D	C	A
2라운드	G	E	F	H

따라서 두 경우 모두 병 구단은 2라운드에서 F 선수를 지명하게 된다.

12

| 정답 | ③

| 해설 | 2012년에 한 달에 1회 이상 음주한 여성의 수는 $1,160 \times \frac{45}{100} = 522$(만 명)이다.

| 오답풀이 |

① 2018 ~ 2020년 남성의 월간음주율은 연속적으로 증가하였다.

② 2021년 남성의 월간음주율은 지난해에 비해 1.3%p 감소하였다.

④ 2014년 만 19세 이상 남성인구 중 $1,390 \times \dfrac{100-77.8}{100} \fallingdotseq 309$(만 명)은 한 번도 음주하지 않은 달이 있는 남성이다. 그러나 매달 한 번도 음주하지 않은 남성의 수는 제시된 자료로 알 수 없다.

⑤ 모든 해에서 남성의 월간음주율은 여성의 월간음주율의 1.4배를 초과한다. 2021년 여성의 월간음주율의 1.4배는 $50.4 \times 1.4 = 70.7$이다.

13

| 정답 | ①

| 해설 | 세로줄을 기준으로 보면 원 안의 도형들이 색 반전되며 반시계방향으로 한 칸씩 이동하고 있다.

14

| 정답 | ③

| 해설 | $91 \div 7 = 13$이므로 91일 중 주말은 총 $13 \times 2 = 26$(일), 공휴일은 3일이다. 주말에는 각각 3시간씩, 공휴일에는 4시간씩 연습을 하므로 A의 총연습시간은 $(3 \times 26) + (4 \times 3) = 90$(시간)이다.

15

| 정답 | ④

| 해설 | 자유방임형이나 상담형의 리더십이 상황에 따라 더 유효하게 기능하는 경우도 있다고 했을 뿐 현대에 더 적합하다는 내용은 제시되지 않았다.

16

| 정답 | ④

| 해설 |

$$8 \xrightarrow[\times 2 - 3]{} 13 \xrightarrow[\times 2 - 6]{} 20 \xrightarrow[\times 2 - 9]{} 31 \xrightarrow[\times 2 - 12]{} 50 \xrightarrow[\times 2 - 15]{} ? \xrightarrow[\times 2 - 18]{} 152$$

따라서 ?에 들어갈 숫자는 85이다.

17

| 정답 | ①

| 해설 | A의 국적에 관하여 A와 C의 진술이 엇갈리고, 일본인 국적의 선수가 누구인지에 관하여 C와 D의 진술이 엇갈린다. 거짓만 말하는 사람은 1명인데 C의 진술이 참일 경우 A와 D가 거짓을 말하는 것이 되므로 거짓만 말한 사람은 C이고, 나머지는 모두 진실만을 말하고 있음을 알 수 있다. 이에 따라 각 진술들을 표로 정리하면 다음과 같다.

구분	A	B	C	D	E
국적	미국X 한국X	중국X 영국X	중국X	일본X 중국X	일본O
종목	양궁X 수영X	수영X 테니스X	태권도O		농구X
메달	금 or 동		은 or 동	금	

E의 진술에 따라 B와 E는 메달의 색이 같으므로 두 선수의 메달은 금 또는 동이다. 이때 D의 메달 색이 금이므로 만약 B, E의 메달 색이 금이라면 금메달을 딴 사람은 3명이 되어 조건에 맞지 않는다. 따라서 B와 E의 메달 색은 동이 되고 A는 금, C는 은메달을 딴 것이 된다. 또한 B의 진술에 따라 한국인은 양궁 선수이고 금메달을 받았는데, 메달색이 금인 A와 D 중 A는 한국인이 아니므로 D는 한국인인 양궁 선수가 된다. 다음으로 국적이 파악되지 않은 A ~ C 중 B와 C 모두 중국인이 아니므로 A가 중국인이 되고 B는 미국, C는 영국인이 된다. 마지막으로 A, B 모두 수영 선수가 아니므로 나머지 E가 수영 선수가 되고 남은 종목인 농구와 테니스 중 B가 테니스 선수가 아니므로 A가 테니스 선수, B가 농구 선수가 된다. 이를 표로 정리하면 다음과 같다.

구분	A	B	C	D	E
국적	중국	미국	영국	한국	일본
종목	테니스	농구	태권도	양궁	수영
메달	금	동	은	금	동

따라서 A는 농구 선수가 아니라 테니스 선수이다.

18

| 정답 | ④

| 해설 | 독일에서 'Fräulein'은 원래 미혼 여성을 뜻하는 말이었는데 제2차 세계대전 이후 미군과 결혼한 여성을 가리키는 말이 되면서 부정적인 색채를 띠게 되었다. 그러자

미혼 여성들은 자신들을 'Frau'(영어의 'Mrs.'와 같다)로 불러달라고 공식적으로 요청하기 시작했다. 이런 요구를 하는 여성들이 갑자기 늘어나자 언론은 '부인으로 불러달라는 여자들이라니'라는 제목 아래 여자들이 별 희한한 요구를 다 한다는 식으로 보도했다. 'Fräulein'과 'Frau'는 한동안 함께 사용되다가 점차 'Frau'의 사용이 늘자 1984년에는 공문서상 미혼 여성도 'Frau'로 표기한다고 법으로 규정했다. 이유는 'Fräulein'이라는 말이 여성들의 의식이 달라진 이 시대에 뒤떨어졌다는 것이었다.

19

|정답| ②

|해설| • 도외시(度外視)하다 : 상관하지 않거나 무시하다.
• 중시(重視)하다 : 가볍게 여길 수 없을 만큼 매우 크고 중요하게 여기다.

|오답풀이|

① 방관(傍觀)하다 : 어떤 일에 직접 나서서 관여하지 않고 곁에서 보기만 하다.

③ 강조(強調)하다 : 어떤 부분을 특별히 강하게 주장하거나 두드러지게 하다.

④ 방임(放任)하다 : 돌보거나 간섭하지 아니하고 제멋대로 내버려 두다.

⑤ 무시(無視)하다 : 사물의 존재나 가치를 알아주지 아니하다.

20

|정답| ②

|해설| 22일 중 17일은 정상 출근, 5일은 휴가이므로 김으뜸 씨의 급여는 $(17 \times 100,000) + (5 \times 100,000 \times 0.7) = 1,700,000 + 350,000 = 2,050,000$(원)이다.

21

|정답| ①

|해설| 각 기호가 나타내는 규칙은 다음과 같다.

• ⊙ : 각 도형의 색 반전
• ♡ : 각 도형의 180° 회전(원점 대칭)

• ⋈ : 각 도형을 시계방향으로 90° 회전
• ☆ : 각 도형의 상하대칭(x축 대칭)

제시된 도형에 각 기호의 규칙을 순서대로 적용하면 다음과 같다.

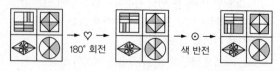

22

|정답| ④

|해설| A, B를 구하면 A=303-159=144, B=144-(23+52+25)=44이다. 따라서 (?)=44+45=89(개)가 된다. C, D를 통해서도 (?)의 값을 구할 수 있는데, C=159-(34+45+42)=38, D=23+38=61이므로 (?)=303-(61+86+67)=89(개)가 된다.

23

|정답| ③

|해설| ㉡ 노화방지 화장품, ㉢ 아비간은 후지필름이 필름을 만들던 기술과 노하우를 활용하여 새롭게 개발한 제품이다. ㉣ 포스트잇은 3M이 광산업에서 쌓은 기술을 바탕으로 스카치테이프를 만들고 그 후 접착제에 대한 연구를 바탕으로 개발한 것이다. 따라서 ㉡, ㉢, ㉣은 모두 기존의 기술을 바탕으로 새롭게 개발된 제품을 나타내는 것이므로 성격이 같다고 볼 수 있다.

24

|정답| ②

|해설| 알파벳과 한글 자음을 숫자로 치환하면,

(가)의 경우 '(1, 1), (2, 2), (1, 1), (2, 3, 2), (1, 1), (2, 3, 4, 3, 2)'로 전개됨을 파악할 수 있으므로 다음에 올 알파벳은 1에 해당하는 A이다.

(나)의 경우 '(7, 8, 7, 8), (5, 6), (9, 10, 9, 10), (5, 6)'으로 전개됨을 파악할 수 있으므로 다음에 올 자음은 11에 해당하는 ㅋ이다.

25

|정답| ⑤

|해설| 첫 번째 시합에서는 A 팀이 비교 우위가 있는 물풍선 담기를 하고, B 팀은 그 사이에 물건을 나른다. 처음 6분 동안 A 팀은 물풍선 담기를 끝내고 B 팀은 12개의 물건을 나른다. 이후 남은 물건 24개를 두 팀이 함께 6분만에 나를 수 있으므로 임무 완수에 걸리는 최소 시간은 12분이 된다. 두 번째 시합에서는 A 팀이 물건을 나르면 1분에 12점을 얻고, 물풍선을 담으면 20점을 얻는다. 반면 B 팀이 물건을 나르면 1분에 12점을 얻고, 물풍선을 담으면 10점을 얻는다. 따라서 A 팀은 물풍선을 담고, B 팀은 물건을 나르는 것이 점수를 최대화하는 전략이다. 따라서 10분에 최대한 얻을 수 있는 점수는 200+120=320(점)이 된다.

26

|정답| ⑤

|해설| 2022년의 스마트폰 사용 실태 조사 응답자 수가 제시되어 있지 않기 때문에 알 수 없다.

|오답풀이|

① 2023년 국내 이동통신 가입자 수는 약 5천만 명이고, 국내 스마트폰 가입자 수는 약 4천만 명이므로 5명 중 4명이 스마트폰을 사용한다고 볼 수 있다.

② • 2022년 하루 평균 스마트폰 사용 시간 : 2시간 13분= 133분

• 2023년 하루 평균 스마트폰 사용 시간 : 2시간 51분 =171분

따라서 2023년 하루 평균 스마트폰 사용 시간은 전년 대비 $\frac{171-133}{133} \times 100 ≒ 28.6(\%)$ 증가하였다.

③ 스마트폰 하루 사용 시간이 2시간 이상이라고 대답한 응답자의 비율은 2022년에는 29.8+27=56.8(%), 2023년에는 26.3+45.7=72(%)이므로, 72-56.8=15.2 (%p) 증가했다.

④ • 2023년 주 사용 서비스 1위 응답자 수 :

$12,561,236 \times \frac{79.4}{100} ≒ 9,973,621$(명)

• 2023년 주사용 서비스 4, 5위 응답자 수 :

$12,561,236 \times \frac{(40+29.6)}{100} ≒ 8,742,620$(명)

따라서 그 차이는 9,973,621−8,742,620=1,231,001 (명)으로, 약 120만 명이 된다.

27

|정답| ④

|해설| 왼쪽의 직사각형은 가로로 이등분되고 오른쪽의 반원은 좌우대칭이 되었으므로, 왼쪽의 세모는 가로로 이등분되고 오른쪽 세모는 좌우대칭된 모양이 '?'에 들어가야 한다.

28

|정답| ①

|해설| A가 10점 과녁을 명중시킬 확률이 $\frac{7}{8}$ 이므로 명중시키지 못할 확률은 $\frac{1}{8}$ 이고, B가 10점 과녁을 명중시킬 확률이 $\frac{8}{9}$ 이므로 명중시키지 못할 확률은 $\frac{1}{9}$ 이다. 따라서 A와 B 모두 10점 과녁에 명중시키지 못할 확률은 $\frac{1}{8} \times \frac{1}{9} = \frac{1}{72}$ 이다.

29

|정답| ②

|해설| 두 번째 문단에서 상민은 독자적인 신분 결정 요인으로 구별된 것이 아니라 양인 중에서 다른 계층을 제하고 남은 사람들을 가리키는 말이었음을 서술하고 있다.

|오답풀이|

① 첫 번째 문단에 따르면 양인 남자에게만 부과되는 국역 성격의 역과 달리 천인에게는 남녀 모두에게 징벌 의미의 신역이 부과된 것으로 보아, 천인에게 역에 대한 부담이 더 컸음을 알 수 있다.

③, ④ 세 번째 문단에 따르면 상민은 법적으로 양반과 동등한 권리를 가지고 있었고 관학의 교육과 과거 응시가 가능하였으나 현실적으로 피지배 신분의 위치였다.

⑤ 마지막 문단에 따르면 양천제가 실시되었음에도 상민은 양인으로서의 권리를 누리지 못하였다.

30

|정답| ④

|해설| 숫자를 세 개씩 묶어 보면 연관성이 나타난다.

(5 7 9) (6 14 12) (7 28 15) (8 ? 18)

- 각 항의 첫 번째 숫자들은 1씩 더한 값이다.

  $(5 \xrightarrow{+1} 6 \xrightarrow{+1} 7 \xrightarrow{+1} 8)$

- 각 항의 두 번째 숫자들은 2씩 곱한 값이다.

  $(7 \xrightarrow{\times 2} 14 \xrightarrow{\times 2} 28 \xrightarrow{\times 2} ?)$

- 각 항의 세 번째 숫자들은 3씩 더한 값이다.

  $(9 \xrightarrow{+3} 12 \xrightarrow{+3} 15 \xrightarrow{+3} 18)$

따라서 ?에 들어갈 숫자는 56이다.

31

|정답| ①

|해설| ㉠을 보면 A는 새우 알레르기를 가지고 있음을 알수 있다. 이때 ㉡에서 A가 두드러기가 난 것이 새우 때문인지, 복숭아 때문인지 알 수 없다. 따라서 A가 새우와 복숭아 알레르기를 모두 가지고 있다는 진술은 확실히 참인 진술이 아니다.

|오답풀이|

② ㉣을 통해 C는 땅콩 알레르기를 가지고 있음을 알 수 있으며, ㉤에서 C가 알레르기 약을 먹고 난 뒤 두드러기가 나지 않았다고 했으므로 알레르기 약은 땅콩 알레르기에 효과가 있다.

③ ㉢에서 복숭아 알레르기가 있는 B는 알레르기 약을 먹고 두드러기가 가라앉았다고 했으므로 약은 복숭아 알레르기에 효과가 있다. 그러나 새우 알레르기가 있는 A는 ㉡에서 새우와 복숭아를 먹고 알레르기 약을 먹었으나 여전히 두드러기가 났다고 했으므로 알레르기 약이 새우 알레르기에는 효과가 없음을 짐작할 수 있다.

④ B는 복숭아 알레르기를 가지고 있고, C는 땅콩 알레르기를 가지고 있다. 둘은 알레르기 약을 먹고 두드러기가 가라앉았으므로 알레르기 약은 복숭아와 땅콩 알레르기 모두에 효과가 있다.

⑤ 제시된 조건을 모두 고려할 때 A는 새우, B는 복숭아, C는 땅콩 알레르기를 가지고 있음이 확실하므로 세 사람은 최소한 한 가지 이상의 알레르기가 있다.

32

|정답| ⑤

|해설|

끗 끝 꽁 꼽 끌 끗 끅 끝 끗 끔 끈 꽁 끌 꿍
끅 꿍 끝 꼈 끔

끈 꽁 끌 꿍 끅 끗 꿉 꿍 꽁 꼽 끗 끈 끅 끗
끔 끈 꽁 끌 꿍

끅 끝 꼈 꼽 꿍 꿉 끗 끅 꼈 끆 끝 끔 끈 꽁
끌 꿍 끅 끝 끗

끔 끈 꼽 끗 끅 끆 꿍 끅 끗 끅 꼈 끆 꿍 끔
끈 꽁 끌 꿍 끅

꿍 꼽 꼈 끔 끈 꽁 끌 꿍 끝 끅 끗 꿍 꽁 꼽
끗 끈 끅 끗 끔

33

|정답| ①

|해설| '같이'는 '함께'라는 의미로 쓰여진 부사이기 때문에 띄어 쓴다. 그러나 명사 다음에 위치하여 '앞말의 특징처럼'이라는 의미의 조사로 쓰이는 경우에는 붙여 써야 한다.

|오답풀이|

② 서울에서 부터 → 서울에서부터 : '부터'는 조사이므로 앞말인 '서울에서'에 붙여 쓴다.

③ 4년동안 → 4년 동안 : 4년의 '년'은 의존명사이고, 마찬가지로 '동안'도 명사이므로 띄어 쓴다.

④ 두사람 → 두 사람 : '두'는 수 관형사이므로 뒤에 오는 명사와 띄어 쓴다.

⑤ 말한바를 → 말한 바를 : 의존명사는 앞의 어미와 띄어 써야 하므로 '말한'과 '바를'을 띄어 쓰는 것이 옳다.

34

|정답| ④

|해설| 김 씨가 가지고 있는 금액은 환율이 1,000원/달러일 때 1,000달러이므로 원화로 1,000×1,000=1,000,000(원)이다.

- 첫 번째 환전환 금액 : 환율이 2,500원/달러로 오르자 가진 돈의 절반을 달러로 환전했다고 했으므로 1,000,000÷2÷2,500=200(달러)이다.

- 두 번째 환전한 금액 : 남은 절반의 돈은 환율이 1,250원/달러일 때 모두 환전했으므로 $1,000,000 \div 2 \div 1,250 = 400$(달러)이다.
- 환전하여 받은 총 금액 : $200 + 400 = 600$(달러)

따라서 1달러당 1,000원에 환전했을 때의 금액인 1,000달러보다 $\dfrac{1,000 - 600}{1,000} \times 100 = 40$(%)의 손해를 본 금액임을 알 수 있다.

35

|정답| ⑤

|해설| 각 규칙을 정리하면 다음과 같다.

가) 바깥쪽 도형은 반시계방향으로 90° 회전, 안쪽 도형은 한 개 더 늘어남.

나) 안쪽 도형의 크기가 줄어듦.

다) 안쪽 도형의 색 반전, 원형 테두리 생겨남.

규칙에 근거하여 도형의 형태 변화를 정리하면 다음과 같다.

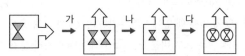

36

|정답| ②

|해설| 26 ~ 30세 응답자 중 4회 이상 방문한 응답자는 총 7명(4 ~ 5회 5명, 6회 이상 2명)으로 비율은 $\dfrac{7}{51} \times 100 = 13.7$(%)이다.

|오답풀이|

① 전체 응답자 113명 중 20 ~ 25세 응답자는 총 53명으로, 20 ~ 25세 응답자가 차지하는 비율은 $\dfrac{53}{113} \times 100 = 46.9$(%)이다.

③ 31 ~ 35세 응답자의 1인당 평균 방문 횟수는 $\dfrac{(1 \times 3) + (2.5 \times 4) + (4.5 \times 2)}{9} = 2.4$(회)이다.

④ 전체 응답자 113명 중 직업이 학생 또는 공무원인 응답자는 총 51명(학생 49명, 공무원 2명)으로 비율은 $\dfrac{51}{113} \times 100 = 45$(%)이다.

⑤ 전문직이라고 응답한 7명이 모두 20 ~ 25세일 경우 그 비율은 $\dfrac{7}{113} \times 100 = 6.2$(%)이다.

37

|정답| ④

|해설| 제시된 답변에서는 인수공동질병의 확산되는 현 상황을 제시하고, 신종 인플루엔자가 돼지에서 사람으로 전파될 수 있었던 이유에 대해 설명하고 있다. 따라서 질문으로는 ④가 적절하다.

38

|정답| ⑤

|해설| 각 숫자의 경우 1씩 증가하고, 한글 자음의 경우 순서상 1씩 증가한 자음으로 바뀐다.

39

|정답| ③

|해설| (가) 3일에 케첩을 다 사용하고 8일에 구매하였으므로 케첩은 닷새의 불편 비용인 25,000원이 발생하며, 마요네즈는 다 사용하지 않은 상태로 구매한 것이므로 불편 비용이 발생하지 않는다. 8일에 S 카드로 두 제품을 구매할 경우 10%가 할인되므로 $(120,000 + 150,000) \times 0.9 = 243,000$(원)의 비용이 발생하며 여기에 불편 비용 25,000원을 더하면 총비용은 268,000원이 된다.

(나) 두 제품 모두 8일에 다 사용하고 11일에 구매하였으므로 사흘 동안의 불편 비용 $(5,000 + 5,000) \times 3 = 30,000$(원)이 발생한다. 월일이 같은 날 H 카드를 사용하여 구매한 것이므로 5%의 할인이 적용되어 구매 비용은 $(120,000 + 150,000) \times 0.95 = 243,000$(원)이

된다. 여기에 불편 비용 30,000원을 더하면 총비용은 273,000원이 된다.

(다) 케첩과 마요네즈를 각각 9일과 12일에 다 사용하고 15일에 구매하였으므로 불편 비용은 각각 $5,000×6=30,000$(원)과 $5,000×3=15,000$(원)이 발생한다. 15일에 구매하여 20%가 할인되므로 $(120,000+150,000)×0.8=216,000$(원)이 구매 비용이 되며, 여기에 두 불편 비용을 합하면 $30,000+15,000+216,000=261,000$(원)의 총비용이 발생한다.

따라서 총 구매 비용이 가장 비싼 경우부터 순서대로 나열하면 (나), (가), (다) 순이 되는 것을 알 수 있다.

40

|정답| ②

|해설| ⓒ 20X0년 혼인 건수가 15,300건이므로 20X2년 혼인 건수는 $15,300×(1-0.025)×(1-0.033)≒14,425$(건)이다. 이 중 재혼 건수의 비율이 17.3%이므로, 남성과 여성이 모두 초혼인 건수는 $14,425×(1-0.173)≒11,929$(건)이다.

ⓒ 20X3년의 재혼 건수가 2,330건이면 혼인 건수는 $\dfrac{2,330}{16.5}×100≒14,121$(건)이다.

|오답풀이|

ⓐ 20X0년 혼인 건수가 15,300건이므로 20X4년 혼인 건수는 $15,300×(1-0.025)×(1-0.033)×(1-0.022)×(1-0.047)≒13,445$(건)이다.

ⓓ 20X0년 혼인 건수가 15,300건이므로 20X1년 혼인 건수는 $15,300×(1-0.025)≒14,918$(건)이다. 이 중 재혼 건수는 $14,918×0.15≒2,238$(건)이고, 재혼 건수 중 남성의 재혼 비율이 63%이므로 남성의 재혼 건수는 $2,238×0.63≒1,410$(건)이다.

41

|정답| ④

|해설| 9948 ➡ ⊕ ➡ ▢ ➡ 89948과 T5AX ➡ ◇ ➡ ⊕ ➡ XA5TT에는 공통적으로 ⊕가 존재하며, 문자열에 있는 문자 하나가 더 추가되어 있는 것을 알 수 있다. 따라서 ⊕은 문자 하나를 추가하는 도형이며, 9948열에서 8이 추가되어 있는 것으로 보아 맨 뒷자리 문자 하나를 더 추가하는 도형임을 추측할 수 있다.

또한, 9948 ➡ ⊕ ➡ 99488 ➡ ▢ ➡ 89948에 의해 ▢는 맨 뒷자리 문자를 맨 앞으로 보내는 도형이며, ◇는 T5AX ➡ ◇ ➡ XA5T ➡ ⊕ ➡ XA5TT에 의해 문자 정렬 순서를 역순으로 바꾸는 도형이 된다. 그리고 ☆은 BESTO ➡ ▢ ➡ OBEST, YOBEST ➡ ⊕ ➡ YOBESTT에 의해 OBEST ➡ ☆ ➡YOBEST가 되므로 맨 앞에 Y를 추가하는 도형이며, ✚는 COST ➡ ✚ ➡ OST ➡ ☆ ➡ YOST에 의해 맨 앞자리 문자를 삭제하는 도형임을 알 수 있다.

이를 정리하면 다음과 같다.

1. ⊕ : 맨 뒷자리 문자 하나 더 추가하기

2. ▢ : 맨 뒷자리 문자 맨 앞으로 보내기

3. ◇ : 문자 정렬 순서를 역순으로 바꾸기

4. ☆ : 맨 앞에 Y 추가하기

5. ✚ : 맨 앞자리 문자 삭제하기

따라서 ☆에 의해 맨 앞에 Y를 추가하고, ◇에 의해 문자 정렬 순서를 역순으로 바꾼 후, ✚에 의해 맨 앞자리 문자 (숫자) 3을 삭제한다.

EX63 ➡ ☆ ➡ YEX63 ➡ ◇ ➡ 36XEY ➡ ✚ ➡ 6XEY

42

|정답| ④

|해설| 전체 일의 양을 1이라 하면 하루 동안 민지와 민수가 하는 일의 양은 각각 $\dfrac{1}{6}$, $\dfrac{1}{12}$이므로 민지와 민수가 함께 일을 하면 하루에 $\dfrac{1}{6}+\dfrac{1}{12}=\dfrac{1}{4}$만큼의 일을 할 수 있다. 따라서 총 4일이 걸린다.

43

|정답| ③

|해설| 먼저 (라)에서 '습관'의 사전적 의미를 설명하며 제시된 글의 중심소재를 소개하고 있다. 이어 개인의 습관이 하는 역할을 부연 설명하는 (가)가 이어진다. 다음으로는 (마)가 이어지며 사례를 들어 습관의 형식이 다양함을 설명한다. 이어서 (나)는 (마)에서 설명한 형식들 중 최상위 형식인 사고방식을 설명하고, 마지막으로 (다)는 이러한 습관을 좋게 기르는 것의 중요성을 언급하며 글을 마무리하고 있다. 따라서 글의 순서는 (라)-(가)-(마)-(나)-(다)가 가장 적절하다.

44

|정답| ③

|해설|

$$\frac{1}{3} \xrightarrow{+\frac{1}{2}} \frac{5}{6} \xrightarrow{+\frac{1}{2}} \frac{8}{6} = \frac{4}{3} \xrightarrow{+\frac{1}{2}} \frac{11}{6} \xrightarrow{+\frac{1}{2}} \frac{14}{6} = \frac{7}{3} \xrightarrow{+\frac{1}{2}} ?$$

따라서 ?에 들어갈 숫자는 $\frac{17}{6}$ 이다.

45

|정답| ④

|해설| C는 5층(ⓒ), E는 2층(ⓔ)을 사용한다. D는 A보다 높은 층을 사용하고(ⓒ) A와 E가 사용하는 층 사이에 B가 사용하는 층이 있으며(㉠) A의 아래 또는 위층은 누구도 사용하지 않으므로(ⓒ) A, B, D는 1층을 사용할 수 없다. 따라서 1층을 사용할 수 있는 사람은 F뿐이다.

8층	
7층	
6층	
5층	C
4층	
3층	
2층	E
1층	F

A와 E가 사용하는 층 사이에 B가 사용하는 층이 있어야 하고(㉠) 3층과 4층 중 하나는 사용하지 않으므로(ⓜ) A는 3, 4층을 사용할 수 없다. 따라서 A는 6층이나 7층을 사용할 수 있다.

ⅰ) A가 6층인 경우 : ⓒ에 따라 7층은 사용하지 않고 D는 8층을, B는 3층 또는 4층을 사용하게 된다.

ⅱ) A가 7층인 경우 : ⓒ에 따라 6층은 사용하지 않고 D는 8층을, B는 3층 또는 4층을 사용하게 된다.

8층	D
7층	A 또는 비어 있음.
6층	A 또는 비어 있음.
5층	C
4층	B 또는 비어 있음.
3층	B 또는 비어 있음.
2층	E
1층	F

따라서 항상 옳은 것은 ④이다.

|오답풀이|

① A는 6층 또는 7층을 사용한다.

② B는 3층 또는 4층을 사용한다.

③ F는 1층, E는 2층을 사용하므로 E가 더 높다.

⑤ 3층과 4층 중 비어있는 층은 알 수 없다.

46

|정답| ②

|해설| 시계방향으로 90° 회전한 모양은 다음과 같다.

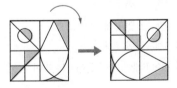

47

|정답| ④

|해설| 양서는 서적에 속하며 두 단어는 상하관계를 이룬다. 냉장고는 가전제품과 상하관계를 이룬다.

48

|정답| ②

|해설| • A 방식으로 1분에 할 수 있는 일의 양$=\dfrac{1}{10}$

• B 방식으로 1분에 할 수 있는 일의 양$=\dfrac{1}{15}$

A 방식으로 일을 한 시간을 x분이라 하면, B 방식으로 일을 한 시간이 A 방식으로 일한 시간보다 10분 더 길다고 했으므로 B 방식으로 일을 한 시간은 $(x+10)$분이 된다. 전체 작업량을 1이라 하면 'A 방식으로 일한 양+B 방식으로 일한 양=1'이므로 다음과 같은 식이 성립한다.

$\dfrac{x}{10}+\dfrac{x+10}{15}=1$ $3x+2(x+10)=30$

$5x=10$ $x=2$(분)

따라서 A 방식으로 일을 한 시간은 2분, B 방식으로 일을 한 시간은 2+10=12(분)이다.

49

|정답| ①

|해설|

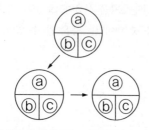

각 도형은 화살표의 방향으로 다음과 같은 규칙을 따른다.

ⓐ칸 : 변 3개 → 변 4개 → 변 5개

ⓑ칸 : 변 4개 → 변 5개 → 변 6개

ⓒ칸 : 변 5개 → 변 6개 → 변 7개

따라서 ?에는 도형의 변이 6개인 ①이 들어가는 것이 적절하다.

50

|정답| ④

|해설| 빈칸의 값을 구하면 보수총액은 3,570,000원, 공제총액은 570,000원, 실수령액은 3,000,000원이다.

ㄱ. 일반기여금이 15% 증가하면 $284,000×0.15=$ $42,600$(원) 증가하게 되므로, 공제총액은 570,000+ $42,600=612,600$(원)이 된다.

ㄷ. 건강보험료는 장기요양보험료의 $\dfrac{103,000}{7,000}≒14.7$(배) 이다.

ㄹ. 공제총액에서 일반기여금이 차지하는 비중은 $\dfrac{284,000}{570,000}$ $×100≒49.8$(%), 보수총액에서 직급보조비가 차지하 는 비중은 $\dfrac{250,000}{3,570,000}×100≒7.0$(%)로, $\dfrac{49.8}{7.0}≒$ 7.1(배)이다.

|오답풀이|

ㄴ. 실수령액은 기본급의 $\dfrac{3,000,000}{2,530,000}≒1.19$(배)이다.

51

|정답| ⑤

|해설| 글의 주제와 결론이 서로 연관될 수 있도록 E에는 '생활 체육 활성화를 위한 정책 수립과 지원 촉구'가 들어가는 것이 적합하다.

|오답풀이|

① 서론의 두 번째 내용이 생활 체육의 필요성을 사회적인 측면에서 바라본 것이므로, 첫 번째 내용에는 개인적인 측면이 들어가는 것이 적절하다.

②, ③, ④ 본론 1의 장애 요인과 본론 2의 활성화 방안이 서로 연관되어 있으므로 적절한 내용이 들어갔다고 볼 수 있다.

52

|정답| ③

|해설| ③을 제외한 나머지는 앞 문자에 +1, +2, −1이 차례대로 적용된다(일반 자음 순서).

③ 사자차타 : 7, 9, 10, 12

|오답풀이|

① 가나라다 : 1, 2, 4, 3

② 다라바마 : 3, 4, 6, 5

④ 아자카차 : 8, 9, 11, 10

⑤ 자차타카 : 9, 10, 12, 11

53

|정답| ②

|해설| 2월 10일 주번은 A, 보조는 B, C이므로 2월 11일 주번은 D 또는 E이다. 경우의 수를 하나씩 살펴보면 다음과 같다.

구분		2월 11일		2월 12일		2월 13일		2월 14일		2월 15일	
		주번	보조	주번	보조	주번	보조	주번	보조	주번	보조
1	D	A, E	B	C, D	E	A, B	C	D, E	A	B, C
2			C	B, D	E	A, C	B	D, E		
3	E	A, D	B	C, E	D	A, B	C	D, E	A	B, C
4			C	B, E	D	A, C	B	D, E		

이때 1, 2, 3의 경우 B와 E가 연속으로 주번을 할 수 없다는 조건에 어긋난다. 따라서 A-E-C-D-B의 순서대로 주번이 돌아간다는 것을 알 수 있다. 2월은 28일까지 있다고 하였으므로 10일인 오늘을 포함해 19일, 3월은 31일, 4월은 30일, 5월은 10일로 총 90일이다. 이를 5로 나누면 나머지가 0이므로 5월 10일의 주번은 마지막 순서인 B이다.

54

|정답| ③

|해설| 물레방아와 수력 발전은 위치에너지를 이용한다.

55

|정답| ①

|해설| 먼저 농수산업 분야의 해외경기가 부진하다고 응답한 CEO의 수를 구하면 $400 \times \frac{31}{100} = 124$(명)이다. 이 중에서 7%가 중남미 지역이라고 응답하였으므로 $124 \times \frac{7}{100}$ ≒9(명)이다.

4회 기출유형문제

문제 120쪽

01	①	02	④	03	①	04	④	05	④
06	③	07	①	08	①	09	④	10	③
11	①	12	③	13	③	14	④	15	②
16	①	17	⑤	18	①	19	⑤	20	③
21	④	22	③	23	②	24	①	25	③
26	④	27	③	28	②	29	⑤	30	④
31	①	32	④	33	⑤	34	④	35	③
36	⑤	37	③	38	③	39	②	40	①
41	③	42	③	43	②	44	③	45	③
46	②	47	③	48	③	49	③	50	⑤
51	⑤	52	③	53	②	54	①	55	②

01

|정답| ①

|해설| 청년일자리에서 드러나는 문제들에 비추어 우리나라의 인력양성, 기업성장에 관련된 제도들의 개선 방향이 무엇인지를 검토하여야 할 시점이라고 주장하는 것은 청년실업 문제와 인력양성, 기업성장 관련 제도들이 밀접한 관련이 있기 때문이다.

|오답풀이|

② 세 번째 문단에서 청년일자리 고용의 질이 20년 전과 비교해 임금과 안정성 측면에서 크게 개선되었다고 하였다.

③ 두 번째 문단에서 미스매치 이론은 청년들이 어떻게 대응하여야 하는지를 알려 주는 가이드라인이 될 수는 있지만 청년실업 문제의 해결을 위해서 정부가 무엇을 해야 하는지를 말하는 정책방향에 대한 시사점을 제시하기에는 부족하다고 주장하고 있다.

④, ⑤ 세 번째 문단에서 청년들이 생산직을 기피하는 이유가 의중임금이 충족되지 않기 때문이라면 충분한 조정을 거친 후에는 생산직에 취업을 해야 하는데 그렇게 되고 있지 않다고 언급하고 있으므로, 결국 의중임금이 근본 문제가 아니라는 점을 시사하고 있다.

02

| 정답 | ④

| 해설 |

$$1 \xrightarrow{+1} 2 \xrightarrow{+2} 4 \xrightarrow{+5} 9 \xrightarrow{+10} 19 \xrightarrow{+17} 36 \xrightarrow{+26} ?$$

$$\underset{+1}{\qquad} \underset{+3}{\qquad} \underset{+5}{\qquad} \underset{+7}{\qquad} \underset{+9}{\qquad}$$

따라서 ?에 들어갈 숫자는 62이다.

03

| 정답 | ①

| 해설 | 1, 2, 3학년을 첫 번째부터 여섯 번째 줄까지 순서대로 배열하는 문제와 같다. 세 번째 정보를 통해 첫 번째 줄과 다섯 번째 줄은 항상 3학년 자리로 고정된다. 다섯 번째 정보를 통해 3학년은 세 줄이 있고, 1학년과 2학년은 각각 한 줄 또는 두 줄이 있음을 추론할 수 있다(줄의 수는 자연수일 수밖에 없음을 고려한다). 네 번째 정보에 따라 같은 학년끼리는 연속하여 배치될 수 없다. 따라서 첫 번째 줄과 다섯 번째 줄이 3학년 자리임을 고려하면 나머지 3학년은 세 번째 줄에 배치될 수밖에 없다. 따라서 ㉠은 항상 참이다. 1학년 또는 2학년이 배치될 수 있는 자리는 두 번째, 네 번째, 여섯 번째 줄인데, 두 번째, 네 번째, 여섯 번째 줄은 연속된 줄이 아니기에 네 번째 정보에 모순되지 않는다.

| 오답풀이 |

㉡ 2학년 줄과 1학년 줄의 수는 경우에 따라 각각 1 또는 2가 될 수 있다. 따라서 항상 같지 않다.

㉢ 두 번째 줄이 1학년 줄이면 네 번째 줄에 2학년이 배치되는 것도 가능하다. 그 경우 여섯 번째 줄에 1학년이 배치된다. 따라서 여섯 번째 줄이 항상 2학년 줄이라고 볼 수 없다.

04

| 정답 | ④

| 해설 | 우리가 기억하는 것들은 크게 서술 정보와 비서술 정보로 나뉜다. 서술 정보란 학교 공부, 영화 줄거리, 장소나 위치, 사람 얼굴처럼 말로 표현할 수 있는 정보이다. 반면 비서술 정보는 몸으로 습득하는 운동 기술, 습관, 버릇, 반사적 행동 등과 같이 말로 표현할 수 없는 정보이다. 이 중에서 서술 정보를 처리하는 중요한 기능을 담당하는 것은 뇌의 내측두엽에 있는 해마로 알려져 있다. 교통사고를 당해 해마 부위가 손상된 이후 서술 기억 능력이 손상된 사람의 예가 그 사실을 뒷받침한다. 그렇지만 그는 교통사고 이전의 오래된 기억은 모두 회상해냈다. 해마가 장기 기억을 저장하는 장소는 아닌 것이다. 많은 학자들은 서술 정보가 오랫동안 저장되는 곳으로 대뇌피질을 들고 있다.

그러면 비서술 정보는 어디에 저장될까? 운동 기술은 대뇌의 선조체나 소뇌에 저장되며, 계속적인 자극에 둔감해지는 '습관화'나 한 번 자극을 받은 뒤 그와 비슷한 자극에 계속 반응하는 '민감화' 기억은 감각이나 운동 체계를 관장하는 신경망에 저장된다고 알려져 있다. 감정이나 공포와 관련된 기억은 편도체에 저장된다.

05

| 정답 | ④

| 해설 | 제시된 글에 쓰인 단어의 의미를 파악하고 그것과 바꾸어 쓸 수 있는 단어를 고르는 문제이다. '생각'은 '사물을 헤아리고 판단하는 작용'을 의미하는 단어이며 '고찰'은 '어떤 것을 깊이 생각하고 연구함'의 의미이므로 '생각'과 바꾸어 쓰기 적절하다.

06

| 정답 | ③

| 해설 | 사원의 수를 x명, 각 사원의 월급을 y만 원이라 하면 다음과 같은 식을 세울 수 있다.

$$(x+10)(y-100)=0.8xy \quad\cdots\cdots\cdots\cdots ㉠$$

$$(x-20)y=0.6xy \quad\cdots\cdots\cdots\cdots\cdots ㉡$$

㉠을 정리하면,

$$xy-100x+10y-1{,}000=0.8xy$$

$$0.2xy=100x-10y+1{,}000$$

$$xy=500x-50y+5{,}000 \quad\cdots\cdots\cdots ㉢$$

㉡을 정리하면,

$$x-20=0.6x$$

$$0.4x=20$$

$$x=50 \quad\cdots\cdots\cdots\cdots\cdots\cdots ㉣$$

ⓒ, ②에 의해 $50y = 25,000 - 50y + 5,000$

$100y = 30,000$ $y = 300$

따라서 사원의 수는 50명, 각 사원의 월급은 300만 원이 되어 전 사원들에게 지급되고 있는 월급의 총액은 $50 \times 300 = 15,000$(만 원)이 된다.

07

|정답| ①

|해설| 원래 그림의 위치를
A	B	C
D	E	F
G	H	I
라고 한다면 변화된

그림의 위치는
H	I	A
B	C	D
E	F	G
이다.

같은 관계로 ?의 모양을 추리해 보면 가 된다.

08

|정답| ①

|해설| 어떤 사람이 박사 학위를 가진 연구원일 때, 그 사람의 전공 분야가 X일 확률은 다음과 같다.

X	확률
이학	17.35%
공학	43.87%
농학	4.63%
의 · 약 · 보건학	13.63%
인문학	7.74%
사회과학	12.77%

확률이 8%보다 큰 분야는 이학, 공학, 의 · 약 · 보건학, 사회과학이다. 이 중 석박사 학위를 갖지 않은 연구원의 비율은 다음과 같다.

X	비율
이학	40.12%
공학	57.51%
의 · 약 · 보건학	20.34%
사회과학	24.84%

비율이 35% 이상인 분야는 이학과 공학이다. 따라서 두 분야 중 석사와 학사 연구원 수의 차이가 3,000명보다 적은 이학이 X 분야이다.

09

|정답| ④

|해설| 시간 순으로 글을 전개하므로 먼저 일제강점기에 대한 설명인 (라)로 시작하고, 이어 1980~90년대에 대한 설명인 (가)로 이어진 후, 최근 경향을 언급하는 (나)와 (다)로 이어지는 흐름이 자연스럽다. 이때 (다)가 서두에서 '그러나 무엇보다'로 앞선 내용을 보완하는 문단 형식으로 시작하고 있으므로, 먼저 (나)가 서술된 이후 이와 연결되는 (다)를 배치하는 것이 적절하다. 따라서 글의 순서는 (라)-(가)-(나)-(다)가 적절하다.

10

|정답| ③

|해설| 알파벳을 숫자로 변환하여 푼다.

A ⟶ 2 ⟶ E ⟶ 10 ⟶ Q ⟶ ?

1 $\xrightarrow{+1}$ 2 $\xrightarrow{+3}$ 5 $\xrightarrow{+5}$ 10 $\xrightarrow{+7}$ 17 $\xrightarrow{+9}$?

따라서 ?에 들어갈 숫자는 26이다.

11

|정답| ①

|해설| 2월은 B 회사의 매출 감소율이 10% 이상이므로 수익이 20% 감소, 손해가 20% 증가한다. 이를 표로 나타내면 다음과 같다.

		B 회사		
		S 제품	T 제품	U 제품
A 회사	S 제품	(3, 5.6)	(5, 3.2)	(4, −6)
	T 제품	(5, −2.4)	(−6, 5.6)	(3, 3.2)
	U 제품	(−1, 6.4)	(7, −7.2)	(10, 1.6)

기대수익은 S 제품이 $\frac{5.6-2.4+6.4}{3}=3.2$(억 원), T 제품이 $\frac{3.2+5.6-7.2}{3}≒0.53$(억 원), U 제품이 $\frac{-6+3.2+1.6}{3}=-0.4$(억 원)이므로 B 회사는 S 제품을 선택하게 된다. 따라서 수익의 최댓값은 6.4억 원, 최솟값은 −2.4억 원이다.

12

|정답| ③

|해설| ㉠ 그래프에 따르면 20X3년 이후 국내에 체류하고 있는 전체 외국인 수는 점점 증가하고 있다.

㉢ 20X3년 대비 20X7년 장기체류자 수는
$\frac{1,583,099-1,219,192}{1,219,192}×100≒29.8(\%)$ 증가했다.

따라서 옳은 설명은 2개이다.

|오답풀이|

㉡ 단기체류자 대비 장기체류자 수의 배율은 20X4년이 $\frac{1,377,945}{419,673}≒3.3$(배), 20X6년이 $\frac{1,530,539}{518,902}≒2.9$(배)로, 20X4년에 더 높았다.

㉣ 20X6년 장기체류자의 전년 대비 증가량은 1,530,539 −1,467,873=62,666(명)이고, 20X5년의 전년 대비 증가량은 1,467,873−1,377,945=89,928(명)이다.

13

|정답| ③

|해설| [그룹 1]과 [그룹 3]의 위에서 아래 방향(다음 그림에서의 ↓방향)으로의 변화 규칙을 살펴보면 2×2 사각형 전체가 세로축(Y축)을 중심으로 좌우대칭(or 좌우 칸 자리바꿈 ⊞+각 도형의 좌우대칭)되었음을 알 수 있다.

또한 왼쪽에서 오른쪽(⇨)으로의 변화 규칙을 살펴보면 2×2 사각형 내에서 각 도형이 시계방향으로 90° 위치 이동(시계방향 1칸 이동)과 함께 색 반전이 이루어졌음을 알 수 있다.

• 상하 규칙(위 → 아래) : 사각형 전체의 좌우대칭(or 좌우 칸 자리바꿈+각 도형 좌우대칭)

• 좌우 규칙(좌 → 우) : 각 도형의 위치 시계방향 90° 회전(시계방향 1칸 이동)+색 반전

이러한 규칙을 [그룹 2]에 동일하게 적용해 보면 그림에서처럼 B는 가로 규칙의 역방향이고, A는 세로 규칙의 역방향이 된다.

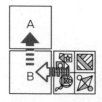

• ⊞ → B(우 → 좌) : 각 도형의 위치 반시계방향 90° 회전(반시계방향 1칸 이동)+색 반전

• B → A(아래 → 위) : 사각형 전체의 좌우대칭 ← 세로 규칙(위 → 아래)과 동일(or 좌우 칸 자리바꿈+각 도형 좌우대칭)

따라서 역방향의 규칙을 [그룹 2]에 적용하면 ③과 같은 도형이 나온다.

14

|정답| ④

|해설| A가 뽑은 카드의 숫자가 가장 큰 수가 되는 경우는 다음과 같다.

A	5	5	9	9	9	9	9	9	9	9	9
B	1	1	1	1	1	7	7	7	8	8	8
C	3	4	3	4	6	3	4	6	3	4	6

따라서 경우의 수는 총 11가지이다.

15

| 정답 | ②

| 해설 | ㄱ. 빙초산만 섭취할 때는 아세트산만 먹게 되는 반면, 양조식초를 먹을 경우 아세트산 외에 다양한 영양소를 섭취하게 된다.

ㄴ. 합성비타민 C를 먹을 경우 아스코르빈산만 먹게 되고, 과일이나 채소를 먹을 경우 비타민 C 이외에 다양한 식물성 영양소를 섭취할 수 있다.

ㄹ. 양조식초는 다양한 영양소와 아세트산까지 포함하고 있다.

| 오답풀이 |

ㄷ. 본문에서 파악할 수 없는 내용이다. 본문에는 빙초산의 원액을 직접 사용하는 것이 위험하며 식용빙초산의 농도가 29%라는 내용만 언급되어 있다.

ㅁ. 한방에 따르면 혈액순환을 촉진하고 갈증을 없애 주는 역할을 하는 것은 식초이다.

16

| 정답 | ①

| 해설 |

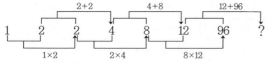

따라서 ?에 들어갈 숫자는 108이다.

17

| 정답 | ⑤

| 해설 | 첫 번째 조건에 의하면

1	2	3	4	5	6	7
C						

두 번째 조건에 의하면

1	2	3	4	5	6	7
C	D	G				

세 번째 조건에 의하면

1	2	3	4	5	6	7
C	D	G	E			

네 번째 조건에 의하면

1	2	3	4	5	6	7
C	D	G	B	E		

다섯 번째 조건에 의하면

1	2	3	4	5	6	7
C	F	D	G	B	E	

1	2	3	4	5	6	7
C	A	F	D	G	B	E

최종적으로 메모가 전달된 순서는 다음과 같다.

1	2	3	4	5	6	7
C	A	F	D	G	B	E

즉 마지막으로 처리해야 할 메모는 E 대리의 메모이다.

| 오답풀이 |

① F 인턴의 메모는 세 번째로 처리해야 한다.

② D 사원의 메모는 네 번째로 처리해야 한다.

③ B 과장 이후 메모를 전달한 사람은 1명이다.

④ E 대리 다음으로 메모를 전달한 사람은 없다.

18

| 정답 | ①

| 해설 |

動 瞳 罿 重 觀 動 陲 動 觀 觀 重 瞳 陲 瞳 動
勤 重 觀 動 陲 動 觀 觀 瞳 陲 瞳 重 動 動 瞳
觀 瞳 觀 重 **勤** 動 陲 瞳 陲 重 重 **勤** 動 觀 瞳

19

|정답| ⑤

|해설| ㉤에서 쓰인 '잡다'는 '실마리, 요점, 단점 따위를 찾아내거나 알아내다'의 의미로 쓰였다. 따라서 '정하다'의 뜻으로 '잡다'가 사용된 예문으로는 적절하지 않다.

20

|정답| ③

|해설| 작년에 비해 남성 회원은 8% 증가했으므로 1.08a명, 여성 회원은 10% 감소했으므로 0.9b명, 전체 회원은 10명 감소했으므로 820-10=810(명)이다. 따라서 다음과 같은 두 식이 성립한다.

$a+b=820$ ·························· ㉠

$1.08a+0.9b=810$ ················· ㉡

㉠×1.08-㉡을 하면,

$0.18b=75.6$

$\therefore b=420$

따라서 작년 행사에 참가한 여성 회원의 수는 420명이다.

21

|정답| ④

|해설| 두 개의 원이 포개지면서 겹치는 부분을 제외한 나머지 부분에서 색 반전이 일어난다. 겹치는 부분에는 흰 바탕에 ●가 생긴다.

22

|정답| ③

|해설| 한국의 25 ~ 29세의 고용률은 2005년에 증가한 이후 계속 감소하였다. 이와 같은 고용률 변동 추이는 프랑스에서 나타나고 있다. 한국의 30 ~ 34세의 고용률은 계속 감소하다가 2020년에 증가하였다. 이와 같은 고용률 변동 추이는 일본에서 나타나고 있다.

23

|정답| ②

|해설| 빈칸은 문단의 처음이므로 내용 전체를 이끌 수 있는 문장이 들어가야 한다. 빈칸 뒤의 문장을 살펴보면 중세 시대에는 견고한 중세 지배체제로 인해 농민들의 저항이 이루어지지 못하였고, 산업사회에서는 시민이나 노동자들이 자신들의 안락한 생활을 위협받을 때에만 저항이 나타났다고 하였다. 이를 통해 살고 있는 시대와 처해진 상황에 따라 저항이 이루어질 수도, 그렇지 못할 수도 있고, 저항의 이유 또한 달라질 수 있다는 내용이 빈칸에 올 수 있다. 따라서 ②가 가장 적절하다.

24

|정답| ①

|해설| 첫 번째 자리에 위치한 알파벳 또는 숫자는 +1, 나머지 자리에 위치한 문자 또는 숫자는 -1을 하는 규칙이다. 이때 알파벳은 알파벳 순서상을 의미한다.

25

|정답| ③

|해설| K 기사가 각각의 집에 방문하고 에어컨 설치를 끝내는 시각은 다음과 같다.

방문 순서	방문 시각	설치 완료 시각
첫 번째 집	오전 9시 30분	오전 11시
두 번째 집	오전 11시 15분	오후 12시 45분
세 번째 집	오후 1시	오후 2시 30분
네 번째 집	오후 2시 45분	오후 4시 15분
다섯 번째 집	오후 4시 30분	6시

오전 9시 30분에 방문할 수 있는 고객은 D와 E다. 오전 11시 15분에 방문할 수 있는 고객은 E 한 명이기 때문에 첫 번째로 D 고객의 집을 방문하고 두 번째로 E 고객의 집을 방문한다. 오후 1시에 방문을 희망하는 고객은 A와 C이고, 오후 2시 45분에 방문을 희망하는 고객도 A와 C지만 C는 오후 4시 이전에 설치가 완료되기를 요청했기 때문에 K 기사는 세 번째로 C 고객의 집을 방문하고 네 번째로 A 고객의 집을 방문한다.

따라서 K 기사는 D → E → C → A → B의 순서대로 고객의 집을 방문한다.

26

|정답| ④

|해설| 그래픽 성능 투자금액 규모와 소비자의 중요도 모두 점차 감소하고 있다.

27

|정답| ③

|해설| 맨 오른쪽 세로줄의 두 도형을 비교해 보면 위쪽 도형은 바깥쪽부터 '삼각형－타원－원－사각형' 순이지만, 아래쪽 도형은 '사각형－타원－원－삼각형' 순으로 가장 바깥쪽의 도형과 가장 안쪽의 도형 위치가 서로 바뀌었음을 알 수 있다. 따라서 A의 아래쪽 도형이 '삼각형－원－사각형－타원' 순이므로 A는 '타원－원－사각형－삼각형' 순이 되어야 하고, B의 위쪽 도형이 '원－사각형－삼각형－타원' 순이므로 B는 '타원－사각형－삼각형－원' 순이 되어야 한다. 위쪽의 가로줄도 일정한 규칙을 가지고 있다고 하였으므로 위에서 구한 A 도형을 대입하여 생각해 보면, 가장 안쪽에 있는 도형이 가장 바깥쪽으로 나오는 규칙을 발견할 수 있다. 따라서 A와 B에 들어갈 알맞은 도형은 ③이다.

28

|정답| ②

|해설| 89점을 받은 모의고사의 횟수를 x회, 94점을 받은 모의고사의 횟수를 y회라 하면 다음 식이 성립한다.

$x+y=10$ ·············· ㉠

$\dfrac{(89 \times x)+(94 \times y)}{10}=91$ ············· ㉡

㉡을 정리하면 $89x+94y=910$ ······· ㉢

㉠을 정리하면 $y=10-x$이고 이 식을 ㉢에 대입하면

$89x+94(10-x)=910$

$5x=30$ $\therefore x=6,\ y=4$

따라서 A는 94점을 4회 받았다.

29

|정답| ⑤

|해설| 각 단락은 자기낙태죄의 위헌성에 관하여 다음과 같은 의견을 나타내는 단락으로 볼 수 있다.

(가) 인간의 존엄과 태아의 생명을 중시하는 의견으로 태아와 출생한 사람은 같은 존재이므로 자기낙태죄가 합헌이라는 쪽의 입장이다.

(나) 자기낙태죄로 인해 여성의 인격권이 제한된다는 점을 언급하고 있으므로 자기낙태죄가 위헌이라는 쪽의 입장이다.

(다) 여성의 전인적 결정을 존중해야 한다는 의견이므로 자기낙태죄가 위헌이라는 쪽의 입장이다.

(라) 여성의 자기결정권 제한이 태아의 생명권 보호라는 법익보다 크지 않다고 보는 것으로 자기낙태죄가 합헌이라는 쪽의 입장이다.

(마) 낙태를 죄로 인정함으로 인해 발생하는 폐단을 언급하고 있으므로 자기낙태죄가 위헌이라는 쪽의 입장이다.

따라서 (가), (라)는 자기낙태죄의 합헌을, (나), (다), (마)는 자기낙태죄의 위헌을 주장하고 있는 입장으로 구분할 수 있다.

30

|정답| ④

|해설|

$$2 \xrightarrow{\times 5} 10 \xrightarrow{-3} 7 \xrightarrow{\times 5} 35 \xrightarrow{-3} 32 \xrightarrow{\times 5} 160 \xrightarrow{-3} ?$$

따라서 ?에 들어갈 숫자는 157이다.

31

|정답| ①

|해설| A : 도보로 출근하는 사람이 자가용으로 출근하는 사람보다 많고 자가용으로 출근하는 사람은 1명 이상이므로 도보로 출근하는 사람이 2명이라면 자가용으로 출근하는 사람은 1명이 된다. 따라서 A는 항상 참이다.

| 오답풀이 |

B : 자가용으로 출근하는 사람이 3명이라면 대중교통으로 출근하는 사람은 6명이라고 했는데, 이때 도보로 출근하는 사람도 자가용으로 출근하는 사람과 똑같이 3명이 되므로 B는 참인 추론이라고 볼 수 없다.

C : 대중교통으로 출근하는 사람이 6명일 때, 자가용으로 출근하는 사람은 2명이나 1명이 될 수 있으므로 C의 진술은 항상 참이라고 볼 수 없다.

32

| 정답 | ④

| 해설 | ①, ②의 경우 제시되지 않은 도형 조각이 있다. 그리고 ③, ⑤의 경우 조각의 개수가 다르다. 따라서 정답은 ④라는 것을 쉽게 알 수 있다.

33

| 정답 | ⑤

| 해설 | 제시된 글을 보면 기업의 목적은 이익 추구에 있음을 알 수 있다. 따라서 '기업 : 이익 추구'의 관계는 대상과 목적의 관계라고 할 수 있다. 마찬가지로 정당의 목적 역시 정권 획득에 있으므로 가장 유사한 관계라고 할 수 있다.

34

| 정답 | ④

| 해설 | 반 학생들의 수를 x명이라고 하면 다음과 같은 식이 성립한다.

$2x + 8 = 3x - 15$

$\therefore x = 23$(명)

따라서 사탕은 $2 \times 23 + 8 = 54$(개)이다.

35

| 정답 | ③

| 해설 | ㄷㅅㄹ 열과 ㅇㄴㅂㅅ 열에는 ◇가 공통적으로 들어가는데, 변화과정 이후 맨 앞자리 문자 ㄷ과 맨 뒷자리 문자 ㅅ이 하나씩 더 생기므로 ◇는 맨 앞자리 또는 맨 뒷자리 문자를 하나 더 추가하는 암호임을 생각해 볼 수 있다. 그런데 ㅇㄴㅂㅅ열에서 ◇의 이전과 이후에 ✚를 거친 후 ㅅ이 하나 더 추가된 것 외에는 변화가 없는 것으로 보아 ✚는 문자의 정렬 순서를 바꾸는 암호, 즉 문자의 정렬 순서를 역순으로 바꾸는 암호임을 유추할 수 있으며, 이에 ◇는 맨 앞자리 문자를 하나 더 추가하는 암호가 된다 (ㅇㄴㅂㅅ ➡ ✚ ➡ㅅㅂㄴㅇ ➡ ◇ ➡ㅅㅅㅂㄴㅇ ➡ ✚ ➡ㅇㄴㅂㅅㅅ).

이에 따라 ㅍㅍㅊ ➡ ✚ ➡ㅊㅍㅍ ➡ △ ➡ㅍㅊㅍ에 의해 △는 맨 뒷자리 문자를 맨 앞으로 보내거나 맨 앞 문자 2개의 위치를 바꾸는 암호임을 유추할 수 있고, ㅁㅈㄱ➡ ✚ ➡ㄱㅈㅁ ➡ □ ➡ ✚ ➡ㄱㅁㅈ은 ㅈㅁㄱ ➡ ✚ ➡ㄱㅁㅈ에 의해 ㄱㅈㅁ ➡ □ ➡ㅈㅁㄱ이 되므로 □는 맨 앞자리 문자를 맨 뒤로 보내는 암호임을 알 수 있다.

이를 ㄷㅅㄹ열에 적용해보면, ㄷㅅㄹ ➡ ◇ ➡ㄷㄷㅅㄹ ➡ ☆ ➡ △ ➡ㅅㄷㄷ에서 ㄷㄷㅅ➡ △ ➡ㅅㄷㄷ 또는 ㄷㅅㄷ ➡ △ ➡ㅅㄷㄷ가 되는데, ㄷㄷㅅㄹ ➡ ☆ ➡ㄷㄷㅅ의 경우 ☆은 맨 뒷자리 문자를 삭제하는 암호로 가능하나 ㄷㄷㅅㄹ ➡ ☆ ➡ㄷㅅㄷ는 불가능하다. 따라서 △는 맨 뒷자리 문자를 맨 앞으로 보내는 암호, ☆은 맨 뒷자리 문자를 삭제하는 암호가 된다.

이를 정리하면 다음과 같다.

1. ◇ : 맨 앞자리 문자 하나 더 추가하기
2. ✚ : 문자의 정렬 순서 역순으로 바꾸기
3. △ : 맨 뒷자리 문자 맨 앞으로 보내기
4. □ : 맨 앞자리 문자 맨 뒤로 보내기
5. ☆ : 맨 뒷자리 문자 삭제하기

따라서 우선 ✚을 적용하면 ㅋㄱㅇㅎㅂ ➡ ✚ ➡ㅂㅎㅇㄱㅋ가 되고, ㅂㅎㅇㄱㅋ ➡ ( ) ➡ㅂㅎㅇㄱㅋㅂ가 되는데 빈칸에 의해 문자 ㅂ이 하나 더 추가되었으므로 맨 앞자리 문자를 하나 더 추가하는 암호인 ◇가 들어가는 것을 알 수 있다. 그런데 앞자리에 있어야할 ㅂ이 맨 뒤에 위치해 있는 것으로 보아, 맨 앞자리 문자를 맨 뒤로 보내는 암호 □이 이어서 적용되어야 한다.

ㅋㄱㅇㅎㅂ ➡ ✚ ➡ ㅂㅎㅇㄱㅋ ➡ ◇ ➡ ㅂㅂㅎㅇㄱㅋ ➡ □ ➡ ㅂㅎㅇㄱㅋㅂ

36

|정답| ⑤

|해설| 여자 연상 부부의 연령차별 2016년 대비 2023년의 구성비 증가폭을 구하면 다음과 같다.

• 1 ~ 2세 : 11.7-10.8=0.9(%p)
• 3 ~ 5세 : 4.0-3.2=0.8(%p)
• 6 ~ 9세 : 1.0-0.7=0.3(%p)

따라서 구성비 증가폭이 가장 큰 연령차는 1 ~ 2세이다.

37

|정답| ③

|해설| 니체는 고통은 행복을 누리기 위해 거쳐야 하는 불가피한 것이며, 하나의 관문으로 인식되어야 한다고 주장했다. 따라서 고통은 극복의 대상이며 고통을 극복했을 때 창조적인 삶이 시작된다는 것이 니체가 말하는 행복의 요지라고 할 수 있다.

|오답풀이|

① 주지주의적 관점은 니체의 행복론과 다르게 사회적 규범이나 윤리와 결부된 행복관을 제시한다.

② 니체는 창조적 활동을 영위하는 것이 행복이며 그것을 실행하기 위해서는 탁월성을 갖추어야 함을 주장한다.

④ 니체의 긍정은 디오니소스적 긍정으로서 사회적 규범이나 도덕적 잣대에 따라 자신의 삶을 판단하고 평가하는 방식이 아닌, 자신의 기준에 따라 자신의 전체 삶을 있는 그대로 포용하는 태도이다.

⑤ 유쾌한 마음으로 창조적인 일에 도전하기 위한 하나의 방법으로 '망각'을 제시하였으며 이것을 통하여 고통스런 삶을 잊어버릴 수 있다고 하였다.

38

|정답| ③

|해설| 각 자리의 숫자 혹은 한글 자음에 +3을 하는 규칙이다. 이때 한글 자음은 일반 자음 순서상이다.

39

|정답| ②

|해설| 직원 선호도 순위와 단체복 주문 시 제품별 업체별 총금액은 다음과 같다.

품목	직원 선호도 순위	A 업체 (원)	B 업체 (원, 10% 할인)
라운드넥 티셔츠	3	600,000	585,000
칼라넥 티셔츠	2	700,000	787,500
집업 점퍼	1	1,100,000	900,000
플리스 점퍼	4	1,250,000	990,000

직원 선호도 순위를 최우선으로 고려하여 선정해야 하나, 다음 순위 품목의 총구매금액이 우선 품목 대비 20% 이상 저렴한 경우에는 다음 순위 품목을 선정한다는 조건을 반영한다. 먼저, 직원 선호도 1순위인 집업 점퍼와 2순위인 칼라넥 티셔츠를 비교하는데, 동일한 품목에서 총구매금액이 더 저렴한 업체를 선정하므로 집업 점퍼는 B 업체를, 칼라넥 티셔츠는 A 업체를 기준으로 한다.

$\frac{700,000}{900,000} \times 100 ≒ 77.8$(%)로, 칼라넥 티셔츠가 집업 점퍼보다 약 22% 저렴하므로 칼라넥 티셔츠가 선택된다. 이어서, 직원 선호도 3순위인 라운드넥 티셔츠와 칼라넥 티셔츠를 비교한다. $\frac{585,000}{700,000} \times 100 ≒ 83.6$(%)로, 라운드넥 티셔츠가 약 16% 저렴하다. 따라서 최종 선정될 품목은 칼라넥 티셔츠이며 업체는 A 업체이다.

40

|정답| ①

|해설| (가) 아시아 인구 중 한국이 차지하는 비중은 1970년

$\dfrac{32}{2,142} \times 100 ≒ 1.5(\%)$에서 2020년 $\dfrac{52}{4,601} \times 100 ≒$ 1.1(%)로 낮아졌다.

(나) 세계 인구 중 아프리카의 인구가 차지하는 비중을 구하기 위해 우선 세계 인구를 구하면 2020년이 4,601 +1,308+747+648+367+42=7,713(백만 명), 2067년은 5,238+3,189+673+763+450+64=10,377 (백만 명)이 된다.

따라서 아프리카 인구의 비중은 2020년 $\dfrac{1,308}{7,713} \times 100$ ≒ 17.0(%)에서 2067년 $\dfrac{3,189}{10,377} \times 100 ≒ 30.7(\%)$로 높아진다.

| 오답풀이 |

(다) 북아메리카는 1970년 200백만 명에서 2067년 450백만 명으로 2배가 조금 넘게 변하나, 오세아니아는 1970년 20백만 명에서 2067년 64백만 명으로 3배가 넘는 수치 변동을 보이고 있다. 2067년의 1970년 대비 인구 증가율을 계산해 보면 다음과 같다.

- 북아메리카 : $\dfrac{450-200}{200} \times 100 = 125(\%)$

- 오세아니아 : $\dfrac{64-20}{20} \times 100 = 220(\%)$

(라) 2067년의 유럽의 인구는 673백만 명으로 2020년 747백만 명에서 74백만 명 감소하였으므로 전 대륙의 인구가 증가한 것이 아니다.

41

| 정답 | ③

| 해설 | 정육면체의 색이 칠해진 면에 따라 각각의 규칙이 적용되어 주어진 도형이 변화하는데, 먼저 각 면이 의미하는 규칙은 다음과 같다.

- : 좌우대칭

- : 상하대칭

- : 시계방향 90° 회전(90° 회전)

- : 색 반전

- : 반시계방향 90° 회전(−90° 회전)

이를 제시된 도형에 차례로 적용하면 다음과 같다.

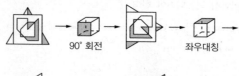

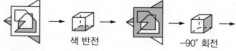

42

| 정답 | ③

| 해설 | $n(농구)=32$, $n(축구)=41$, $n(농구∩축구)=28$이므로 어느 경기도 관람하지 않겠다고 답한 직원의 수는 다음과 같이 구할 수 있다.

$56-n(농구∪축구)$

$=56-\{n(농구)+n(축구)-n(농구∩축구)\}$

$=56-(32+41-28)=11$

따라서 어느 경기도 관람하지 않겠다고 답한 직원은 11명이다.

43

| 정답 | ②

| 해설 | 제시된 글은 언어 현실과 어문 규범과의 괴리를 줄이기 위한 방법으로 어문 규범을 없애고 언중의 자율에 맡기자는 주장과 어문 규범의 큰 틀만 유지하고 세부적인 것은 사전에 맡기자는 주장이 사회에 등장하고 있음을 설명하고 있다. 이를 통해 언어 현실과 어문 규범의 괴리를 해소하기 위한 방법을 모색하는 노력이 나타나고 있다는 글의 주제를 도출해 낼 수 있다.

44

| 정답 | ③

| 해설 | 분자는 2씩, 분모는 1씩 증가한다. 약분되는 분수에 주의한다.

$$\frac{1}{2} \rightarrow \frac{1+2}{2+1} \rightarrow \frac{3+2}{3+1} \rightarrow \frac{5+2}{4+1} \rightarrow \frac{7+2}{5+1} \rightarrow ?$$

따라서 ?에 들어갈 숫자는 $\frac{9+2}{6+1} = \frac{11}{7}$ 이다.

45

| 정답 | ③

| 해설 | • 두 과목 평균 점수

동준이는 두 과목의 평균이 가장 낮고 은영이는 민우보다 낮으며 희수는 은영이보다 낮으므로 두 과목 평균 점수는 민우가 1등이고, 은영이가 2등, 희수가 3등, 동준이 4등임을 알 수 있다.

• 영어 시험

네 사람의 점수가 10점 간격을 두고 있으며, 희수는 은영이보다 20점 낮고 동준이보다 10점 높으므로 은영이가 1등이고 민우가 2등, 희수가 3등, 동준이 4등임을 알 수 있다.

• 국어 시험

네 사람의 동일 과목별 점수는 10점씩 차이가 나기 때문에 영어 점수에서 10점 뒤진 민우가 평균 점수에서 은영이를 앞서기 위해서는 국어 점수에서 20점 이상 차이가 나야 한다. 즉, 국어 점수에서 민우와 은영이가 각각 1, 3등을 할 경우와 2, 4등을 할 경우, 1, 4등을 할 경우로 나누어 볼 수 있다. 그런데 2, 4등을 할 경우에는 희수와 동준이 둘 중에 한 명이 1등을 하게 되기 때문에 동점이 나오게 되고(희수가 1등을 할 경우 희수와 민우가 동점, 동준이가 1등을 할 경우 동준과 은영이가 동점), 1, 4등을 할 경우 역시 동점자가 나오게 된다(희수가 2등을 할 경우 은영이와 동점, 동준이가 2등을 할 경우 희수와 동점). 따라서 민우가 1등, 은영이 3등임을 알 수 있으며, 평균 점수는 희수가 동준이보다 높으므로 희수가 2등, 동준이 4등을 했다는 것을 알 수 있다. 따라서 국어 점수는 민우>희수>은영>동준 순서임을 알 수 있다.

46

| 정답 | ②

| 해설 | I have always wondered at the passion many people have to meet the celebrated. The prestige

you acquire by being able to tell your friends that you know famous men proves only that you are yourself of small account. The celebrated develop a technique to deal with the persons they come across. They show the world a mask, often an impressive one, but take care to conceal their real selves. They play the part that is expected from them, and with practice learn to play it very well, but you are stupid if you think this public performance of theirs corresponds with the man within.

47

| 정답 | ③

| 해설 | '성김'은 공간적으로 사이가 뜬 것을 의미하고, '빽빽함'은 사이가 비좁고 촘촘한 것을 가리킨다. 따라서 이 두 단어의 관계는 반의관계이다. 반면 '넉넉하다-푼푼하다'는 두 단어 모두 '여유가 있고 넉넉하다'의 뜻으로 유의관계이므로 정답은 ③이 된다.

48

| 정답 | ③

| 해설 | 설탕물을 섞기 전 A에 들어 있는 설탕의 양은 16g, B에 들어 있는 설탕의 양은 26g이다. A에서 덜어낸 25g의 설탕물에 들어 있는 설탕의 양은 $25 \times 0.16 = 4(g)$이므로 이를 B에 넣으면 $\frac{26+4}{100+25} \times 100 = 24(\%)$의 설탕물이 만들어진다. 새로 만들어진 B에서 덜어낸 25g의 설탕물에 들어 있는 설탕의 양은 $25 \times 0.24 = 6(g)$이므로 이를 A에 넣으면 $\frac{16-4+6}{100-25+25} \times 100 = 18(\%)$의 설탕물이 만들어진다.

49

| 정답 | ②

| 해설 | 우선 두 번째 가로열의 ▽ ➡ ⊞ 변화와 두 번째

www.gosinet.co.kr gosinet

1회 기출유형

2회 기출유형

3회 기출유형

4회 기출유형

5회 기출유형

세로열의 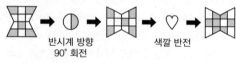 변화를 보면, 모두 바깥에 있던 삼각형이 사각형으로 바뀌었고, 이 두 열에는 공통으로 ☆ 이 들어가 있으므로 ☆ 은 바깥의 도형을 사각형으로 바꾸는 기호임을 알 수 있다. 이를 두 번째 세로열에 적용시키면 처음 도형과 마지막 도형의 색깔이 서로 바뀌는 것으로 보아 ♡ 은 색 반전 기호임을 유추할 수 있다.

♡ 기호를 첫 번째 가로열에 역으로 적용시키면 ◐ 는 반시계 방향으로 90° 회전하는 기호임을 알 수 있다. 이를 토대로 규칙을 정리하면 다음과 같다.

◐ : 반시계방향으로 90° 회전

♡ : 색 반전

▣ : 180° 회전(원점 대칭)

☆ : 가장 바깥의 도형을 사각형으로 바꿈.

◎ : 좌우대칭(Y축 대칭)

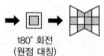

반시계 방향
90° 회전   색깔 반전

➡ ▣ ➡

180° 회전
(원점 대칭)

50

|정답| ⑤

|해설| 20X9년 일반 신문을 본다고 응답한 남자의 비율은 79.5% 중 61.9%, 여자의 비율은 65.8% 중 50.0%이다. 20X9년 조사 대상 남녀의 수가 같으므로 비율이 높은 쪽이 인구수도 많으며, 따라서 일반 신문을 본다고 응답한 인구수는 남자가 여자보다 많다.

|오답풀이|

① 일반 신문을 보는 사람의 비율이 인터넷 신문을 보는 사람의 비율보다 더 적으므로 최대 67.8%이다.

②, ④ 주어진 정보만으로는 알 수 없다.

③ $79.5 \times \frac{80.6}{100} ≒ 64(\%)$이다.

51

|정답| ⑤

|해설| 제시된 글을 통해 디지털 시대는 문자보다 사진 등의 이미지가 중요한 세상이므로 이미지가 지배하는 디지털 콘텐츠에 대한 이해와 활용능력이 중요해졌음을 알 수 있다. 그러므로 정보화 시대의 디지털 콘텐츠는 텍스트와 함께 이미지를 이해할 수 있어야 한다는 것이 글의 핵심 내용이다.

|오답풀이|

①, ④ 과거에 글을 읽고 쓸 줄 아는 능력이 핵심적이었다.

② 디지털 시대는 디지털 콘텐츠에 대한 이해와 활용능력이 핵심이라고 나와 있다.

③ 과거에도 이미지의 문해력이 중요했는지에 대해서는 나와 있지 않다.

52

|정답| ③

|해설| 첫 번째 문자의 경우+1, 네 번째, 다섯 번째, 여섯 번째 숫자의 경우 −1을 하는 규칙이다. 이때 자음의 경우 일반 자음 순서상이다.

53

|정답| ②

|해설| A를 기준으로 비교해 보면 F와 위원이 중복되지 않으므로 같은 시간대에 회의를 진행한다. 또한 B와 C는 위원이 중복되지 않으므로 같은 시간대에 회의를 진행하며, D와 E는 위원이 중복되지 않으므로 같은 시간대에 회의를 진행한다. 따라서 회의에 필요한 최소 시간은 3시간이다.

54

|정답| ①

|해설| (가) 동남아 여객 수는 2022년 5월은 5,820,323 × 0.388=약 226(만 명)이며 2023년 5월은 이보다 증가한 6,855,029×0.368=약 252(만 명) 수준임을 알 수 있다.

(나) 국내선과 국제선의 합계 운항 횟수는 2023년 5월은 58,258회, 2022년 5월은 54,262회이다. 따라서 2023년 5월의 전년 동월 대비 증가율은

$$\frac{58,258 - 54,262}{54,262} \times 100 ≒ 7.4(\%)$$이다.

| 오답풀이 |

(다) 일본과 중국의 지역별 점유율만 높아졌으므로 2개 지역이다.

(라) 2022년 5월은 $5,820,323 \times 0.014 ≒ 81,484$(명)이며 2023년 5월은 $6,855,029 \times 0.012 ≒ 82,260$(명)이므로 합계 15만 명이 넘는다.

55

| 정답 | ②

| 해설 | 각 규칙은 다음과 같다.

1) 반시계방향으로 90° 회전

2) 색 반전

3) 상하 반전

4) 좌우 반전 후 색 반전

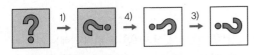

5회 기출유형문제 문제 154쪽

01	①	02	①	03	②	04	③	05	②
06	③	07	①	08	③	09	③	10	③
11	②	12	③	13	②	14	①	15	③
16	④	17	④	18	③	19	①	20	②
21	②	22	④	23	②	24	③	25	⑤
26	①	27	①	28	①	29	④	30	①
31	⑤	32	⑤	33	④	34	⑤	35	③
36	②	37	③	38	③	39	①	40	④
41	⑤	42	⑤	43	②	44	②	45	⑤
46	③	47	⑤	48	⑤	49	③	50	⑤
51	②	52	④	53	④	54	②	55	③

01

| 정답 | ①

| 해설 | 그 대상을 얼마나 원래 사물에 가깝게 모방했는지가 중요했던 재현개념의 중시는 현대미술 이전의 전통적인 미술에 대한 내용이다.

| 오답풀이 |

②, ⑤ 플라톤은 현실이 이데아의 복제이며 시뮬라크르는 이러한 현실의 복제, 즉 복제의 복제로서 가치 없는 것으로 보았다. 반면 들뢰즈는 이데아를 인정하지 않았기에 시뮬라크르 그 자체로 가치가 있다고 보았다.

③ 마지막 문단에 따르면 앤디 워홀의 작품은 '복제품을 조금씩 다르게 반복한 시뮬라크르'이다. 따라서 이는 일종의 '반복'에 의한 시뮬라크르의 구현이라고 볼 수 있다.

④ 두 번째 문단에 따르면 인상파들이 추구한 것은 전통적인 미술이 추구하던 현실의 모방으로서의 재현이 아닌 생생한 현상 그 자체이다.

02

|정답| ①

|해설|

$$\begin{array}{ccccccccc} & \times3+1 & & \times3+1 & & \times3+1 & & \times3+1 & \\ 1 & 2 & 4 & 7 & 13 & 17 & 40 & ? & 121 \end{array}$$

$$\begin{array}{ccccc} & \times2+3 & & \times2+3 & & \times2+3 \end{array}$$

따라서 ?에 들어갈 숫자는 37이다.

03

|정답| ②

|해설| 네 번째 조건을 통해 C는 맨 앞줄에 앉는 것을 추론할 수 있다. 따라서 C의 자리는 1~4 중 하나이다. 그런데 C의 자리가 정해지면 네 번째, 세 번째 조건에 따라 A의 자리와 I와 E의 자리 역시 정해진다. 그리고 C가 1번, 3번, 4번 중 하나에 앉는 경우 다섯 번째 조건이 어긋난다. 따라서 C는 2번에 자리한다. C를 2번 자리에 두고 자리를 정리하면 다음과 같다.

	앞				
창 가	1	2 C	3 F	4 G	복 도
	5	6 공석	7	8	
	9 I	10 A	11 E	12	
	뒤				

D는 I와 같이 창가 바로 옆자리에 위치하는데 4명이 앉아 있는 행은 없다는 조건에 따라 5번에 앉고 1번과 12번 자리는 공석이 된다.

남은 자리 7번과 8번에는 B와 H가 앉는데 H의 앞뒤 중 한 곳에만 사람이 있으므로 8번에 H가 앉고 B는 7번에 앉는다.

04

|정답| ③

|해설|

615 751 349 316 805 673 832 <mark>572</mark> 948 241 152 520
486 348 <mark>289</mark> 506 317 980 523 148 232 677 <mark>973</mark> 126
239 416 796 852 592 975 182 394 <mark>162</mark> 288 574 349

05

|정답| ②

|해설| 시력이 나빠지면 안경을 쓰고, 청력이 나빠지면 보청기를 낀다.

06

|정답| ③

|해설| 먼저 A 상자에서 진짜 보석이 나올 확률은 $\frac{4}{9}$이다. 이때 A 상자에서 꺼낸 진짜 보석을 B 상자에 넣으면 B 상자에는 진짜 보석 4개와 가짜 보석 5개가 있게 되므로 B 상자에서 진짜 보석을 꺼낼 확률은 $\frac{4}{9}$이다.

따라서 두 번 다 진짜 보석을 꺼낼 확률은 $\frac{4}{9} \times \frac{4}{9} = \frac{16}{81}$이다.

07

|정답| ①

|해설| 가로를 기준으로 살펴보면 두 번째 칸에는 첫 번째 칸 그림의 왼쪽 변을 축으로 대칭해 붙인 그림이 들어간다. 세 번째 칸에는 두 번째 칸의 그림을 가로로 이등분한 상단의 그림이 들어간다.

08

|정답| ③

|해설| 연령대별 20X1년 2/4분기 대비 3/4분기 증가율을 계산하면 다음과 같다.

구분	증감률
20대 이하	$\frac{37,549-38,597}{38,597} \times 100 ≒ -2.7(\%)$
30대	$\frac{49,613-51,589}{51,589} \times 100 ≒ -3.8(\%)$
40대	$\frac{47,005-47,181}{47,181} \times 100 ≒ -0.4(\%)$

50대	$\dfrac{49,770-48,787}{48,787}\times100\fallingdotseq2.0(\%)$
60대 이상	$\dfrac{35,423-32,513}{32,513}\times100\fallingdotseq9.0(\%)$

따라서 60대 이상 고령자의 구직급여 신청 증가 비율은 다른 연령대에 비해 가장 높다.

| 오답풀이 |

① 20X1년 3/4분기의 구직급여 신청자 수는 219,360명으로 전 분기의 구직급여 신청자 수인 218,667명에 비해 증가하였다.

② 제시된 자료를 통해서는 구직급여 신청 사유에 대해 알 수 없다.

④ 20대나 30대는 전 분기에 비하여 신청자 수가 조금씩 줄어들었다.

⑤ 20X1년 3/4분기에 전 분기 대비 신청자 수가 증가한 연령대는 50대와 60대 이상이다.

09

| 정답 | ③

| 해설 | (가)를 제외한 문단이 모두 4차 산업혁명의 부정적 측면에 대하여 언급하고 있으므로 가장 먼저 (가)를 배치하고 그다음에 '하지만'으로 시작하는 (다)를 배치하는 것이 자연스럽다. 이때 (다)에서 노동 시장의 붕괴에 대해 언급하였으므로 노동 시장에 대한 구체적인 예시를 들고 있는 (나)를 세 번째 순서로 배치한다. 마지막으로 대응 전략을 논하는 (라)가 배치되어야 한다. 따라서 올바른 순서는 (가)-(다)-(나)-(라)이다.

10

| 정답 | ③

| 해설 | 각 자음에 숫자를 대입하여 풀면 규칙성을 쉽게 찾을 수 있다.

ㄱ ⟶ ㄴ ⟶ ㅁ ⟶ ㅂ ⟶ ㅈ ⟶ ㅊ ⟶ ?

1 ⟶ 2 ⟶ 5 ⟶ 6 ⟶ 9 ⟶ 10 ⟶ ?
+1　　+3　　+1　　+3　　+1　　+3

따라서 ?에 들어갈 문자는 ㅍ이다.

11

| 정답 | ②

| 해설 | 본사에서 가맹점 D로 이동하는 것을 시작으로 시계 방향으로 진행한다고 할 때 이동시간이 최소로 소요되며 이동경로는 다음과 같다.

본사 → 가맹점 D → 가맹점 E → 가맹점 G → 가맹점 F → 물류창고 1 → 가맹점 H → 가맹점 A → 물류창고 2 → 가맹점 B → 가맹점 C → 본사

따라서 총 이동시간은 $(5+5+5)+(5+10)+15+10+(10+5)+5+(5+25)+5+10+10+(10+5+5)=150(분)$이므로, 오전 9시에 본사에 출발해서 다시 복귀하는 시각은 2시간 30분 뒤인 11시 30분이다.

12

| 정답 | ③

| 해설 | 2010년 대비 2020년의 총인구는 $\dfrac{51,974}{49,554}\times100\fallingdotseq104.88(\%)$로, 약 4.9% 증가하였다.

| 오답풀이 |

① 1980년부터 청소년 인구 구성비가 지속적으로 감소하고 있으며, 향후에도 계속 감소할 것으로 전망되고 있다.

② 1980년 청소년 인구 대비 1990년 청소년 인구는 $\dfrac{13,553}{14,015}\times100\fallingdotseq96.7(\%)$로, 약 3.3% 감소하였다.

④ 2000년의 10년 전 대비 청소년 인구는 $\dfrac{11,501}{13,553}\times100\fallingdotseq84.86(\%)$로 약 15.14% 감소했고, 2010년의 10년 전 대비 청소년 인구는 $\dfrac{10,370}{11,501}\times100\fallingdotseq90.17(\%)$로 약 9.83% 감소하였다. 따라서 2000년의 10년 전 대비 감소율이 더 크다.

⑤ 청소년 인구수는 1982년이 14,209천 명으로 가장 많다.

13

| 정답 | ②

| 해설 |

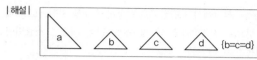

②

| 오답풀이 |

① 　③

④ 　⑤

14

| 정답 | ①

| 해설 | 첫 해의 직원 수를 x라 하면, 첫 해의 총 급여지출액은 $2,000,000 \times x$가 되며, 둘째 해의 총 급여지출액은 $1,700,000 \times (x+3)$이 된다.

둘째 해의 총 급여지출액이 첫 해의 95.2%이므로 $1,700,000 \times (x+3) = 2,000,000 \times x \times 0.952$가 성립한다. 이를 풀면 $x = 25$(명)이 되며, 첫 해의 총 급여지출액은 $2,000,000 \times 25 = 50,000,000$(원)이 된다.

셋째 해에는 첫째 해와 인당 급여액이 같고 직원 수가 5명 줄었으므로 $2,000,000 \times 20 = 40,000,000$(원)의 총 급여지출액이 발생한다.

따라서 이것은 첫 해의 80%에 해당됨을 알 수 있다.

15

| 정답 | ③

| 해설 | 제시된 글은 20세기 후반에 독일에서 등장한 '뉴저먼 시네마'에 대해 소개하고 있다. 나치즘으로 인해 붕괴되어 있던 독일의 영화 산업에 '뉴저먼 시네마'가 핵심으로 등장해 독일 영화의 황금기를 이끌었다는 것이 주된 내용이므로 이 글의 제목은 ③이 가장 적절하다.

16

| 정답 | ④

| 해설 |

$$92 \xrightarrow{\div 2} 46 \xrightarrow{+2} 48 \xrightarrow{\div 2} 24 \xrightarrow{+2} 26 \xrightarrow{\div 2} 13 \xrightarrow{+2} ?$$

17

| 정답 | ④

| 해설 | A와 D의 조건에 따라 A는 피자, D는 도넛을 좋아한다는 것을 알 수 있다. 그리고 B와 C의 조건에 따라 B는 치킨, C는 떡볶이를 좋아한다는 것을 알 수 있다. 이를 표로 정리하면 다음과 같다.

A	B	C	D
피자	치킨	떡볶이	도넛

따라서 ④는 옳지 않은 설명이다.

18

| 정답 | ③

| 해설 | I saw the film, 'Superman'. I really enjoyed the film. People said that the movie had impressive special effects.

19

| 정답 | ①

| 해설 | 밑줄 친 '놓다'와 ① '놓다'의 의미는 '무늬나 수를 새기다'이다.

| 오답풀이 |

② '병에서 벗어나 몸이 회복되다'라는 의미로 사용된 '놓다'이다.

③ '걱정이나 근심, 긴장 따위를 잊거나 풀어 없애다'라는 의미로 사용된 '놓다'이다.

④ '계속해 오던 일을 그만두고 하지 아니하다'라는 의미로 사용된 '놓다'이다.

⑤ '일정한 곳에 기계나 장치, 구조물 따위를 설치하다'라는 의미로 사용된 '놓다'이다.

20

| 정답 | ②

| 해설 | 7% 소금물의 양을 xg이라 하면 다음과 같은 식이 성립한다.

$$\frac{7}{100}x + 140 \times \frac{20}{100} = (140 + x) \times \frac{14}{100}$$

$$7x + 2,800 = 1,960 + 14x \qquad 7x = 840$$

$$\therefore \ x = 120(\text{g})$$

따라서 원래 있던 7% 소금물의 양은 120g이다.

21

| 정답 | ②

| 해설 | 가로줄에서 두 번째 칸의 도형과 세 번째 칸의 도형을 합치면 첫 번째 칸의 도형이 되므로, 첫 번째 칸의 도형에서 두 번째 칸의 도형 부분을 뺀 나머지 부분을 찾는다.

22

| 정답 | ④

| 해설 | 2023년 영국의 지적재산권 사용료 지급의 전년 대비 증감률은 $\frac{11,740 - 12,940}{12,940} \times 100 ≒ -9.3(\%)$로, 약 9.3% 감소하였다.

| 오답풀이 |

① 2021년 독일의 지적재산권 사용료 수입은 15,507백만 달러로, 한국의 지적재산권 사용료 수입인 5,167백만 달러의 $\frac{15,507}{5,167} ≒ 3.001$, 즉, 3배 이상이다.

⑤ 2023년 프랑스의 지적재산권 사용료 지급은 13,319백만 달러로 전년 13,982백만 달러 대비 66,300만 달러 감소하였다.

23

| 정답 | ⑤

| 해설 | '스튜어드십 코드'를 원만하게 도입하기 위해서는 제도적인 개선과 국민연금의 참여가 필요하다고 언급하였으나, 그 구체적 방안을 제시하고 있는 것은 아니다.

24

| 정답 | ③

| 해설 |

A $\xrightarrow{+1}$ B $\xrightarrow{+3}$ E $\xrightarrow{+5}$ J $\xrightarrow{+7}$ Q $\xrightarrow{+9}$ Z $\xrightarrow{+11}$?

따라서 ?에 들어갈 문자는 K이다.

25

| 정답 | ⑤

| 해설 | 주어진 조건을 표로 정리하면 다음과 같다.

디저트 순서	딸기 케이크	망고 무스	레몬 마카롱	딸기 젤리	흑임자 아이스크림
1코스				미정	
2코스	미정			가희	
3코스	아영	미정	수영	우진	가희
4코스			미정		
5코스					

미정은 딸기젤리－딸기 케이크－망고 무스－레몬 마카롱을 각각 순서대로 먹게 되므로 5코스 때는 흑임자 아이스크림을 먹게 된다.

수영은 4, 5코스에 딸기 젤리 또는 흑임자 아이스크림을 먹으므로(ⓔ) 1, 2코스에는 딸기 케이크 또는 망고 무스를 먹음을 알 수 있다. 미정이 2코스에 딸기 케이크를 먹었기 때문에(ⓜ) 수영은 1코스에 딸기 케이크, 2코스에 망고 무스를 맛보았고 우진은 5코스에 수영이 첫 번째로 먹은 딸기 케이크를 먹게 된다(ⓒ). 또한 미정이 5코스에 흑임자 아이스크림을 먹으므로 수영은 5코스에 딸기 젤리를 먹고 4코스에 흑임자 아이스크림을 먹게 된다.

아영은 2코스에 미정이 4코스에 먹게 되는 레몬 마카롱을 먹지 않는다(ⓐ). 따라서 2코스 때 아영은 흑임자 아이스크림을 먹었으며 우진은 레몬 마카롱을 먹었다.

이를 토대로 정리하면 다음과 같다.

디저트 순서	딸기 케이크	망고 무스	레몬 마카롱	딸기 젤리	흑임자 아이스크림
1코스	수영			미정	우진
2코스	미정	수영	우진	가희	아영
3코스	아영	미정	수영	우진	가희
4코스	가희		미정	아영	수영
5코스	우진			수영	미정

따라서 우진은 2코스로 레몬 마카롱을 먹었고, 미정은 마지막으로 흑임자 아이스크림을 먹게 된다.

26

|정답| ①

|해설| ㄱ. 중형차를 보유하고 있는 직원은 $350 \times 0.34 = 119$(명)이므로 100명 이상이다.

|오답풀이|

ㄴ. 소형차를 보유하고 있는 직원은 $350 \times 0.5 = 175$(명)이므로 총 교통비용은 $175 \times 30 = 5,250$(만 원)이다.

ㄷ. 집단별로 총 교통비용을 구하면 다음과 같다.
- 소형차 : $350 \times 0.5 \times 30 = 5,250$(만 원)
- 중형차 : $350 \times 0.34 \times 45 = 5,355$(만 원)
- 대형차 : $350 \times 0.16 \times 55 = 3,080$(만 원)

따라서 차량의 크기가 큰 집단일수록 총 교통비용이 많은 것은 아니다.

27

|정답| ①

|해설| 각 기호가 나타내는 규칙은 다음과 같다.
- ◁ : 각 도형을 시계방향으로 90° 회전
- ◎ : 각 도형을 반시계방향으로 90° 회전
- ◇ : 각 도형을 180° 회전(원점 대칭)
- ▢ : 각 도형을 좌우대칭(y축 대칭)

제시된 도형에 각 기호의 규칙을 순서대로 적용하면 다음과 같다.

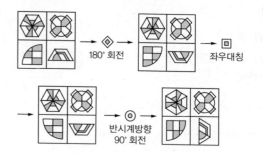

28

|정답| ①

|해설| • 질문 1 : 8번째마다 무료 식사를 할 수 있기 때문에 41번 식사를 했다면 총 무료 식사 횟수는 $\frac{41}{8}$의 몫인 5번이다. 즉, 41번 중에서 실제로 돈을 지불하고 식사를 한 것은 총 36번(=41-5)이다.

• 질문 2 : 100번 식사를 했다면 $\frac{100}{8}$의 나머지인 4개가 지금 쿠폰에 찍혀 있게 된다.

29

|정답| ④

|해설| 다방면에서의 사회자본의 역할 및 그 중요성을 논하고 있다.

| 오답풀이 |

①, ③, ⑤ 지문의 일부분에 속하는 내용만을 지엽적으로 담고 있다.

② 지문은 사회자본의 중요성을 서술하고 있으나 형성 방안에 대한 논의는 없다.

30

| 정답 | ①

| 해설 |

$$6 \longrightarrow 55 \longrightarrow 92 \longrightarrow 117 \longrightarrow 130 \longrightarrow ? \longrightarrow 120$$

$$\begin{matrix} +49 \longrightarrow +37 \longrightarrow +25 \longrightarrow +13 \longrightarrow +1 \longrightarrow -11 \\ -12 \quad\quad -12 \quad\quad -12 \quad\quad -12 \quad\quad -12 \end{matrix}$$

따라서 ?에 들어갈 숫자는 131이다.

31

| 정답 | ⑤

| 해설 | 먼저 네 사람이 보유한 자동차가 총 6대이고, 1대 이상을 보유한 사람이 최소 3명 이상이므로 각 사람별 자동차 보유 대수의 경우의 수는 (4, 1, 1, 0), (3, 2, 1, 0), (3, 1, 1, 1), (2, 2, 2, 0), (2, 2, 1, 1)이다. 그리고 세단을 소유한 사람보다 전기차를 소유한 사람이 적고 SUV는 하이브리드차보다 그 수가 적으므로 세단과 하이브리드차는 각각 2대씩, 전기차와 SUV는 1대씩 있다고 추론할 수 있다.

위의 추론 내용들을 바탕으로 반례를 찾는다.

• A : (3, 2, 1, 0)으로 소유하고 있는 상황을 가정하였을 때, (SUV/세단/하이브리드차, 세단/전기차, 하이브리드차, 0)와 같은 경우 등이 가능하므로 잘못된 추론이다.

• B : (2, 2, 2, 0)으로 소유하고 있는 상황을 가정하였을 때, (전기차/SUV, 세단/하이브리드, 세단/하이브리드, 0)인 경우가 도출되므로 잘못된 추론이다.

• C : (2, 2, 1, 1)으로 소유하고 있는 상황을 가정하였을 때, (전기차/하이브리드차, 세단/SUV, 세단, 하이브리드차)인 경우가 도출되므로 적절한 추론이다.

• D : (4, 1, 1, 0)으로 소유하고 있는 상황을 가정하였을 때, (세단/전기차/하이브리드차/SUV, 세단, 하이브리드차, 0)인 경우가 도출되므로 적절한 추론이다.

32

| 정답 | ⑤

| 해설 |

閘 閈 間 開 閘 閨 問 開 間 問 閈 間 閨 間 闡 開 閨 閈
閈 問 闡 閈 閈 問 開 閨 闡 問 間 問 開 闡 閨 開 閨 閈
闡 問 間 閈 閈 問 開 閨 閈 闡 開 間 閈 閨 問 間 問 開

33

| 정답 | ④

| 해설 | '끼우다'는 '벌어진 사이에 무엇을 넣고 죄어서 빠지지 않게 하다'의 의미를 지니고 있으므로 '채우다'의 유의어가 아니다.

| 오답풀이 |

① 메우다 : 뚫려 있거나 비어 있는 곳을 막거나 채우다.

② 충원하다 : 인원수를 채우다.

③ 충족시키다 : 욕구나 원하는 조건을 충분히 채우게 하다.

⑤ 보완하다 : 모자라거나 부족한 것을 보충하여 완전하게 하다.

34

| 정답 | ⑤

| 해설 | 2차 면접에서 합격한 지원자 50명의 남녀 성비가 3 : 7이므로 2차 면접 합격자 중 남성은 15명, 여성은 35명이다. 주어진 조건에 따라 1차 면접 합격 후 2차 면접에서 불합격한 남성 지원자의 수를 $21x$ 명, 여성 지원자의 수를 $23x$ 명이라고 가정하면 1차 면접에서 합격한 전체 지원자 중 남성은 $(21x + 15)$ 명, 여성은 $(23x + 35)$ 명이다. 1차 면

接에서 합격한 지원자의 남녀 성비는 4 : 5이므로 비례식을 세우면 $(21x+15) : (23x+35)=4 : 5$이다. 따라서 $x=5$이고 1차 면접에서 합격한 전체 지원자의 수는 $(21x+15)+(23x+35)=44x+50=270$(명)이다.

35

|정답| ③

|해설| 곡선과 색은 좌우대칭이 되었고 점은 그대로이며, 가로 화살표는 그대로, 세로 화살표는 상하 반전이 되었다.

36

|정답| ②

|해설| • 가로 ㉠ : 경북지역의 도서 인구밀도는 $\frac{10,702}{73.00}$ ≒146.6(명/km²)이다.

• 가로 ㉡ : 전북지역의 무인도서 수는 $3,012-(42+111+3+41+32+221+1,923+45+461+55)=3,012-2,934=78$(개)이고 전북지역의 유인도서 수는 $490-(3+39+0+5+0+34+296+4+76+8)=25$(개)이므로 전북지역의 도서 수는 $78+25=103$(개)이다.

• 가로 ㉣ : 전국 도서 수의 총합은 $490+3,012=3,502$(개)이다.

• 세로 ㉠ : 도서 인구밀도=$\frac{도서 인구}{도서 면적}$이므로 도서인구=도서 인구밀도×도서 면적이다. 따라서 부산지역의 도서 인구는 $3,613.8×41.90=151,418.22$(명), 즉 약 1,514백 명이다.

• 세로 ㉢ : 충남지역의 도서당 평균 면적은 $\frac{164.26}{255}$≒0.6442(km²)이다.

즉, A=4, B=3, C=4, D=5이므로 A×B−C+D=4×3−4+5=13이다.

37

|정답| ③

|해설| 제시문은 음료를 통해 카페인을 섭취할 때 커피보다 녹차가 더 나은 선택임을 설명하는 글이다. 녹차에 들어 있는 성분들에 대해 설명하면서 녹차에 함유된 카페인이 커피에 함유된 카페인보다 유익한 이유를 여러 근거를 들어 입증하므로 제시문의 주제로는 ③이 적절하다.

38

|정답| ③

|해설| 한글 모음의 경우 그 순서상 +3, 숫자의 경우 +2를 하는 규칙이다.

39

|정답| ①

|해설| 각 정책의 통과 여부를 정리하면 다음과 같다.

정책	계획의 충실성	계획 대비 실적	성과지표 달성도
A	통과	통과	미통과
B	통과	미통과	통과
C	통과	통과	통과
D	통과	미통과	미통과
E	통과	통과	미통과
F	통과	통과	통과

모든 영역이 통과로 판단된 정책에만 전년도와 동일한 금액을 편성한다고 하였으므로 C, F 2개의 정책만 해당한다.

40

|정답| ④

|해설| 중학교 졸업자 수는 $1,830×0.28=512.4$(만 명)이고, 중학교 입학자 수는 $1,730×0.25=432.5$(만 명)이다. 따라서 중학교 졸업자 수가 입학자 수보다 많다.

www.gosinet.co.kr

gosinet

1회 기출유형

2회 기출유형

3회 기출유형

4회 기출유형

5회 기출유형

| 오답풀이 |

① 초등학교 학생 수는 6,600×0.4=2,640(만 명)이고, 학급 수는 250×0.4=100(만 개)이다. 따라서 학급당 학생 수는 2,640÷100=26.4로 약 26명이다.

② 교원 1명당 학생 수는 중학교가 가장 많다.
- 유치원 : (6,600×0.1)÷(460×0.1)≒14.3
- 초등학교 : (6,600×0.4)÷(460×0.4)≒14.3
- 중학교 : (6,600×0.24)÷(460×0.2)≒17.2
- 고등학교 : (6,600×0.26)÷(460×0.3)≒12.4

③ 입학자 수와 졸업자 수의 경우 고등학교의 비율이 가장 높다.

⑤ 전체 고등학교 학생 수는 6,600×0.26=1,716(만 명)이고, 고등학교 졸업자 수는 1,830×0.32=585.6(만 명)이다. 따라서 전체 고등학교 학생 중 졸업자의 비율은 $\frac{585.6}{1,716}×100≒34.1$(%)이다.

41

| 정답 | ⑤

| 해설 | 〈조건 1〉과 〈조건 2〉의 해석은 다음과 같으며, 〈조건 2〉를 먼저 도출한 후 〈조건 1〉을 적용하면 된다.

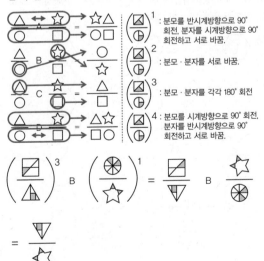

42

| 정답 | ⑤

| 해설 | 직사각형 벽에 남는 부분 없이 타일을 붙이면서 그 개수를 최소한으로 사용하기 위해서는 가능한 가장 큰 정사각형 모양의 타일을 사용해야 하므로 벽의 세로, 가로 길이인 120cm, 90cm의 최대공약수가 사용할 타일의 한 변의 길이가 된다. 120과 90의 최대공약수는 2×3×5=30이므로 타일의 한 변의 길이는 30cm이다.

```
5 ) 120  90
×
3 )  24  18
×
2 )   8   6
=
30      4   3
```

43

| 정답 | ②

| 해설 | 두 번째 문단에서 글쓴이가 말하고자 하는 바는 상대방이 병원에 입원했을 때 병원비를 내줄 수 있을 만큼 친근하다면 반말을 쓰고 그 정도가 아니라면 존댓말을 쓰자는 것이다. 상대방에게 반말을 하면 무조건 병원비도 내줘야 한다는 것은 아니다.

44

| 정답 | ②

| 해설 | 홀수 항에는 소수가 2부터 나열되어 있고, 짝수 항은 짝수가 2부터 나열되어 있다.

2 2 3 4 5 6 7 8 11 ?
   └─+2─┘ └─+2─┘ └─+2─┘ └─+2─┘

45

| 정답 | ③

| 해설 | 확정조건에 따라 C 팀에는 정만 소속되고 A 팀에는 을이 소속된다. 또한 B, C 팀에 소속될 수 없는 병이 A 팀

에 소속된다. 한 팀당 최대 인원은 2명이므로 정리하면 다음과 같다.

갑	을	병	정	무
B	A	A	C	B

따라서 갑과 병은 다른 팀에 소속된다.

46

| 정답 | ②

| 해설 | Amy is learning Korean. Both the letters and the sounds are strange for her, but she wants to be better at speaking. She is trying to speak the language with her Korean friends. Sometimes they don't understand what she says, but she keeps trying. Although Amy knows it can take a long time to speak Korean well, she never gives up.

47

| 정답 | ②

| 해설 | ㉠ '히읗'의 '읗' 받침이 'ㅎ'이므로, 음절의 끝소리 규칙에 따라 'ㅎ'이 'ㄷ'으로 바뀌어 [히읃]으로 발음된다.

㉣ '옷옷'은 '옷'의 받침 'ㅅ' 뒤에 실질적인 뜻을 지닌 '옷'이 나온 형태이므로, 음절의 끝소리 규칙을 적용한 후 다음 음절의 첫소리로 발음하여 [우돋]이 된다.

| 오답풀이 |

㉡ '빗으로는'은 '빗' 뒤에 조사 '~으로'가 붙은 형태이므로, 받침이 온전히 발음되어 [비스로]가 된다.

㉢ '부엌'의 '엌' 받침이 'ㅋ'이므로 음절의 끝소리 규칙에 따라 'ㅋ'이 'ㄱ'으로 바뀌어 [부억]으로 발음된다.

48

| 정답 | ⑤

| 해설 |

구분	동전을 사용하지 않을 경우	동전 1개의 경우	동전 2개의 경우	동전 3개의 경우	
10원짜리 동전 3개	0원	10원	20원	30원	4가지
50원짜리 동전 1개	0원	50원	–	–	2가지
100원짜리 동전 2개	0원	100원	200원	–	3가지
500원짜리 동전 1개	0원	500원	–	–	2가지

가지고 있는 동전으로 만들 수 있는 가격의 경우의 수는 (4×2×3×2)가지인데 여기에서 동전을 한 개도 사용하지 않아 그 합이 0이 되는 경우는 제외해야 하므로 (4×2×3×2)−1=47(가지)이다.

49

| 정답 | ②

| 해설 | 제시된 도형을 변환 조건에 따라 각 선택지 ①∼⑤를 변환시키면 다음과 같다.

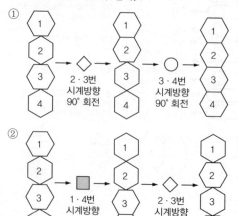

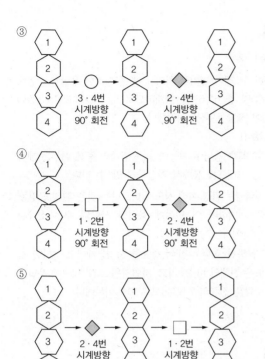

③ 1 2 3 4 → ○ 3·4번 시계방향 90° 회전 → 1 2 3 4 → ◆ 2·4번 시계방향 90° 회전 → 1 2 3 4

④ 1 2 3 4 → □ 1·2번 시계방향 90° 회전 → 1 2 3 4 → ◆ 2·4번 시계방향 90° 회전 → 1 2 3 4

⑤ 1 2 3 4 → ◆ 2·4번 시계방향 90° 회전 → 1 2 3 4 → □ 1·2번 시계방향 90° 회전 → 1 2 3 4

따라서 화살표 후 도형이 나오기 위해서는 ②와 같은 과정을 거쳐야 한다.

50

| 정답 | ④

| 해설 | ⓒ 2024년의 수입금액을 x억 달러라 하면,

$$\frac{x-4,257}{4,257} \times 100 = 14(\%), \ x \text{는 약 } 4,853 \text{억 달러가}$$

된다.

ⓔ 2023년 전체 무역금액인 $4,674+4,257=8,931$(억 달러)에서 수출금액의 비율을 구하면 $\frac{4,674}{8,931} \times 100 = 52.334\cdots$로, 약 52.3%를 차지한다.

| 오답풀이 |

㉠ • 2021 ～ 2023년의 평균 수출액 :

$$\frac{4,220+3,635+4,674}{3} \fallingdotseq 4,176 \text{(억 달러)}$$

• 2021 ～ 2023년의 평균 수입액 :

$$\frac{4,353+3,231+4,257}{3} \fallingdotseq 3,947 \text{(억 달러)}$$

따라서 그 차이는 약 $4,176-3,947=229$(억 달러)이다.

ⓛ 수출과 수입의 격차를 보려면 무역수지(수출 − 수입)를 보면 된다. 무역수지가 417억 달러로 가장 높은 2023년이 수출과 수입의 차이가 가장 크다.

ⓔ 무역수지가 적자(수출＜수입)였던 해는 2021년도이다.

51

| 정답 | ②

| 해설 | 첫 번째 문단, 두 번째 문단은 기술의 양면성에 관해 언급하고 있고, 세 번째 문단은 사회 구조를 바람직하게 하려면 비판적이고 균형있는 철학과 사상이 필요하다고 주장하고 있으므로, 글쓴이가 말하고자 하는 바는 세 번째 문단의 내용이다. 따라서 기술의 양면성을 철학과 사상이 아닌 또 다른 새로운 기술로 보완해야 한다는 ②가 반박하는 내용으로 적절하다.

| 오답풀이 |

① 첫 번째 문단의 마지막 문장을 반박할 수 있지만, 이는 글쓴이의 주요한 주장이 아니므로 적절하지 않다.

③ 글쓴이는 통제할 수 없는 기술이 존재한다고 보았다. 이는 인간이 강제적으로 기술의 순기능만을 발전시킬 수 없다는 사실을 암묵적으로 전제하고 있는 것이다. 따라서 글쓴이의 입장과 반대되는 내용은 맞지만, ①과 마찬가지로 글쓴이의 주요한 주장에 대한 반박이 아니다.

52

| 정답 | ④

| 해설 | ④를 제외한 나머지는 앞 문자에 각각 +1, −2, +3이 차례대로 적용된다(한글 자모 순서).

④ 요죠보쵸 − 8, 9, 6, 10

| 오답풀이 |

① 크트츠프 − 11, 12, 10, 13

② NOMP − 14, 15, 13, 16

③ 서셔샤소 − 3, 4, 2, 5

⑤ IJHK − 9, 10, 8, 11

1회 기출유형 2회 기출유형 3회 기출유형 4회 기출유형 5회 기출유형

53

|정답| ④

|해설| 〈회의실 예약 조건〉에 따라 회의에 참여할 수 있는 요일을 나타내면 다음과 같다.

	월	화	수	목	금
김 부장	재택근무	○	○	휴가	○
유 과장	휴가	휴가	휴가	○	○
이 대리	○	○	○	○	○
박 대리	○	출장	출장	출장	출장
최 사원	○	○	출장	출장	○

〈회의실 예약 현황〉을 참고하여 예약할 수 있는 요일과 시간대를 나타내면 다음과 같다.

	월	화	수	목	금
9 : 00~10 : 00		/	/		/
10 : 00~11 : 00		/		/	/
11 : 00~12 : 00			/	/	
점심 시간					
14 : 00~15 : 00		/			/
15 : 00~16 : 00		/		/	
16 : 00~17 : 00			/	/	/
17 : 00~18 : 00		/	/		/

회의 시간은 끊이지 않고 3시간으로 진행하여야 한다는 조건에 따라 월요일 오전과 수요일 오후, 목요일 오후, 금요일 오전 시간대에 회의실을 예약할 수 있다. 하지만 수요일 오후와 목요일 오후에 회의에 참여할 수 있는 사람이 2명이므로 회의를 진행할 수 없다. 월요일 오전과 금요일 오전 가운데 가장 많은 인원이 참여할 수 있는 요일은 금요일이므로 금요일 오전(09 : 00 ~ 12 : 00)에 회의실을 예약해야 한다.

54

|정답| ②

|해설| '쓰레기/폐기물 처리 문제'를 지적한 응답자는 전체 5,000명 중 65.6%를 차지하므로 5,000×0.656=3,280(명)이 해당 문제를 지적했다.

|오답풀이|

①, ⑤ 복수 응답이 가능하나, 응답자의 중복 여부는 제시된 그래프를 통해서 확실하게 알 수 없다.

③ 지역별로 환경 피해 정도가 다르다는 것은 '환경 불평등'을 의미하며 이 항목에 응답한 사람의 수는 전체의 7.5%이다.

④ '강/하천/호수 수질'이 중요한 환경문제라고 응답한 사람은 전체의 14.3%이고 '자연자원 고갈' 항목에 응답한 사람은 전체의 7.6%이므로 2배 이하이다.

55

|정답| ③

|해설| 물체에 작용하는 중력 $F=mg$ 이고 중력 가속도 (g)는 평균 $9.8m/s^2$으로 거의 일정하므로 (가)에서 철수에게 작용하는 중력의 크기와 (나)에서 철수에게 작용하는 중력의 크기는 같다.

동영상 강의 진행중

WITH 류준상

응용수리만점

자료해석만점

모든유형 단기공략
응용수리 자료해석

기초에서 완성까지
문제풀이 시간단축
경이로운 계산테크닉

■ 904쪽　　■ 정가_32,000원

■ 440쪽　　■ 정가_22,000원

고시넷 응용수리만점 위드 류준상

1. 사칙연산
2. 수적추리
3. 비와 비율
4. 기수법
5. 방정식
6. 부등식
7. 집합
8. 약수 · 배수
9. 간격[나무 심기]
10. 거리 · 속력 · 시간 기초
11. [열차 통과]
　　거리 · 속력 · 시간
12. [흐르는 물]
　　거리 · 속력 · 시간
13. 농도
14. 일률
15. 금액
16. 나이 · 날짜 · 시간
17. 경우의 수
18. 순열과 조합
19. 확률
20. 통계
21. 평면도형
22. 입체도형
23. 사물(사람)의 이동

고시넷 자료해석만점 위드 류준상

1. 자료해석 기초지식
2. 그래프와 차트의 종류
3. 자료해석 레벨 업
4. 실전연습